U0016925

劉紀璐
JEELOO LIU

江求流、劉紀璐 ——— 譯

—— 著

宋明理學

形而上學、心靈與道德

NEO-CONFUCIANISM:

Metaphysics,
Mind, and Morality

謹將本書獻給我的母親劉林祝闡女士，
是她對子女的高標準造就了今日的我。

目次

中文版序言

劉紀璐

　　這本書是繼續我第一本《中國哲學導論：從古代哲學至中國佛學》而完成我立志以分析哲學方法系統性整理中國哲學的計畫。本書英文原作於2017年底在美國出版。中文版能夠在這麼短的時間內出版，原譯者江求流博士功不可沒。這本中文翻譯屬於西安電子科技大學的教育部重大課題「海外漢學中的中國哲學文獻翻譯與研究」課題組的翻譯計畫之一。我要特別感謝西安電子科技大學人文學院陳志偉教授和西安電子科技大學的蘇曉冰博士兩人的牽線，幫助我找到陝西師範大學哲學系的江求流博士來做翻譯工作。江求流是個年輕負責的學者，對宋明理學特別有研究。他在翻譯過程與我多次溝通，務必要使得譯文正確易讀。他在牛津大學訪學的時間花了很大功夫去查對中文英譯的原文，對字句的斟酌也費了許多心思。如果沒有他的執著求好，這本牽涉多方位哲學議題的書無法這麼順利譯成中文。不過，現在本書會以繁體版在臺灣由聯經出版公司發行。為了更適應臺灣讀者的閱讀，我把全書文字再度潤飾一

遍。在此特別感謝我的摯友沈珮君替我引介聯經出版公司的發行人林載爵先生，也感謝林先生的大力支持，讓我兩部有關中國哲學史的英文著作都由聯經發行中文繁體版。

　　我來自臺灣。當年在高二時讀到中文教科書裡的〈船山記〉選文，就深深為王夫之的愛國情操與刻苦精神感動，發願要讀他的著作。當初大學聯考可以多重選校選系，一共有一百三十多個選項。但是我只有填選四個志願，是當時臺灣的大學僅有的四個哲學系。結果幸運進入臺灣大學哲學系，畢業後又直接考入碩士班，實現我要熟讀王夫之著作的意願。我的碩士論文便是在張永儁師的指導下寫王夫之的歷史哲學。張師同時也在我大學哲學系學習期間開了宋明理學跟清代哲學兩門課。他的教學熱情以及他對理學的闡釋對我日後作學影響深遠，也啟發我想要把理學發揚光大的志向。

　　臺大哲學碩士班畢業後，為了要拓展我的哲學研究視域，我來到美國紐約羅徹斯特大學哲學所攻讀西方分析哲學。在博士班我的研究興趣包括語言哲學、形而上學、心靈哲學，以及倫理學。最後我決定選心靈哲學中的一個當紅議題，亦即有關思想內容的個人主義與外在主義之爭辯，作論文題目，於1993年在Richard Feldman教授的指導下拿到博士學位。次年即在紐約州立大學的幾內修分校（SUNY Geneseo）開始正式教學工作。我起初只願意教西方哲學，一方面是我對年少時熱愛的宋明理學已經感到脫節，另一方面是我已經愛上分析哲學的清晰方法論，對分析哲學的哲學問題意識感到濃厚的興趣，而覺得中國哲學缺乏這些優點。但是我開始教書後不久，學生便陸陸續續向我以及系主任要求開中國哲學課。美國大學生其實對中

國思想很感興趣，但是他們的認知範圍僅限於中學的世界宗教概論以及媒體對道家或是佛家思想的片面性傳播。我最早開一門實驗性的中國哲學課，學生反應很好，這門課便成為哲學系的固定課程。我從此就開始一個漫長的教學反思：如何使美國大學生理解中國思想為一門哲學課，而非宗教課或是文化學習。我發現在90年代可以作中國哲學教科書的英語書實在非常貧乏。除了陳榮捷的《中國哲學文獻選編》可以用來作資料選讀之外，其他沒有什麼導論的書合乎我的教學需要。馮友蘭的英譯本中國哲學史多是文獻選讀，加上艱澀的短文詮釋，完全不適合美國的大學生閱讀能力，也無法激起他們的閱讀興趣。是以我開始以我的教學方式整理《中國哲學文獻選編》的選文，並且把每一個哲學家的哲學問題帶出來讓學生思辯討論。我發覺我過去認為中國思想沒有分析性，不夠清楚，不具問題性是錯誤的理解。中國思想是否可以哲學化完全在於詮釋表達方式。於是我開始著手寫一本融合分析哲學方法以及中國哲學問題精髓的中國哲學導論。我的第一本書《中國哲學導論：從古代哲學到中國佛學》於2006年在美國出版。立刻得到許多好評，被視為是解中國哲學在英美哲學界傳播之需的及時雨。

在寫完第一本書後我便想回到宋明理學，對以前大學時熱愛但是僅僅一知半解的理學心學之辨重新做一番釐清。在我的中國哲學課，每學期教到宋明理學時我都只能草草帶過，因為我找不到對學生最適合的切入點。而且，我感覺美國學生對先秦哲學跟佛學都很能契合，因為他們從中間看到自己生命的導向、人格的培養，以及跟家人、社會、世界的關係。許多學生事後會寫信謝謝我的教導，因為他們生命有了新的氣象，對自

己的人生目標有了多一層的瞭解。對他們來說，上了中國哲學課有如得到生命精神的改頭換面。但是他們對宋明理學家的形而上世界觀與其道德規劃卻無法認同：學生們對宋明理學中的理氣之辯、心性之辯、格物致知、慎獨誠意、聖賢理想等等議題，都無法有切身的體會。對大多數美國學生來說，宋明理學只是一堆人名很容易搞混，理論上也很難區分的紙上談兵、象牙塔內的鑽牛角尖，跟他們的生命無關痛癢。我瞭解這其實是源自我教學的困境：因為即使我認為宋明理學是中國哲學的精華，最富有哲學思辨性，但是我自己也無法清楚分析心學、性學到底爭執關鍵何在。這是我想要進一步開展中國哲學思維的一個障礙。

　　這一本書，《宋明理學：形而上學、心靈與道德》，便是在這樣的內省以及我想繼續引介中國哲學至英語世界的意願之下開始構思的。本書的章節是有意的安排：我認為宋明理學家的道德哲學觀跟他們的形而上學思辨以及他們的心性學之觀點是息息相關的。而他們的心性學之看法又是跟他們所提出的道德規劃有直接的關聯。所以本書分成三部分，第一部分強調不同的形上學觀，理氣之關係，以及宋明理學的特色——道德形上學的逐漸發展。本部分以王夫之的理氣論做總結，因為我認為王夫之融合前哲的理氣思維而為集大成者。第二部分詮釋心學性學之辨為理學家對人類道德基礎以及道德如何可能的探討。這部分以王夫之的道德心理學做總結，因為他的人性論將理在心還是理在性的糾結拓展至一個新的問題：道德實現的心理基礎何在。本書的第三部分逐一介紹宋明理學家所提出來的道德建設方案，而最後總結於受到王夫之的道德情感論啟發而

發展的哲學思想：社會情感主義。這本書的大綱展現理學可以哲學化、現代化的種種途徑。同時為了釐清各個理學家思想的特點，我也嘗試給他們的理論標上哲學派別，並且從他們著作中找支援我詮釋的文本。從這樣的比較哲學角度來分析，宋明理學展現一個多彩多姿的哲學風貌，對世界的構成、萬物的秩序、人性的善幾、人心的修養，以及道德實現的可能，都提出不同的方案。如果有學者仍然覺得宋明理學不是中國哲學的精華，那麼這本書應該可以轉變他們的看法。

　　如今我在美國教中國哲學已經二十多年了。我也常常參加美國以及國際性的哲學研討會，一心一意要把中國哲學，尤其是宋明理學的哲學精髓介紹給美國學者與美國學生。現在仍然有些中國學者堅持中國思想不應該西化，而應該保持國粹精神。我在此要引用我在2016年於深圳大學學報（人文社會科學版）發表的一篇文章〈儒學哲學化的契機：以分析哲學為傳統中國哲學開生面〉的序言：

　　　　而要儒學哲學化，在當代的哲學世界裡，就不能不把傳統儒學用西方分析哲學的語言方式重整面目。分析哲學的語言與議題也許不見得能改善中國儒學的內涵，但是它對幫助儒學走入英美哲學界的主流討論卻是不可或缺的一種「外語能力」。如果中國儒學不能走出去，讓西方哲學界看到我們可以提供哪些不同的見解，呈現如何歧異的思考模式，中國儒學就無法吸引他人的研究興趣。只有當更多的人願意走入中國儒學研究的圈圈，這個圈圈才會越來越大。但是如果我們只是站在自己的圈子中，作自己的討

論，自己的研究，這個圈子就會越來越呆滯狹隘，最終只有成為世界哲學角落的配景。

我很期望本書中文版的印行可以啟發更多中國學青為宋明理學的國際化跟哲學化共同努力。

前言

　　這本書不是一本關於中國哲學史的著述，它也沒有把理學局限在其歷史語境之中。本書旨在提取宋明理學的哲學精髓並使之與當代的哲學論述聯繫起來。本書的方法論是比較哲學，而比較的角度採取分析哲學。我之所以會選擇以分析哲學來對理學進行詮釋與建構，是基於我個人的哲學訓練與專業知識。研究中國哲學之路向中有許多值得重視的不同方法學，而其中比較分析是一個可信度高的研究方式。我撰寫本書的意圖不是要定義什麼是理學，而是要展示如何可以用哲學思考來從事理學的研究。

　　這本書引用諸多分析哲學中的當代哲學理論，以期為理學中的許多傳統哲學觀念提供一個新的解釋學門徑。這樣的做法當然不是表示在11至17世紀發展的理學真正地包含著這些現代學說，因為這樣的斷言會導致時代錯亂的誤植或是削足適履的解釋。然而，這一種用當代語境來重構理學的寫作方式，可以使理學從它特定的歷史語境中解放出來，並使之與現代讀者產生共鳴。我相信大多數哲學觀念，雖然有它們的語境根源，但都源於人類的共同關切，因此是可以在不同的時代語境中接

受重構的。一個文本需要通過它的闡釋者和它的讀者而繼續存在，不然它就是死去的文本。

　　不過，這一個用西方哲學的概念來解釋中國哲學的比較哲學進路，可能會招致許多中國歷史學家和漢學家們的強烈反對，被認為是知識論的殖民化（epistemological colonization），或所謂的「反向格義」（借用劉笑敢的術語）。一些中國學者一直強烈反對使用任何西方哲學的觀念來解釋中國思想，認為這種西方化會破壞中國思想的「精髓」。在這本書中，我所想要挑戰的正是這種哲學的民族主義或本質主義，把中國哲學看作國產，只限於中國的知性傳承，並且只有中國的讀者才能夠理解。我認為用西方的哲學術語來解釋中國哲學，並不一定會迫使後者進入前者的概念框架。如果這種比較視角的理解能忠於文本，不曲解先哲的哲學理念，那麼，對於中國哲學的局外人而言，這一比較視角將作為一個橋梁，提供他們進入中國哲學的知性通道。與此同時，這一比較視角也可以激發熟悉中國哲學的學者們去學習更多的西方哲學的觀點。在這本書中，我希望通過使用現代分析哲學的術語來重構理學，不僅可以使得理學的相關觀念易於理解，而且使其具有哲學的啟發性。為了忠於理學的哲學內涵，這一重構既基於謹密的文本分析，也參考了英文與中文二手資料中的其他相關解釋。我希望為讀者們提供的是一個關於理學的哲學維度的清新、新穎和明晰的表達。

致謝辭

　　這本書是在John Templeton基金會的慷慨資助下得以完成的。我要感謝基金會的前任和現任主任Hyung Choi、Michael J. Murray和John Churchill[1]的協助。

　　這本書可說是我的第一本著作《中國哲學導論：從古代哲學到中國佛學》（*An Introduction to Chinese Philosophy: From Ancient Philosophy to Chinese Buddhism*）的續篇。我深深地感謝幫助我開啟寫作生涯的Wiley-Blackwell出版社的前哲學主編Jeff Dean。在90年代末，當我作為紐約州立大學幾內修分校（SUNY Geneseo）的新任助理教授時，幾乎還沒有什麼著作發表，而向Jeff 提出了用一種分析的進路來寫一本介紹中國哲學的著作的想法。他滿腔熱情地接受了我的這一想法，並且在我的整個撰寫過程中給我提供了許多寶貴的意見。我對Jeff能夠信任我按照我自己想要的方式來寫作那本書深感謝意。當時我們一致認為，如果這一中國哲學導論擴展到理學，就會使得那本書過長，因

1　在本譯本中，除了那些有普及中文譯名的英文名字會以括弧的形式標注其中文譯名外，其他一律保留為英文。——譯者注

此關於理學的內容不得不等到這一導論的第二卷了。而完成這第二卷的工程，花費了我將近十年的時間。Jeff對這本書的提案再次表示歡迎和鼓勵，並且提供了許多正確的編輯建議，包括這本書當前的英文名稱。我非常遺憾在這本書完成之前，Jeff離開了Wiley-Blackwell出版社。不過，我很感謝現任編輯Marissa Koors接手這個專案並將其出版。我還要感謝這本書的兩位審稿人，他們對本書的改進提出了許多友好而且非常有益的建議。

理學一直是我的熱情所在。當我還在國立臺灣大學哲學系時，我喜歡在父母公寓的屋頂陽臺上閱讀理學的著作。看著夕陽和美麗的雲朵，我常常想，幾百年前的理學家們與我共用著這一片天空，並感到自己與他們的精神契合。而將這種熱情灌注到我的心靈之中的人，是我的大學教授同時也是我的碩士論文指導教授張永儁。他是我們這個時代的一位活生生的理學家——獻身於學習與教學，傳遞著道的火炬。我非常感激他為我開啟了通往理學的大門。

在2009年，當我撰寫這本書的想法初步浮現時，我被邀請到臺灣的國立政治大學開展一個關於相同主題的實驗性暑期課程。我要對國立政治大學哲學系給予我的這一寶貴機會表示由衷的感謝。開這門課使得我能夠通過與學生的交流來發展我的思想，所以我要對使得這本書得以成形的參與者們致謝：我的助教張子立以及參與這個課程的學者和同學們。同時我也要對香港中文大學哲學系在本書手稿修訂的最後階段為我提供的一次贊助性訪問表示感謝。

最後，但也是最重要的，我還要感謝我的丈夫Michael Cranston和我們的兩個兒子Collin和Dillon，因為他們為我寫書的這些年提供了一個充滿愛與支援而沒有壓力的環境。

導論

　　本書對宋明時期（11世紀至17世紀之間）的中國理學的八個中心人物給予了詳盡的哲學性分析。它是作者的前一本著作，《中國哲學導論：從古代哲學到中國佛學》的續篇。前部書研析先秦的五大哲學流派和中國佛學四個主要學派。本書延續了該書對中國哲學的分析性導論，而聚焦於宋明理學。

　　這本書將宋明理學的主要議題和關注之點與分析哲學的議題進行比較。這個方法學有助於將理學帶入當代哲學的語境，並能展示理學以獨特術語表達的議題如何與當代哲學中的議題相關聯。本書採取分析方法論的目標之一是要展示出儘管中國哲學家們使用不同的術語、敘事策略和分析模式，他們所關注的問題往往與西方哲學的關注類似，例如：實在的真相是什麼？道德價值的基礎何在？人性本質上是善的還是惡的？人類與整個宇宙的關係為何？我們關於物質世界和道德實在的知識基礎是什麼？本書通過對相關文本的分析闡釋，揭示這些議題的普遍性，從而幫助西方學者來理解宋明理學。本書將使得那些不熟悉中國哲學術語或其思想史的西方讀者獲得一種對理學的哲學性理解。同時，本書參考英文的理學研究以及具有代表

性的有關理學的中文著作，並且用清晰易懂的語言來展示從事
理學研究的西方哲學家和當代中國學者之間共同關心的問題以
及共同的追求，以促進他們之間更積極的哲學交流。

何為理學？

「理學」通常指的古典儒學的復興，它形成於11至18世紀
的中國，在中國歷史上跨越了四個朝代：宋、元、明、清。理
學是儒學的一種新形態，出現於道家及其隨後的佛家在中國思
想界占據主導地位之後。與西方哲學中「現代哲學（Modern
Philosophy）」在西方哲學史的成就相近，理學也復興了傳統哲
學，拓展了傳統的中國哲學論述，增加了儒學的新維度，並使
儒學達到了新的高峰。儒學由於受到道家和佛家思想的挑戰與
影響所出現的轉型，是中國哲學史上最重要的發展。理學家不
僅使得《易經》等經典著作中的形而上思考重新煥發活力，並
且在其論述中吸收了道家和佛家的不同概念及觀點。此外，為
了要回應道家有關知識可能性的懷疑性態度，理學家也將《大
學》等經典著作中所主張的知識理論提升到了一個更為精緻的
水準。

Frank Perkins對理學做了一個恰當的概述：理學「可以廣
泛地界定為一種試圖將受佛家和道家影響的思辨性、系統性形
而上學融合到以倫理和社會為導向的儒家體系之中的努力」
（Perkins 2004, 20-21）。理學家根本上關注的是人在其周遭
世界的道德重建中所扮演的角色。在他們看來，人類不僅賦予
自然界以意義，而且擁有與自然現象共同的道德屬性。理學家

以其形而上學觀點來為他們的道德理論奠定了基礎。本書的主旨在於解析宋明理學的三大主題：形而上學、心靈與道德是如何地環環相扣，並解釋這些主題如何展現出來一個連貫性的深度關懷，也就是人與自然的關係。在宋明理學家豐富多樣的論述中，他們探討了先天道德感的可能性以及道德知識的各種方法論。同時，理學家對道德的可能性與道德的基礎提供了耐人尋味的論述。在理學家看來，道德的根基要麼在於人性的普遍善，要麼在於個體對人心的道德反思和培養。「性即理」與「心即理」兩派看法之間的辯論是理學的主要論題之一。整體而言，在理學思想延承中我們所看到了的是一種鍥而不捨的努力，不僅要重新定義實在論的世界觀來肯定世界獨立於人類的觀念系統建構，同時要重申人文主義的世界觀，要把人類置於意義和價值系統的中心。當然，不管理學家是對實在論的還是對人文主義的擁抱，這些都是對道家和佛家思想的直接回應。這種融合的世界觀刻畫出理學精神的輪廓。

　　宋明理學家普遍想要建立一種道德化的自然論（moralistic naturalism），這種看法肯定我們所在的自然世界中展示了諸多值得人類效法的良善屬性。他們發展出了一種特殊的道德形而上學。按照一位當代研究理學的學者黃勇的說法，「理學的獨特之處在於它將古代儒家所宣導的道德價值發展為作為一種本體論表述的道德形而上學」（黃2014，195）。將宋明理學和先秦儒學區分開來的正是這種道德形而上學。對理學家而言，世界存在著一種更高的秩序，他們稱之為「天理」，而這一更高秩序的內容同時作為人類的客觀道德法則。同時，理學家也接受中國哲學傳統以《易經》為基礎的世界觀，認為作為基本元

素的氣是宇宙的物質／物理基礎。理學形而上學的核心觀點以
氣為萬物的基本構成成分，並且認為氣的運行有其內在的秩序
（理）。

　　對於人類道德的心理基礎，理學家絕大多數都屬於孟子
學派的陣營。孟子的道德內在論主張人類的道德基礎存在於道
德主體的內在心理構造。對孟子而言，人類之所以不同於其他
動物，正是因為人類天生就具有道德情懷。只有人類是道德的
動物。由於孟子以這一點界定「人」這一概念，因此在孟子的
使用中，「人」這概念不指涉一個自然物種，而是一種道德範
疇。按照孟子的說法，在人類之中存在著四種普遍的道德情
操：惻隱之心，羞惡之心，辭讓之心，以及是非之心。由於人
類生來就被賦予了這些道德情操[2]，因此道德是人類本性的自然
擴充。惡則是不培養自己的「善端」的結果。對孟子而言，道
德並非純粹是社會制約的結果，也不是來自於社會契約或基於
經過計算共同利益而達成的理性共識。與此相反，人類的道德
之所以可能，正是因為人類是道德動物。

　　宋明理學家主張道德主體的內在根源在於人的道德意識、
道德判斷、道德直覺，或是道德情操。但是他們共同接受道德
行為是發自個體內心的自主行為這一看法。他們不同意荀子把
道德當作是「偽」的產物。在荀子看來，我們需要使用禮儀的
規範來抑制人性中的不良品質。道德是人為建構和社會制度的

2　「sentiment」一詞有情感、情操等含義，為了與「emotion」相區別，本譯本
　　將「sentiment」譯為情操，但在涉及「virtue ethics of sentiment」、「social
　　sentimentalism」等表達中，遵循一般的慣例譯為情感。而「emotion」則一律
　　譯為情感。──譯者注

成果，而惡則是缺乏社會約束而順從人類與生俱來的本性的結果。雖然荀子確實肯定人類是有理性的，並且可以借助於心的道德認知來學習善，但對他而言，良知並不存在。從道德外在論者的觀點出發，道德產生於以人與人之和平共處為目標的社會制約。外在的社會環境是個人有，或是沒有，道德意識的主因。根據這一觀點，人類的道德意識和道德感都是教育和學習的產物。因此，不同的社會背景和文化教育可能產生互不相容的道德觀，甚至會創造出多重的道德標準。換言之，文化相對主義是道德外在論的自然延伸。相對之下，宋明理學的一個特徵就是理學家確認世界上存在一個客觀、普遍的道德標準，他們稱之為「天理」。對理學家而言，道德實在的存在是自然界不容置疑的事實，而且道德真理的普遍性是根源於人類共有的道德意識。

　　理學家將他們的道德理論建立在他們的道德形而上學觀點之上，根據這個觀點，自然世界中具有客觀的道德實在性。這種世界觀起源於《易經》：在《易經》中，天與地的四德（元亨利貞）同時也是每一宇宙階段的四種德性（virtue[3]），而《易經》的64個卦象所展現的即象徵這些宇宙萬象。我們可以把這種對自然界的觀點重新解作某種目的論──這個世界是由「生

3　英文virtue一詞有德性、美德等含義，常常用來翻譯中文中的「德」字。鑒於中文中「德」字的中性意義（參考本書第十二章的相關論述），因此本譯本中一般將virtue翻譯為「德性」。但因「virtue ethics」翻譯為「美德倫理學」已經是一個約定俗成的翻譯，故而，在「virtue ethics」中「virtue」仍翻譯為美德。另外，ethics一詞通常翻譯為倫理，但ethical一詞翻譯為倫理的，也翻譯為道德的。本譯本一般都將ethical翻譯為道德的。──譯者注

生之理」所統治，並且這一世界觀所設定的首要目的性就是生命的創造和延續。從現代的觀點來看，我們可以說自然界確實是在生生之理下運行的——直到今天仍在持續的進化以及形態多樣的有機體的存在這類事實即證明了這一點。自然科學的主題在於研究哪些自然現象能夠維持生命，以及是什麼原因導致了破壞生命的自然災害。另一方面，從人本主義的視角來看待自然世界，我們也可以說很多自然現象，例如來自天空的陽光和雨露，以及來自大地的肥沃土壤，都有利於生命的延續。誠然，如颶風這些自然現象確實會毀滅生命；然而，在毀滅之後，季節會更替，生命會延續。先儒通過對自然世界的觀察，從生命的延續中得到了極大的慰藉，這一自然事實奠定他們堅信自然界的主導性原理就是「生生不息」的基礎。基於這一信念，他們把自然界本身看作是一個「善的」宇宙。以這個對自然界的觀察為起點，先儒得出的結論就是人類有一個終極的道德使命：為實現天地生生之理做出貢獻。

宋明理學的道德理論最適合理解為屬於美德倫理學（virtue ethics）的範疇。美德倫理學是強調道德主體的德性及其道德品格的倫理學理論進路[4]。作為一種規範倫理學，美德倫理學界定

4　正如安靖如（Stephen C. Angle）在他的《聖境：宋明理學的當代意義》一書中寫到的：「西方美德倫理學與理學的對話並非巧合，因為**理學本身就是一種美德倫理學**」（Angle 2009，51；黑體是作者所加）。他也把王陽明解釋為一個美德倫理學家（virtue ethicist）（Angle 2010）。黃勇將二程兄弟的道德理論分析為美德倫理學，並進一步將這種形式的美德倫理學定義為「本體論的美德倫理學（ontological virtue ethics）」（黃2003，453）。也可參看黃勇，2014。*Angle and Slote*（2013）是一本關於美德倫理學與儒學的論文集。柯雄文（Antonio S. Cua）、信廣來（Kwong-loi Shun）和艾文賀

人們應該培養哪種德性或人們應該發展哪種道德品格。它是一種以道德主體為中心的走向，而不同於那些以道德行為為中心的進路，如義務論——根據一個行為是否遵守了某些特定的道德義務來判斷該行為的道德價值，或是後果論——通過考慮道德行為可能帶來的後果來決定行為是否可取。美德倫理學較少關注如何為道德行為定義規則；反之，它更強調如何界定道德人格。一個有德的行為是由有德的主體完成的。為了定義有德的人格，美德倫理學家們必須識別出哪些品德是任何一個要想成為一個道德主體都應該培養的基本道德品質。在他們定義德性時必須解決以下問題：究竟有哪些德性可以完全保證行動主體為善？因此，他們的目標就在於定義那些可以引發個人道德行為、最具有持久性和有效性的美德。在宋明理學家的世界道德意象中共認為最高的道德品格，就是聖人的道德品格——所謂聖人，指的是一種完美的道德主體，對人們在何種情境中應該做什麼總是具有精確的見識，並且擁有堅定的道德品格。培養聖人的境界就是理學家的共同道德目標。

　　然而，在美德倫理學家中也存著不同的走向。美國學者艾文賀（Philip J. Ivanhoe）區分了兩種形式的美德倫理學：幸福主義美德倫理學（virtue ethics of flourishing, VEF）和情感主義美德倫理學（virtue ethics of sentiments, VES）。前者是「建立在關於人性的全面而詳盡的概念之上」，並且把一個完美的道德主體的幸福實現看作是道德修養的目的論目標。後者從社會互動的角度來考慮道德主體的德性，並把德性建立在人類的某

（Philip J. Ivanhoe）等人是理學美德倫理學研究領域最著名的先驅性學者。

些情感或情操之上，而這些情操是人的心理構成要素（Ivanhoe 2013, 29-30）。這兩種方向都以某種人性論為出發點，我們可以描述兩者之間的區別為有關人心的「理想性構思」與「經驗性構思」之別。也就是說，情感主義美德倫理學更具有經驗基礎。在情感主義美德倫理學中，我們特別看到了規範倫理學與道德心理學之結合。不過，宋明理學的道德哲學應該被看作幸福主義美德倫理學（VEF）的一種形式，因為理學是以聖人境界為完美道德人格的理念基礎，而且所有的理學家都致力於展現他們以聖人境界為道德修養目標的方法論。

術語簡介

1. 理.

「理」無疑是理學中最為重要的概念。這解釋了在中國思想史上，理學何以被稱之為「理學」。當然，我們必須先解釋這概念的起源與意義。

雖然對「理」這一詞彙的廣泛使用成為理學家的一個特殊標記，不過華嚴宗早已用它來指稱「終極實在」。就字源上說，這個詞最初被用作動詞，其意思是「治玉」（中文的「理」是「玉」字旁）。一位優秀的玉器工匠必須仔細研究未經切割的璞玉的線條和凹槽，才能製作出精美的玉器。引申開來，「理」作為名詞的意思是事物的紋理或精細的條理，「理」作為動詞的意思是調理、管理或處理。在理學的話語中，「理」的含義包括模式、順序、邏輯、秩序和規範等等意涵。程朱學派建立了「理」這一概念的規範性維度，因為他們

主張世界上的任何事物都應該符合其自身之理所設定的標準。

　　在理學的語境中，「理」字的英譯包含reason、law、organization、order、pattern、coherence以及principle。在這些翻譯中，「principle」目前成為一種標準的用法。正如陳榮捷在解釋他為何選擇「principle」時所說的：「理不僅僅是組織的原理，也是存在、自然等的原理。『principle』似乎是它在英語中最好的對應詞」（陳1967，368）。為了弄清楚為什麼「principle」是中文的「理」概念的對應詞，我們需要理解「principle」這個詞在哲學語境中是如何被理解的。「principle」一詞源於拉丁文「principium」，而「principium」是用來作為對希臘詞「arché（始基）」的翻譯，後者意思是起源或開端。在蘇格拉底之前的古希臘哲學中，對arché的探尋是為了要定義萬物的終極根本原理。因此，「principle」可以說是「first principle」的簡稱。亞里斯多德將「arché (principle)」一詞運用到個殊事物之中。一個個殊事物的「principle」定義了這一事物的可能性條件：因為對任一事物而言，要存在必須有它的個殊「principle」；如果沒有個殊「principle」，任何事物都將不會存在。這一意義上的「principle」與理學的「理」概念非常接近。因此，在本書（英文版）中我們也將採納這一翻譯。

　　在理學的論述中，「理」是宇宙的統一原理，因此它可以被理解為宇宙的秩序、宇宙的模式，或是Graham所說的「紋理的系統」（Graham 1992，13），或者就如理學家所言：「天理」。同時，每一個殊事物有其分殊之理。個殊事物之中的理可以理解為這個個殊事物的規範，它代表了這個事物的「典範狀態」——如果得到人類的協助，個殊事物應該並且會朝著這

一典範狀態發展。理不僅是自然世界之理，也是人類世界之理。作為人類世界之理，理包含了人的先天本質（性之理）、處理事務的方法（事之理）、人類關係的規範（人倫之理），等等[5]。尤其重要的是，自然界的共理和各種個殊事物中的殊理界定人類行為的規範：我們在與自然的互動中負有的道德義務就是應該按照個殊事物的本性來處理它們，使得世界在我們的關懷下繁榮，而各種物事也在我們的照料下興旺。這是理學家在追求終極原理時的共同信念。

按照英國爵士Martin Rees的說法：「科學的進步存在於辨別自然界中的模式與規律，從而將越來越多的現象納入到一般性的範疇與法則之中」（Rees 2000，1）。在理學家中，朱熹可能最接近於發展出一種關於自然世界的系統性知識，正如韓國的朱熹學者金永植有力地指出，朱熹自己「在許多科學和技術的主題上擁有相當程度的理解，並且對自然世界擁有異常豐富的知識」（金2000，6）。然而，即便如此，朱熹的「分殊之理」概念，與其說是一種自然科學概念，不如說是一種人類的道德規範。程朱學派的後學們並沒有繼承朱熹在自然知識方面的興趣。由陸象山和王陽明所領導的反對派更進一步將研究的興趣轉向內在：研究內在於人心中的理，視為「心即理」。

在中國哲學史上，「道」和「理」這兩個重要概念常常一起或交替使用。兩者都指向世界的終極秩序。最初，這兩個概念略有差別。道是普遍的，而理則是特殊的。按照《韓非子》的說法：「道者，萬物之所然也，萬理之所稽也。理者，成物

5　在第二部分，我們將詮釋運用於人類世界中的理概念。

之文也；道者，萬物之所以成也。……理之為物之制。萬物各異理，萬物各異理而道盡」（《韓非子》2007，106）。這一區分有時在理學家關於理的論述中得以保留，例如朱熹言，「道是統名，理是細目」（朱熹2002，236），以及王夫之言，「道者，天地、萬物之通理」（王夫之1967，1）。然而，把「道」與「理」看作具有普遍／個殊之分的說法在理學家的論述中並不常見，因為多數理學家也會把「道」區分為普遍之道與特殊之道，同時把「理」區分為普遍之理（「天理」）和特殊之理（「殊理」）。

　　「道」與「理」之間的另一個區分是，道代表的自然界的過程性秩序，而理則代表自然界的完成模式。道具有動態的意義，而理則具有靜態的意義。在張載的用法中，道指涉氣化的持續過程，而理則指涉氣化的內在規則。王夫之也以道來代表陰陽的動態轉換[6]，以理來代表氣的內在條理。換言之，道產生事物，而理則代表事物的秩序。另一個關於「道」與「理」之間的區別在於，「道」具有本源性、普遍性，以及全面性等含義，而「理」則簡單地表示特定事物的本質。「道」被認為是我們道德稟賦的貢獻者，是人類道德規範的根源，代表著自然界所展示出來的最高的道德戒律。而理則只有在「天理」意義上才具有這一內涵。

　　「道」和「理」之間的另一個可成立的區分在於，「道」具有「應然」的規範性內涵，而「理」，除了程朱學派的用法之外，通常表示「實然」或「必然」。萬物都有其內在的理，

6　參見張岱年1958/2005，72-73。「氣之變易歷程為道，氣之變化規律為理。」

氣的一切發展都有其內在的條理。但只有人類擁有道，因為規範性的維度涉及的是人類能夠做什麼和應該做什麼。

　　儘管我們可以做出上述這些大致的區分，在大多數理學家的論述中，道和理並沒有如此明確的劃分。二程兄弟幾乎把這兩個詞交互使用。根據一位現代學者張岱年的分析，由程頤所發展的關於理的理論，正是古代中國哲學中關於道的理論的延續，他的理可以看作是道的別名（張1958/2005，52）。程頤的「理一分殊」這一著名口號應該被認為是「道一分殊」（張1958/2005，73）。

　　宋明理學家對「理」的關注可以概括為以下幾個問題：

　　1）宇宙總是遵循同樣的原理嗎？世界的運行與這些原理之間的關係如何？這些原理是先於世界而存在還是在世界存在之後形成的？

　　2）普遍性原理是規範性的（即它們決定事物存在的方式）或者僅僅是描述性的（即它們是事物存在方式的概括）？

　　3）宇宙終極原理的本質是什麼？這些原理是自然的還是道德的，還是二者皆是？

　　4）天理的內容是什麼？是不是所有的事物遵循著同樣的普遍性原理，還是不同的事物擁有各自的原理？

　　5）我們憑藉怎樣的能力可以認識萬物之理或普遍的天理？人類擁有能夠當下認知普遍的宇宙原理的智性直觀，即康德（Kant）所說的intellektuelle Anschauung嗎？還是我們需要積累分殊之理的知識以便理解普遍的宇宙之理？

　　宋明理學家在關於理的特性有些共同的假設。首先，他們都相信只有一個普遍原理（「理一」），儘管它的展現形式

「分殊」。程頤和朱熹經常把「理一」與「分殊」之間的關係比作「月印萬川」。張載也強調了理一分殊。第二，理學家共同接受普遍之理存在於所有個殊事物之中的看法。張載的《西銘》將整個宇宙描繪為一個大家庭，在其中所有人物都像兄弟、姊妹或夥伴一樣密切關聯。程頤和朱熹把內存於每一事物的普遍之理看作是事物的本質。陸象山和王陽明則認為普遍之理存於人心。第三，理學家們認為普遍之理與分殊之理本質上是一致的，儘管各種事物並不一定能完全展現其固有之理。他們對於理一何以萬殊提出多種不同的解釋。比如張載就將其歸因於構成事物的氣具有不同的質。最後，理學家共同認定理的最高形式就是天理或太極。在這一語境中，理具有道德的維度。正如朱熹所言，「太極只是個極好至善底道理」（陳2018，536[7]）。這種至高之理是具有道德屬性（如仁、義、禮、智）的理。由於整個宇宙只有一個無所不包之理，宇宙本身被賦予了道德屬性。宇宙是一個道德化的宇宙。而宇宙具有道德屬性這一觀念也是周敦頤、二程兄弟、張載、朱熹和王夫之所共同接受的看法。

　　什麼樣的宇宙原理能夠符合上述描述？什麼東西能夠為千差萬別的事物所分有而又保持同一？什麼東西能夠既是自然對

7　英文版的引文出自Chan, Wing-tsit（陳榮捷）1963. *A Sourcebook in Chinese Philosophy*. Princeton University Press。在本譯本中，當涉及到古籍原文，將標注陳榮捷：《中國哲學文獻選編》（楊儒賓、吳有能、朱榮貴、萬先法譯，北京聯合出版公司，2018）一書的頁碼。後文中，凡出現「陳2018，xxx」參見《中國哲學文獻選編》的頁碼，凡出現「陳1963，xxx」則表示出自*A Sourcebook in Chinese Philosophy*。——譯者注

象所固有的，又是道德主體所固有的？理學家並沒有對理的內容做明確的界定。在本書的第一部分，我們將分析理學家關於理的豐富多樣的概念。

2. 關於個殊事物之理的共同假設

理學家都相信個殊事物具有個殊之理。如程頤所指出，「有物必有則，一物須有一理」[8]。朱熹也說，「合天地萬物而言，只是一個理；及在人，則又各自有一個理」[9]。按照上述觀點，不同的事物擁有不同的分殊之理，不過所有的分殊之理似乎都被整合為一個普遍之理。

對於事物之中的分殊之理，我們可以提供如下分析：

1）事物之理是事物的應然存在方式（事物的規範、事物的最高標準和事物的理想狀態）。

2）事物之理是事物的自然存在方式（事物的本質）。

3）事物之理是使得事物成其存在模式之因（藍圖、它們的存在基礎）。

4）事物之理是個殊事物的終極目的。

5）事物之理是支配或規範事物的法則。

在本書的第一和第二部分，我們將看到宋明理學家關於事

8　引自陳榮捷的中文論文《理的思想之進化》，見陳1964，139。它的最初出
　　處見《程氏全書》，11：52。

9　見陳1964，141。它的最初出處見《朱子全書》，49：1a。

物中的分殊之理概念的諸多討論。

3. 氣──宇宙能量

理學的另一個基本概念是氣的概念──通常被英譯為cosmic energy、material force、vital energy，甚至在早期的翻譯中被譯作ether。按照當代思想史家張岱年的說法，「中國哲學中所謂的氣，是未成形質之有，而為形質所有以成者，可以說是形質之『本始材朴』[荀子的術語]。以今日名詞說之，便可以說是一切有形之物之原始材料」（張1985/2005，66）。成中英對氣的一個詭祕描述，抓住了這一概念的豐富性：

> [氣] 這個古老的術語所指的是產生和形成宇宙中所有事物的一種不固定的物質，無疑具有豐富的內涵。氣是無形的，但卻又是一切形體的基礎。氣是萬物之源，也是有形之物的最終歸宿。氣是不呆滯的，永遠處於流變狀態。我們可以將它理解為在自然事件和自然物體的實際存在中所顯現出來的生化流動狀態。不過，[氣]最好被理解為一種**永遠處於生成狀態的不固定的無限物質**（*the indeterminate unlimited material-in-becoming*），通過陰陽之間交替滲透過程中固有的動力，產生五行，而且進一步通過五行的結合與互動，而化生萬物。（成1979，262-263；黑體是作者所加）

儘管上述兩種分析並沒有闡明氣究竟是什麼，但不可否認的是，氣這一概念構成了中國人的世界觀之基礎。不管是老百

姓還是學者專家都在他們的日常生活中使用這一概念，不過他們對氣是什麼的理解有所不同。中藥學對各種植物和根莖的陰陽構成發展出一個非常複雜的系統；中醫學是研究在人體內陰陽分布的學問。中國廚藝是一種在陽性食物和陰性食物之間創造一種和諧平衡（太極）的藝術。最後，中國武術則展現在人體內在的陰陽兩種力量與形式。就哲學意義上的氣概念而言，中國本體論從一開始就是建立在氣的概念之上的。氣被認為是所有自然現象和具體事物的構成成分；氣也關聯著生存運勢與世態興衰。然而，雖然這一概念被經常地使用，歷史上卻沒有關於氣及其諸特徵的系統性分析。我們將在本書第二章中解釋氣概念的歷史發展，並看看張載是如何重構儒學的氣一元論（qi-monism）。

總言之，宋明理學家在關於氣的特性有如下的共同預設：

1）整個宇宙是由氣構成的，而氣具有陰與陽兩種形式。這兩種形式的氣在它們的永恆運動中相互作用。

2）萬物都在不同程度上包含陰或陽。沒有任何東西是純陽或是純陰的。

3）稀薄的氣凝結而形成物質。而當物質體分解時，它們的有形之氣又重新返回到一種稀薄的形態。

4）氣的性質可以是純粹的，也可以是駁雜的——善與惡、賢與愚等差異正是以這一區分為根據的。

5）特定之物帶有氣的不同品質（純駁、清濁、薄厚，等等）以及陰陽的不同組合所形成的性質。個體之物間的廣泛差異，不僅存在於理的彰顯，也存在於氣的分布上。

6）在物理世界中，起實際的因果作用的是氣，而不是理。

當然，這些理學家對於理究竟是一個抽象的秩序，還是疊加在物理世界之上的模式，抑或只是氣的運行的內在秩序，意見不一。在本書的第一部分，我們將分析這些不同的觀點。

章節概要

本書分為三大部分。第一部分處理宋明理學的形而上學，第二部分考察宋明理學家的道德起源理論以及道德在客觀道德實在中的基礎，而第三部分則闡釋宋明理學家的道德方法論。

第一部分　宋明理學形而上學：從宇宙論到本體論

理學家的形而上學主要的共同論題包括：（i）宇宙是如何開端的以及世界的原始狀態可能是什麼；（ii）世界的本體層次結構是什麼──是否有一個抽象的、支配一切之理主宰著氣的運行；（3）理和氣這兩種宇宙的基本元素之間的關係是怎樣的。這些議題是本書第一部分關於理學家形而上學部分將要討論的要點。

第一章的重點在論述周敦頤關於宇宙原初狀態的富有爭議的觀點，即他所說的無極和太極。這一爭論圍繞著周敦頤是否主張宇宙的開端是「無」這一問題展開。本章第一部分將說明對於這一議題相關解釋在歷史上的爭議。第二部分將介紹前周敦頤時代的有無之辨。最後部分將給予周敦頤的「無極」概念

一個新的解讀，並進一步發展他的宇宙論。

第二章介紹張載作為一種「氣自然主義（qi-naturalism）」的氣論。張載基於傳統的氣概念建構了一個系統性的哲學體系。他把氣概念納入到他的形而上學和倫理學。在張載之前，在道家傳統中，已經存在著以元氣為本源的宇宙演化論，以及將氣作為萬物的基本構成元素的本體論。本章會先追溯氣論的道家根源，考察氣概念在道家的宇宙論解釋和本體論分析中是如何運用的。然後會進一步介紹由張載所發展的氣論，並考察他是如何回到《易經》中的氣論，並運用它來發展理學的氣論的。

第三章闡述由二程兄弟和朱熹所主張的形而上學觀點。用現代的術語說，第三章的主要關注是「自然法則」的存在，亦即，宇宙的存在是一個宇宙偶然事件，還是由特定的、永恆的自然法則所驅動。理（或天理）概念已經出現在張載的氣論中，但是二程兄弟，特別是程頤，更加擴展了這一概念。二程兄弟的相關討論為理學家關於「天理」的討論鋪平了道路。本章首先闡述了「理」這概念及其在英語中的各種解釋。然後分析二程兄弟，以及後來的朱熹，如何發展出一種預設理的非還原論的本體層次結構[10]。本章也考察了普遍之理與分殊之物之間的關係。同時，本章把由程頤和朱熹所提出的形而上學世界觀解析為一種「規範實在論」。

10　「非還原論」英文nonreductionism。此處的「還原論」指「理」是否能還原為氣的運作規則，亦即即是否為氣的運作所決定。「非還原論」是指理在本體上不受氣的運行所決定。——作者添注。

在第四章中，我們聚焦於由王夫之所詳盡闡發的氣的哲學之進一步發展。由於翻譯的匱乏（陳榮捷的《中國哲學文獻選編》僅僅包含了王夫之二十餘卷著作的一小小部分），王夫之是到目前為止英語世界中被最為嚴重地忽略的理學家。王夫之是關於氣以及關於理的理論的集大成者：他的基本觀點是理內在於氣。本章始於王夫之的形而上學，並延伸到他對人文世界的看法。對王夫之而言，天與人是統一的整體。在人類世界之外並沒有一個超驗領域（transcendent realm），瀰漫於天之域與人之域間的正是同樣的氣以及同樣的理。因此，他的天道觀構成了其人道觀——特別是他的人性論、道德哲學以及人類歷史哲學的基礎。此章將王夫之的哲學描述為「理在氣中」的哲學，因為對王夫之而言，正是理與氣之間的關係解釋了天下一切事物。

第二部分　人性、人心與人類道德的基礎

人類道德的根基何在？人類社會的道德存在又如何可能？人類本質上就是道德生物嗎？還是社會與政治規範的制約使得我們成為道德主體的呢？我們擁有道德本能和先天的道德情操嗎？以孔孟為代表的古代儒學認為人類本質上是善的，道德是源於人類先天固有之善的自然發展。如果道德源於人類與生俱來的本性，那麼，我們又該如何解釋某些人行為處事的道德匱乏呢？我們如何解釋並不是所有人都能成為道德主體這一事實呢？

中國佛家的基本教義之一是痛苦與惡來自人的情感和欲

望。中國佛者貶斥我們的情欲；入佛門者也排拒如家庭、婚姻和親屬之間的人際關係。在中國佛家主導地位的衝擊下，宋明理學家不免都試圖探討天理與人類情欲之間的關係。

　　本書第二部分的主要論題就是「性學派」和「心學派」的主要爭論。「性學派」以程頤和朱熹為代表，他們主張人性是普遍的道德原理的具體體現。「心學派」以陸象山和王陽明為代表，他們把人心看作是普遍的道德原理的真實呈現。這場辯論關注的是探討道德的基礎根本上是形而上的還是心理上的。程朱學派建構了道德形而上學，認為道德屬性是人類存在的內在屬性；陸王學派聚焦於人心中的道德直覺和道德知識，將其作為培養道德主體的方法。本書會從當代道德心理學的新視角來解析這一內容豐富而且為時長久的辯論。廣義來說，道德心理學所研究的是人類道德行為與其心理構成之間的關係。宋明理學家對人類道德何以可能的問題有著不同的回答，其中多人發展出一套複雜的道德心理學，用來分析了道德與心靈的諸多功能之間的關係。

　　第五章的重點是朱熹的著名格言：「性即理」。這一格言將朱熹的人性論置於其道德形而上學的語境之中。對朱熹而言，理的最高形式即是天理或太極。朱熹將太極看作至善之理。這一最高原理是具有道德屬性（如仁、義、禮、智）之理。整個宇宙只有一個包羅萬象之理，而且它內在於我們的存在之中。在這一種世界觀下，朱熹提倡道德本質論，也就是他的「人性」理論。道德的現實就存在於我們的道德本質之中，這就是朱熹的「道德實在論」。本章將朱熹的理論解析為「內在性道德實在論」。

　　第六章進一步考察人心之中存在的普遍道德原理，並轉向與程朱學派對立的以陸象山和王陽明為代表的觀點。陸象山主張普遍之理內在於人心之中。王陽明則進一步宣稱「心即理」。本章闡析陸象山和王陽明的觀點，展示他們如何描繪一種不同於程朱學派的心靈形而上學。本章進一步在王陽明的形而上學語境下闡發了他著名的「萬物一體」論，並將他的形而上學與當代的實用主義形而上學加以比較。

　　第七章介紹王夫之的一個革命性觀點，亦即人性是發展生成的，而不是某種在人出生時已經完成的、與生俱來的本質。王夫之的人性論以他的氣的形而上學為基礎：由於氣總是處於變化之中，人性也不可能是與生既定的，而是在人的一生中不斷發展的。對王夫之而言，由於我們不斷地與自然環境和人類社會互動，我們必然沉浸於氣的不斷蘊化之中。在我們一生中我們時時要做出決定、採取行動，而我們的本質就是由這些生活經歷所塑造的。因此，不僅我們的自然品質，甚至我們的道德本質，都會在每天的基礎上日益發展和趨向完善。換言之，我們沒有一個固定的生命本質。這就是王夫之具有獨創性的「日生日成」的人性論。王夫之發展了一種完備的道德心理學來分析道德與心靈之間的關係。本章分析了王夫之的道德心理學，並解釋了他是如何在人類的道德情操、情感、欲望、意志，以及反思之上建立道德的基礎。

第三部分　德性的培養、道德人格以及道德世界的建構

　　本書第三部分接續第二部分，在當代美德倫理學與發展心理學的語境中重建理學的道德哲學。相對於第二部分提供了道德屬性的形而上學基礎而言，第三部分處理的是理學道德方案的具體實現問題。我們會分析宋明理學家關於實現個人和世界的道德理想的各種提案。在此背景下，我們也會考察這些理學家所提供的各種獲取道德知識之方法。

　　目前在西方的儒學研究中出現了一種新的方向，亦即參考經驗科學作為重新安置與重新評估儒學倫理學說的新方法。例如，Edward Slingerland（2011b）引用了認知科學的經驗證據來支援儒家美德倫理學的倫理模型；他特別指出，孟子的道德理論預見了對人心的一些科學觀察可以成為「構建現代的、經驗上負責任的道德模式」的有用資源（Slingerland 2011b，97）。Reber 和 Slingerland（2011）運用認知科學的經驗考察來驗證孔子「通過集中的、終生的實踐來內化社會規範」這一教學法。Bongrae Seok（2008）將孟子的「四端」說置於近代認知科學發展的背景中，把人類的心理能力視為道德的基礎。Flanagan 和 Williams（2010）比較和對比了孟子的「四端」說與社會心理學家 Jonathan Haidt 關於人類道德和文化的「五個心理模組（five psychological modules）」學說。以儒家道德理論來對應比較當代科學對人類心理、行為作出的實驗結果，能幫助我們對傳統哲學做現代的反思，替傳統哲學找出新的意義，從而進一步瞭解儒學如何會在亞洲文化中有如此根深柢固的廣泛影響。正如著名學者孟旦（Donald J. Munro）所強調的：「任何道德原則

都必須符合人性才能使人們感到它的說服力」（Munro 2002，131）。本書的第三部分延續這一經驗科學走向，將理學的相關議題與心理學和道德哲學的當代視角聯繫起來。

　　遠在二千多年以前，韓非子就已經從經驗考察的角度對孔子的道德理想進行了抨擊：「海內悅其仁，美其義，而為服役者七十人，蓋貴仁者寡，能義者難也」（《韓非子・五蠹第四十九》，見陳2018，237）。韓非子的要點是，大多數人不會像孔子那樣行事，因此儒家的倫理教導沒有任何經驗驗證。在當代的倫理學討論中，也存在借助社會心理學和認知科學的經驗研究對美德倫理學加以批判的議論。對美德倫理學提出一個巨大挑戰的是情境主義（situationism）。John Doris在《品格的匱乏》（Lack of Character，2002）一書中指出，人們行為的變化更多的是由情境因素而不是人格品質特徵決定的。Doris所提倡的「情境主義」，就是主張人的道德品質會依照情境而改變。

　　Doris用「整合主義（globalism）」這一術語來描述美德倫理學的特徵。整合主義的觀點是，人格是「一種穩健（robust）品德的評估性綜合體」，個人擁有這些穩健品格足以說明他們在面對情境壓力時如何能保持穩健一致的行為模式（Doris 2002，23）。Doris認為，在心理學中人格（personality）心理學或品格道德（characterological）心理學都是以整合主義為前提，而美德倫理學家在強調德性的培養時，往往特別關注這種心理學。人格心理學和品格道德心理學在解釋人類行為時往往訴諸於人的品格或人格特徵。Doris認為，這類解釋，無論在普通民眾中多麼流行，都是沒有經驗根據的。在事實上可以讓經

驗科學家拿來作為解釋人類道德行為基礎的整合性人格特徵並不存在。Doris用社會心理學的案例研究來證明人們在不同情境中的行為通常是不一致的，因為情境的變數，即使在道德維度上無關緊要，仍然是影響人們行為的一個重要因素。

根據情境主義的觀點，有些時候某些人缺乏良好的行為並不意味著他們品格的缺陷；同時，在有些情況下，某人做出有道德的行為也並不能證明其人有出眾的道德人格。美德倫理學家把他們的賭注押在培養道德主體的穩健、持久的德性之上，可是最終沒有證據證明道德德性真的具有一致性或穩健性；情境主義更進一步主張道德主體之品格特徵的整合並不存在。情境主義認為情境因素比個人德性更能影響行為，是以美德倫理學家去尋求培養道德品格或穩健的道德品質是個錯誤的方向。因此，Doris建議我們在倫理學討論中放棄對培養德性或道德品格的無謂追求，而把更多的注意力轉向情境因素。道德教化的目標應該是培養「可以誘導道德產生的情境（morality-inducing situations）」，而倫理學的注意力焦點應該集中在如何去消除那些可能會引出道德上可爭議行為的情境。由於理學的道德理論屬於美德倫理學的範疇，Doris的主張當然構成了對理學的直接挑戰。第三部分的許多章都會處理這一挑戰，並探討各個宋明理學家有關培養道德德性的提議如何能夠應對情境主義的挑戰。

在第八章，我們將在認知科學和發展心理學的道德人格發展的語境下重建張載的道德心理學。本章將從道德人格發展的社會認知模式（socio-cognitive model）的角度來闡釋張載的道德規劃，因為張載道德規劃的關鍵要素與當代社會認知模式的

關鍵特徵非常契合。張載的道德哲學將人的道德發展描述為一種漸進的、以認知為主導，並且根源於自主意志的道德規劃。個體必須自我規導以選擇正確的目標，而且必須通過閱讀、與友人研習討論、並且效法聖人，以其作為最高的道德典範。個人的道德發展，部分是適當的社會影響的結果（比如學校教育和社會禮儀），部分是自我管理和自我規訓的結果。本章探討張載的道德方案是否會受到Doris的情境主義的威脅。

第九章介紹二程兄弟的美德倫理學。相對於前一章用社會認知模式的術語分析張載的道德哲學，本章採取整合主義（globalism）的道德理論來解析二程兄弟的道德理論。整合主義宣稱人們可以在不同的情境中保持一種「穩健的」道德品質。二程兄弟承認這些道德品質需要培養，而他們的道德論述的主旨就在於界定那些能夠為道德品格奠定穩健基礎的德性。本章探討二程兄弟的整合主義美德倫理學是否能夠應付道德懷疑論有關穩健的道德品格是否存在的挑戰。本章還會探討在二程兄弟的德性知識論形式中的「真知」意味著什麼，以及他們所確立的知識的目標和知識的滿足條件是什麼。

第十章介紹朱熹的美德倫理學，並將其理論解析為一種道德理性主義。朱熹強調聖人境界是所有道德主體的共同道德目標，而為了達到聖人境界，他提倡人們必須用知性的方法去理解自己本性中的內在之理、外在事物之中的理，以及以天理為代表的普遍道德原理。朱熹的道德知識論呈現我們在處理個殊事物中，如何能從考察分殊之理進而整體地把握普遍道德原理的一條道路。在朱熹看來，特定事物的自然狀態已經隱含著我們應當如何與個殊事物適當互動的規範性要求。換言之，一

個對個殊事物本性的描述性意涵已經同時蘊含著我們涉及到這類個殊事物時的行為的規範性意義。本章分析朱熹如何在他的道德知識論中將描述的維度與規範的維度結合起來，亦即如何「從實然推出應然（deriving *Ought* from *Is*）」。

第十一章的重點是王陽明的良知——有時英譯為「the innate faculty of pure knowing（先天的純粹認知能力）」或「moral consciousness（道德意識）」——理論。本章把王陽明的良知論比較於當代的高階感知（higher-order perception, HOP）意識論。高階感知是一種「內省意識」或是「對我們內心當下狀態和活動的內在知覺」（Armstrong 2004）。王陽明的良知說強調的是人們在自己的思維中明辨是非的心靈直覺。明辨是非是一種道德直覺，在我們的道德修養之初已經內在於我們。與此同時，它是一種自我監控和自我糾正的意識形式，因為自我在監視著自己的每一個轉瞬即逝的想法（意）。本章為王陽明的道德方法論建立了「道德反身主義（moral reflexivism）」這一術語。對王陽明而言，最重要的任務是讓人們相信他們生來就是聖人，不需要從別處尋找道德啟示。他主張每個人生來就具有這種純粹的認知能力。只有讀者接受了這一哲學，才能實現王陽明想要在他的讀者中實現的道德／精神上的轉變。王陽明的道德規劃建立在個人對其自我能力保持信念和樂觀態度的基礎之上。本章並且分析了王陽明以「知行合一」論為代表的道德知識理論。

第十二章以由王夫之理論所開發出的道德修養的社會倫理規劃來總結理學的道德理論。這個道德規劃背後的主要思想是，若要構建一個道德世界，我們不能僅僅依靠道德主體孤立

的道德良知或是道德情操。良知或道德情操必須融入整個社會，以使得道德行為成為規範，而非特例。社會氛圍和群體心態對個人的思維和行為具有極大的感染力。因此，要提高道德行動主體個人的道德決心，我們就必須從建立一個道德世界開始。本章探討王夫之是如何以孟子的思想為基礎來提出一個建構道德世界的可行方案。最後，本章還超越了單純的哲學闡釋，而提出了一個能夠從王夫之的思想中發展出來的社會倫理規劃方案。

　　這本書的第三部分是運用道德心理學和認知科學的不同理論模式來作為比較的藍圖，從而將宋明理學的道德哲學重新定義為不同形式的美德倫理學。當我們期望理學美德倫理學同時具有經驗的可靠性時，理學那個達到聖人境界的終極目標就被置入了常人的心理現實之中。但是這樣的理念是不是太過理想化了？它是否描繪了一個不反映人類心理現實，並超越了普通人在他們有生之年能夠完成的理想範圍之外的烏托邦式的道德目標？倫理學家的目標應該是提出反映人們是什麼樣的理論（「實然」），還是應該提出一種規範性的目標，將人們從他們的現實轉變成他們的理想層次（「應然」）？倫理學應該建立在倫理學家們關於人與世界關係的形而上學概念之上嗎？這種以形而上學為導向的理學倫理學，在我們當代人的心理狀態中是可行的，甚至是可信的嗎？這些都是有待思考的問題。

理學家簡介[11]

周敦頤

　　根據多種資料來源，我們得到的印象是周敦頤（1017-1073）在他的時代非常受人尊敬。學生程顥對他的描述是「胸中灑落，如光風霽月」[12]。周敦頤創辦了一所學校以向年輕人傳播儒家思想，而當地人總是自願地提供錢財和勞動。他是一個真誠的人，對所有的生物都有強烈的同情心。有一次，一個嚴酷的上級想處死一個不應該被判處死刑的犯人，周敦頤為犯人的利益進行了激烈的爭辯。由於爭辯無效，周敦頤立意辭職。他的無私決定改變了上級的想法，最終，囚犯的生命得以挽救。周敦頤也樂於資助需要幫助的人，即使當他妻子無米下鍋時，他也曠然不以為意[13]。另一則著名的故事的是，周敦頤從來不剪除雜草，因為在他看來雜草與其他花草都是生物，在價值上是平等的。他甚至喜歡在書房的窗外看到又高又亂的雜草，因為這是生生之意的象徵（陳1990）。程顥敘述，周敦頤窗前草不除，問他為什麼，他的回答是「與自家意思一般」[14]。周敦頤是一個沒有多少物質欲望的人。他曾作詩云：「老子生來骨性寒，宦情不改舊儒酸。停杯厭飲得醨味，舉筯常餐淡菜

11　遺憾的是，本書對周敦頤同時代的理學早期學者邵雍（1011-1077）的討論付之闕如。他複雜的哲學思想在任何一本理學著作中都值得深入探討，但這超出了作者目前的研究範圍。

12　見《近思錄》第14卷。

13　由朱熹所撰寫的《周敦頤事狀》記載了這一點（周1975，400-402）。

14　見《近思錄》第14卷。

盤[15]。」二程兄弟說，從周敦頤那裡，他們學會了追求「孔顏之樂」這一簡單的快樂[16]（周1975，351）。周敦頤的哲學信條之一即是「無欲」。這一信條被看作與道家的「寡欲」說或佛家「滅欲」說有關。不管這一學說的靈感來自哪裡，周敦頤顯然無愧於自己的標準。

張載

張載（1020-1077）年輕時學過佛家和道家思想，但在知性上對兩者都不滿意。後來，他回過頭去學習儒家經典，才找到了自己作為學者和教師的真正使命。他三十多歲時就開始講授《易經》，他的遠房侄子程顥和程頤也隨眾聽講。此後，他們三人展開了終生的哲學思想上的學術交流。

張載在36歲時通過了科舉考試，並擔任了12年的各類地方公職。他在朝廷也有過短暫的政治生涯，但因為他和他的弟弟都公開批評當時宰相的政策，所以在官場上沒有取得多大成功。他最終辭去了官職而回到家鄉陝西眉縣橫渠鎮定居。他因此被稱為「橫渠先生」。這一時期是張載哲學進步的時期，因為他過著隱居的生活，把全部精力都用在了思考、閱讀和寫作上。據說他「終日危坐一室，左右簡編，俯而讀，仰而思。有得則識之，或中夜起坐，取燭以書」。他撰寫了多篇關於經典的評論，最著名的是他的《橫渠易說》。這一時期，他還創造

---

15 此詩句為中譯本繁體版新添。──原作者注。

16 顏回的故事見《論語》中的「一簞食，一瓢飲，在陋巷，人不堪其憂，回也不改其樂」這一記載。

了自己的哲學傑作《正蒙》，該書對三百年後的王夫之產生了重大影響。張載57歲時死於疾病，而「貧無以斂，門人共買棺奉其喪」（黃1987）。

程顥與程頤

程顥（1032-1085）和程頤（1033-1107）是年齡僅相差一歲的兄弟。他們的作品從一開始就被收集在一起，稱為《程氏遺書》，他們的許多談話或評論被歸類為《程氏語錄》。雖然他們的哲學思想很相近，而且他們的論述也經常被記錄下來而沒有具體註明資料來源，但我們仍然可以在二程語錄裡看出兄弟二人哲學興趣的細微差別，而這一差別在宋明理學的發展中產生了深遠的影響。從二程兄弟引發了理學思潮的兩種不同方向。程顥，世稱明道先生，影響了陸象山和王陽明的思想，他的哲學被稱之為「心學」；另一方面，程頤，世稱伊川先生，後來為朱熹（1130-1200）所推崇，成為「理學」或「性學」的創立者。二程兄弟在十幾歲時共同跟隨周敦頤學習了一年，同時他們也是張載的遠房姪子。在他們的討論中，他們經常提到張載的思想和他的作品，特別是他的《西銘》。他們二人都與張載通信討論過哲學觀點。兄弟二人承續周敦頤和張載復興儒學的大業，並在許多論題和概念上進一步豐富了儒家哲學，這些論題和概念後來成為理學的標誌性主題。因此，我們可以說我們現在所說的「宋明理學」實質上是由他們建立的。根據著名歷史學家馮友蘭的說法，理學作為一個有系統的學派的真正確立正是從二程兄弟開始的（馮1983，498）。

在周敦頤的影響下，程顥自幼立志向學，潛心研究儒家經

典。他在26歲時通過了科舉考試，並且作為地方官員接受了各種職務。他被公認為一個仁慈公正的官員，贏得了其治下人民的愛戴和尊重。他的座位上寫著「視民如傷」的格言，以用來提醒自己要勤政為民。程顥的一個著名成就之一就是對晉城人民的教育。他被派到晉城當縣令，晉城當時落後，到處都是文盲。幾百年來，該地沒有人通過科舉考試以獲得一個官職。程顥召集了最聰明的年輕人，成立了一所書院來教育他們。他為他們提供食宿和學習文具，並對他們進行密集教育。十年間，數百人通過了科舉考試，十多人獲得了政府官職。程顥離任後，晉城人民仍然認為他是晉城文化風氣轉變的功臣。時至今日，那裡仍有許多與程顥相關的歷史遺跡。晉城市目前也正在重建程顥的明道書院。

　　程顥死於一場疾病，享年54歲，不過他小一歲的弟弟程頤則活到了七十多歲，而且程頤成年後的大部分時間都在教書育人。因此，程頤有更多的由他的學生記錄的語錄。與哥哥程顥不同的是，程頤以為學不足為藉口，拒絕了官方的多次職位邀約，根據李日章的傳記，程頤甚至曾說「等我餓得走不出門時，再作打算吧」（李1986，49）。後來，他唯一願意接受的職位就是做年輕皇帝的侍講。與程顥平易近人的性格形成鮮明對比的是，程頤為人極為嚴肅認真。即便是和年輕的皇帝在一起，他也不會放鬆他嚴謹整飭的舉止。他的學生們也對他敬畏有加。有一次，兩個新招的學生第一次去拜訪他，他和他們交談幾句後瞑目而坐。在不知道接見是否結束的情況下，這兩個人只好站在他身邊，不敢驚動。過了很久，當他終於睜開眼睛時，發現他們還站在那裡，就吩咐他們回家去吧。等他們出來

後，發現門外的雪已經積了一尺深了。這兩個學生後來成為程
頤著名的追隨者，並在他的指導下建立了他們自己的哲學觀
點。這一事件成為一個著名的故事，「程門立雪」這一成語的
典故就是出於這一事件，用來描述一個學生對老師最大的尊重
和敬畏的態度（李1986，52）。

朱熹

如果沒有朱熹（1130-1200），或許就不會有宋明理學的
產生。朱熹對宋明理學的貢獻，不僅在於他把周敦頤、張載和
二程兄弟哲學思想發揚光大，而且在於他確立了自己的系統
性哲學思想。由他參與編輯的節選先前理學家著作與語錄的
選集《近思錄》（*Reflections on Things at Hand*，英譯本見陳
1967），是任何想學習宋明理學的人必不可少的入門書。17

朱熹自幼就是一個聰穎過人的學生。四歲時，他的父親指
著天空教他說「天」，他馬上問道：「天外有何物？」這給他
父親留下了很深的印象（陳1990，1）。年輕時，朱熹對佛家和
道家更感興趣，但他逐漸認識到，社會上對尋求成佛或道教的
長生不死的宗教狂熱，導致了國家的衰敗。30歲時，他去拜訪
他父親的學友、儒學大師李侗，並在那裡學習了幾個月。李侗
的教導使得朱熹相信儒學具有更為深刻的教育意義和更為健全
的社會影響。他從此放棄了佛家思想，並致力於古典儒學的復
興。

朱熹在19歲時通過了享有盛譽的科舉考試，並開始了一

---

17 這本《近思錄》也是作者在大學時期最喜愛的一本書。——作者添注。

系列的官職，然而，他的主要興趣則是教學與寫作。1178年，在皇帝的支援下，他重建了一所被廢棄已久的書院──白鹿洞書院，把它變成了一所學者雲集的書院。他親自主持書院，邀請學者前來講學，豐富了書院的藏書，並建立了系統性的教育體系。這所書院的結構成為七百年來中國其他書院的典範。它位於中國江西省，內建有朱熹的祠堂碑，現在是中國重點文物保護單位。朱熹的另一個重要工作是從《禮記》中選取了《中庸》和《大學》兩章，並將它們與《論語》、《孟子》一起集合為《四書》。在接下來的幾百年裡，他對《四書》的論注成為科舉考試的標準文本，一直到1905年科舉制度被廢除為止。他在中國思想史和政治史上的影響是不可逾越的。

　　然而，朱熹晚年卻陷入了兩個高官的政治鬥爭之中。他所支持的前宰相被陷害和流放，而繼任的宰相為了報復，指責朱熹之學為「偽學」，並對他和他的追隨者發動了長達六年的政治迫害。他的一些學生被流放，另一些被監禁。1200年，朱熹左眼失明，右眼也幾近失明，但他更加努力地整理他以前的作品，以期在他離世前完成它們。他在71歲時去世，即便官方禁止人們參加他的葬禮，仍然有一千多人到場。

陸象山

　　陸象山（1139-1193）原名陸九淵，不過後來更常被稱為象山先生，因為他一度在象山書院講學，並對跟從他學習的學者產生了深遠的影響。與朱熹一樣，陸象山也是一位哲學思想上的神童。當他三、四歲時，他問他的父親：「天地何所窮際？」其父笑而不答。他對這個問題深思不已，以致廢寢忘

食。在他十幾歲時，有一天在一本古書中讀到中文「宇宙」一詞的注釋，說「宇宙」意味著空間和時間，他突然醒悟並宣言：「宇宙內事乃己分內事，己分內事乃宇宙內事。」從這一點出發，他發展了自己的哲學體系，走上了與程頤和朱熹的程朱學派不同的方向。三百年後，王陽明深受其思想的啟發，於是一個與程朱學派抗衡的學派——陸王學派——形成了。前者主張理為人性所固有，而後者宣稱整個宇宙和理都在我們的心之中。在中國思想史上，前者被稱之為「性學」，後者被稱之為「心學」。

陸象山34歲通過科舉考試之後，除了在象山書院講學四年外，還擔任了多種官職。在他最後一個職任上，他的仁政和他在消除盜竊和搶劫方面的突出成就，使他受到了當地人民的愛戴和尊重。不幸的是，他因染病，一年後就去世了。出殯時，成千上萬的人充塞於大街小巷，只是為了向他致以最後的敬意。他沒有寫出多少哲學著作，也不喜歡對經典加以注釋。他曾自豪地宣稱：「六經皆我注腳！」（勞1980，408）

王陽明

王陽明是王守仁（1472-1529）的別名，由於他被流放並在貴州省的陽明洞居住了三年，人們通常稱呼他為陽明先生。陽明洞現在是中國國家文物保護單位之一。

王陽明幼時直到五歲才開始會說話。但是，他一說話就背誦了他祖父曾經給他讀過的一本書。他出身書香門第，十歲前跟從祖父接受了良好的教育。他11歲時隨父親去了北京，並跟隨其父去了中國邊境以外的許多偏遠地區。年輕時，他喜歡

騎馬和射箭，但在科舉考試中表現不佳。1499年，在他28歲
時，他終於通過了考試，獲得了從政的資格。然而，他的政治
生涯非常坎坷。當時的皇帝身邊有一個非常寵信的宮廷宦官，
他成功地操控皇帝的權杖，並罷免了試圖說服皇帝除掉這個宦
官的許多高級官員。王陽明看到這件事的不公正，給皇帝寫了
一封抗議信。皇帝和那位宦官都被他的大膽激怒了。結果，王
陽明在朝堂之上被公開鞭杖40次，然後流放到貴州，住在陽明
洞裡。陽明洞位於人煙稀少的邊遠山區，那裡陰冷潮濕，不適
合居住，王陽明的健康情況嚴重惡化。當地人很同情他，自告
奮勇地在洞窟外為他建了一座簡單的木屋。為了自娛自樂，也
為了提升精神，王陽明自號「陽明」，並將木屋命名為「何陋
軒」，取自《論語》：「君子居之，何陋之有？」（《論語》
9：14）

　　三年後，由於另一場政治衝突，那個太監被處死。王陽明
再次被召回朝廷，並授予各種職位。他的軍事才能很快得到一
位高級官員的發現和賞識，於是他被派去鎮壓在南方發動革命
的叛亂分子。王陽明活捉了叛亂頭目，但皇帝身邊的官員建議
他放了這個頭目，這樣皇帝就可以親自抓住他，從而贏得平息
動亂的美名。王陽明認為這只會導致不必要的流血，決定放棄
自己的政治事業，稱病還鄉。

　　1521年，下一任皇帝登基後，王陽明又被委任官職，但
新皇帝覺得他傲慢無禮。1527年，他被召去鎮壓其他幾場失控
的叛亂，儘管他取得了成功，卻沒有得到皇帝的賞識。長年的
戎馬生涯也損害了他的健康，所以他遞交了辭呈，沒等到皇帝
的批准就還鄉了。由於這一挑釁行為，他幾乎被剝奪了所有的

頭銜。然而，當地人都很崇敬他。他在還鄉的路上去世了，當他的靈柩運往家鄉所在的省份時，士兵和民眾都在路邊排起了長隊，淚流滿面。據記載，在他臨終前，陪同他的一名學生問他是否還有什麼遺言，他回答到：「此心光明，夫復何言？」（秦1987，2）

在遵從朱熹求理於外的教導而危害了自己的健康後，王陽明對朱熹的學說大失所望。他曾經夜以繼日地「格竹子」，但到第七天病倒了（陳1963，249）。從這次經歷中，他得出結論，我們不必求「天理」於心外。在受到陸象山思想的啟發後，他創立了心學。他寫了一首詩來描述他的思想覺悟：

> 人人自有定盤針，萬化根源總在心。
>
> 卻笑從前顛倒見，枝枝葉葉外頭尋。（〈詠良知四首示諸生〉）

在理學傳播到亞洲其他地區之後，如同朱子學在韓國一樣，陽明學在日本也備受推崇。南樂山（Robert C. Neville）認為王陽明在東亞的影響與笛卡爾在西方的影響大致相當（Neville 1983，703）。

王夫之

王夫之（1619-1692），別稱「船山」，是中國歷史上最多產的哲學家。《船山遺書全集》收錄了21卷他的親筆著作，而這還不是他的全部作品，因為他的有些作品在他人生的顛沛流離中被損壞或丟失了。他對《四書》和《五經》做了大量的論

述，其中呈現出他高度複雜的形而上學、知識論和道德哲學。他對歷史趨勢和歷史事件進行了詳盡的分析，發展出了一套新穎的歷史哲學。他在一本名為《黃書》的小書中闡述了自己對中國政治的看法和他的愛國情懷，激勵了後世的很多中國知識分子。他還在幾篇對道家的兩大著作——《道德經》和《莊子》——的完整注釋中，發表了自己的觀點。他的美學思想體現在他對古詩以及唐宋詩詞的評論中。此外，他還是一位富有靈感的作者，創作了大量體現其美學觀點的優秀詩詞。

王夫之出生在明王朝（1368-1644）的末年，此時處於政治動盪之中，明朝王室再也無法維持其政治權力以及國家安全。他的父親是一位博學的學者，所以他在一個濃郁的知識氛圍中長大。七歲時，王夫之已經通讀了《十三經》。在他25歲時，當地的一幫土匪綁架了他的父親，並要求王夫之為他們服務以換取他父親的生命。王夫之嚴重自殘後讓他人將自己抬到土匪處。土匪們無可奈何，只好放了他們父子。次年，滿族入侵中國，建立了一個新的王朝（清朝，1644-1911）。明朝的皇族逃到南方，成立了一個新政府。由於王夫之醒覺到明朝理學（特別是專注於靜坐冥思的王陽明心學）導致明朝帝國在文化和政治上的淪落，他開始了他的寫作生涯，以期重建他所理解的儒學的真正精神。

在接下來的幾年裡，明朝政府殘餘勢力和新的強大的滿清政府之間不斷發生鬥爭。王夫之最初與他的父親、叔父和兩個哥哥一起參加了抗清運動，但其他人都死在戰場上。隨後，他與其他理想主義者組成了無數的抗清部隊，但在戰爭中屢戰屢敗，不斷失去戰友。當他在為南明朝廷服務時，又因公然反對

政治派系鬥爭而差點坐牢。這次經歷使他悲憤不已以致咯血。
王夫之最後斷定恢復明朝的王權是徒勞無功的。1661年，南明
王朝的最後一個皇帝被抓獲，滿族人控制了整個中國。王夫之
拒絕與滿清政府合作，為了避免當地政府不斷的徵召，他逃到
了偏遠的山區，並在不同的地方躲來躲去。他最終在一座荒山
腳下的小屋裡安頓下來，他稱此山為「船山」（字面意思是
「像船一樣的山」，得名於這座山上一塊形狀像船的巨石）。
王夫之在這裡度過了餘生，因此有了「王船山」這一別名。他
選擇了這個地方，因為他羞於被異族統治，但卻沒有辦法擺脫
這種困境。在他的〈船山記〉中，他寫到：

> 　　古之人，其游也有選，其居也有選。古之所就，夫亦
> 人之所欲也。……而固為棘人，地不足以括其不歡之隱，
> 則雖欲選之而不能。……仰而無憾者則俯而無愁，是宜得
> 林巒之美蔭以旌之；而一坏之土，不足以榮吾所生，五石
> 之煉，不足以崇吾所事，栨以叢棘，履以繁霜，猶溢吾分
> 也，則雖欲選之而不忍。……春之晨，秋之夕，以戶牖為
> 丸泥而自封也，則雖欲選之而又奚以為。夫如是，船山者
> 即吾山也，奚為而不可也！無可名之於四遠，無可名之於
> 末世，偶然謂之，欻然忘之，老且死，而船山者仍還其頑
> 石。……吾終於此而已矣。[18]

---

[18] 這篇優美的散文出自《船山全書》。它曾被選入臺灣高中生的國文教
科書。作者本人年僅15歲（高二生）時正是因為這篇短文激發了追求
哲學的熱情。這篇散文的完整版見如下網址：HTTP://www.zhchcsh.net/a/
chuanshanguli/chuanshanzhuanti/2012/0905/8114.html

　　王夫之去世時享年74歲。他獻身寫作四十餘年，完成了一百多本書，這些書稿在他去世14年後由他的兒子收集整理。直到1842年他的全集才得以付印，但是其中一些作品已經永遠地丟失了。

　　我們可以毫不誇張地說，在所有理學家中，王夫之擁有最複雜的哲學體系。他對儒學的貢獻是回歸古典儒學，以復興其真精神。他的哲學融合了《易經》等經書以及《論語》和《孟子》學說的精華。他的個人信念是「六經責我開生面」，而把自己生命成熟時期的大部分時間都奉獻給了重建這些儒學經典的工作。通過他的重建工作，他使得儒學的理論達到了一個新的高度。用當代學者陳贇的話說，「王船山把人自身的發展引入到改造世界的實踐之中，自然、文化的主題才真正進入了儒家的存在論。儒學真正從內在心性之學中解放出來，面向整全的生活世界與廣義的文化創造，在這裡，才真正獲得了存在論上的合法性」（陳2002，199）。

　　本書這篇導論將以王夫之的一首詞結束，因為它恰切地描述了理學家在動盪生命歷程中的心靈世界：

　　　生緣何在，被無情造化推移萬態。縱盡力、難與分疏，更有何閒心，為之僝僽。百計思量，且交付天風吹籟。到鴻溝割後，楚漢局終，誰為疆界。

　　　長空一絲煙靄，任翩翩蝶翅，泠泠花外。笑萬歲、頃刻成虛，將鳩鶯鯤鵬隨機支配。回首江南，看爛漫，春光如海。向人間，到處逍遙，滄桑不改。（〈玉連環·述蒙莊大旨答問者二首〉其一）──王夫之（1619-1692）

第一部分

宋明理學形而上學：從宇宙論到本體論

第一章

從無到無限

周敦頤宇宙論的本源

引言

　　周敦頤（1017-1073）一直被公認是理學的先驅，不過也有些學者認為他的學說不能算是純粹的儒學。周敦頤本人在某種程度上吸收了一些道家和佛家的學說，而且與其他理學家不同的是，他並沒有嚴厲地批評過這兩個學派。他的一些哲學思想的根源可以追溯到道家或佛家。然而，周敦頤作品中最主要的哲學遺產是來自《易經》和《中庸》——它們都是儒家思想的核心組成部分。進一步而言，周敦頤所提出的宇宙論解釋隨後也成為程朱學派的主導觀點（參見第三章）。二程兄弟（程顥和程頤）十幾歲時跟隨他學習了一年左右。儘管師徒關係很短，但這對兄弟倆的思想產生了不可磨滅的影響，他們由此決定追求學術而非政治。作為二程兄弟哲學繼承人的朱熹，後來成為周敦頤哲學最熱忱的捍衛者。他認為周敦頤的思想是儒學的真正代表。我們可以說，周敦頤在理學中的地位，很大程度

上是通過朱熹的闡釋與深化而獲得的。

　　周敦頤只有兩部簡短的哲學作品：《太極圖說[1]》和《通書[2]》。在前書中，周敦頤闡述了宇宙的本源、秩序與構成。他把宇宙的本源稱之為「無極」（關於這個概念的相關爭議將在後文中解釋）。宇宙的秩序則是從**太極**[3]到宇宙能量的陰和陽，再到五行（水、火、木、金、土），最終到世間萬物形成的這一生成過程。宇宙的構成可以歸結為兩個原理：陽剛的原理和陰柔的原理，分別以陽氣和陰氣兩種宇宙能量為代表。周敦頤在他的全部作品中僅僅提供了這一簡要的宇宙論敘事，但它卻成為理學的核心論題。由於他這個宇宙論的敘述是用簡潔的短語給出的，沒有賦予許多詮釋，因此在歷史上激起了廣泛的不同解讀。這裡的關鍵術語「無極」並沒有出現在任何古代儒家文本中。它首見於《道德經》：「常德不忒，復歸於無極」（《道德經‧第28章》；陳2018，151）。中國思想史上的許多

1　陳榮捷（見《中國哲學文獻選編》）將《太極圖說》翻譯為*An Explanation of the Diagram of the Great Ultimate*；Derek Bodde（見馮友蘭《中國哲學史》）將其翻譯為*Diagram of the Supreme Ultimate Explained*；Joseph. Adler（見de Bary and Bloom 1999）將其翻譯為*Explanation of the Diagram of the Supreme Polarity*。在英文版裡我選擇保留「*Taiji*」這個術語，因為所有的翻譯都會有其附加的含義。

2　陳榮捷將其翻譯為*Penetrating the Book of Changes*，Derek Bodde翻譯為*The Explanatory Text*，Joseph A. Adler 翻譯為*Penetrating the Classics of Changes*。這裡我遵從陳榮捷和Adler的翻譯。

3　按照傳統用法，當「*Taiji*」一詞描述終極宇宙狀態時，這個英文字在這本書中用大寫的T。當它用作形容詞或指這個詞本身時，它仍然是小寫。其他特殊術語，如無極、道、理等亦然。（由於中文沒有字母大寫、小寫的區分，因此本譯本以黑體字表示大寫。——譯注）

學者都像是以歷史學上的偵探身分，對周敦頤〈太極圖〉的起源進行了考證，而其中的焦點則是周敦頤是否從道教那裡獲得〈太極圖〉的靈感。許多哲學家對「無極」這一概念的內涵也進行辯論──討論它是否與老子的「無」這一概念有關。宋明理學家對道家關於「無」的論述有強烈的反感。理學的基本信條是實在論：我們所知的世界是真實的，而且獨立於我們的概念和感知而存在。令理學家感到不安的是，周敦頤對「無極」的論述是否會導致像道家一樣拒絕現象世界的獨立實在性。

　　關於這一概念的意義的爭論甚至反應在當代的英文譯本中。「無極」被譯為「the Ultimateless」（馮1983；Derk Bodde 的翻譯），「the Ultimate of Nonbeing」（陳1963；Neville 1980）以及「Non-polar」（R. Wang 2005）。所有這些不同的翻譯都反映出解讀周敦頤「無極」思想的困難。然而，如果不理解這個術語的含義，我們就不可能理解周敦頤的宇宙論。本章第一部分將闡述關於這一概念解釋的歷史性爭議。第二部分將介紹前周敦頤時代有關「有」與「無」的哲學論爭，看看他的「無極」概念是否與「無」這一概念相關。最後一部分將對周的「無極」概念進行不同的解讀，以進一步發展周的宇宙論。本章作為全書進入理學解析的起頭，是以會先追溯周敦頤的奠基性思想的歷史脈絡。

關於「無極」的歷史性爭議

　　《太極圖說》首句的「無極而太極[4]」受到了後世學者最具批判性的審視。它的解釋和哲學意蘊可以看作是理學最主要的議題之一。朱熹和陸象山曾經就「無極」一詞在這一文本中的含義，以及周敦頤是否因為使用了「無極」一詞而最終偏離了真正的儒家教義，展開了激烈的爭論。這場辯論最初起始於朱熹和陸象山的哥哥陸梭山之間的書信往來。陸梭山認為「無極」一詞源於老子，並且沒有在任何儒家經典文本中出現過[5]。他進一步指出，周敦頤只在《太極圖說》中提到了「無極」一詞，而在其後來的更為成熟的作品《通書》中，這個概念從未被討論過。他認為這表明《太極圖說》的首句不是周敦頤自己寫的，而是他人竄改的；或者周敦頤後來拋棄了《太極圖說》首句所描述的宇宙起源理論。陸象山從他哥哥停止後繼續跟朱熹辯論下去，他認為「極」字意為「中」，而「太極」這一術語的本意只是「太中」；另一方面，「無極」這一術語意為「無中」或「沒有太極」。然而，太極是宇宙萬物的總稱，「沒有太極」則指的是虛無的宇宙狀態[6]。陸象山還認為，「無極」與「太極」之間的連結詞「而」字不能僅僅被理解

4　過渡詞「而」在這裡也有不同的解釋：「和」、「而後」、「而且」、「然而」等等。如何準確地翻譯這個詞，取決於譯者對「無極」和「太極」兩個概念之間聯繫的理解。

5　這是一個錯誤的觀點，因為荀子在多種語境中使用過「無極」一詞。在荀子的使用中，「無極」是「無窮」的同義字，意思是「無限的」、「沒有邊界」的。因此，在荀子的使用中，這一術語似乎沒有太多的哲學內涵。

6　陸象山的《與朱元晦書一》，見黃宗羲1975，卷4：111-112。

為一種連接關係：「而且」；它還應該被視為一種邏輯上，甚至時間上的順序：「而後」。他認為《圖說》首句應該被理解為「無極而後太極」。在陸象山看來，這一觀點顯然是從《道德經》第40章衍生而來的：「天下萬物生於有，有生於無[7]」（陳2018，154）。陸象山因此認為周敦頤的宇宙論最終是借鑒了老子的宇宙演化論：無是宇宙的開端，而有來自於無。在另一方面，朱熹認為「無極」一詞只是簡單地描述了宇宙整體（太極）的本質是種無限的存在，因此，它並不意味著一個獨立的「無」或「非有」的宇宙狀態。朱熹指出，在儒學的發展過程中，有許多概念是後世儒學家引入的。甚至「太極」一詞本身也沒有出現在《易經》一書最早的文本中，而是由孔子引入《易經》的[8]。按照朱熹的看法，周敦頤運用一個新的而且外來的「無極」概念來發展儒家的宇宙論哲學，但是在哲學上並沒有任何證據顯示他通過引入這一概念而違反了真正的儒家思想。此外，中文的「極」字的基本含義是「至極」，而不是陸氏兄弟所說的「中」。在這一文本中，「無」字不能被理解為一個指涉某個特定物體的名詞。「無極」一詞的結構與「無窮」（意為「用之不竭」）這些詞彙類似[9]。所有這些「無窮」、「無盡」術語都表明語言的有限性，它們指向我們無法用語言描述的事態。在這類術語結構中，「無」並不代表「虛無」。因此，朱熹認為周敦頤的「無極」應該被理解為對某種

7　陳榮捷譯「無」為「nonbeing」，現在我們用「nothingness」來翻譯「無」。

8　這是朱熹的觀點。當代學者普遍認為《易傳》的編撰時間比孔子晚得多。

9　雖然朱熹本人並沒有列出其他的例子，我們可以將它們列舉如下：無量、無盡、無比、無止、無上、無數，等等。

事物究竟至極，以致我們無法形容的一種描述。「太極」的狀態是如此的至極，如此的根本，以致沒有任何極限。總之，在朱熹看來，「無極」和「太極」只不過是同一個狀態的兩個名字，它們代表了同一枚硬幣的兩面[10]。

　　朱熹與陸氏兄弟之間的辯論在1175年的鵝湖之會上達到高潮。它演變成兩派之間關於如何實現聖人境界的方法論的辯論——朱子學派注重經驗研究和對聖人著作的學習，而陸氏學派則注重內省和自我修養。前者指責後者缺乏理論根據，而後者批評前者過於支離，過於注重細節。這場公開辯論持續了三天，日後並藉由通信繼續進行。鵝湖之會是理學歷史上的一個重大事件，而引發整個爭論的導火線就是對周敦頤「無極」思想的闡釋和定位。這就不難理解我們為何有必要進一步分析這一概念在周敦頤的哲學中如何詮釋。

　　《太極圖說》是對〈太極圖〉（見圖1.1）的解說。史學家也質疑過這張圖的來源。第一個爭議是由儒家學者朱震（約1072-1138，生於周敦頤去世前後）引發的。朱震是《易經》專家，對程頤的《易傳》具有深入的研究。在他的《漢上易傳》的前言中，他將周敦頤〈太極圖〉的來源追溯到陳摶（871-989）——比周敦頤早兩百年的一位神秘的隱士。據稱，陳摶有一幅名為〈無極圖〉（見圖1.2）的圖，而這幅圖又出自一幅更早的、保存在《道藏》中的圖[11]。根據一位清代歷史學家黃宗

10　這些論點呈現在朱熹寫給陸象山的多封信中。見黃宗羲1975，卷4：112-119。

11　馮友蘭指出，《道藏》中這幅早期道家的圖的作者無從知曉，但該圖可以追溯到西元712-755年（馮1983，438）。

炎[12]（1616-1686）的說法，周敦頤的〈太極圖〉與陳摶的〈無極圖〉幾乎一模一樣，只不過前者的流程圖是從上到下，而後者的流程圖是從下到上。黃宗炎認為，陳摶的〈無極圖〉是道教煉丹術[13]的圖解。它指導人們如何提煉自己的能量和精神來培養一種內在的力量，而最終階段是達到「煉神還虛」的狀態。黃宗炎聲稱陳摶將這幅圖刻在華山岩壁上。他也贊同朱震對這幅圖傳承譜系的解釋，並聲稱周敦頤是從穆修（979-1032）那裡得到了這幅圖，而穆修的學術淵源也可以追溯到陳摶。黃宗炎認為周敦頤所做的是將〈無極圖〉「顛倒其序」，以用它來解釋《易經》。在黃宗炎看來，周敦頤的理論是道家的內丹學、老子的學說與《易經》術語的混合體。通過使用這張圖，周敦頤嚴重地扭曲了《易經》的原意（黃1995，1187-1192）。黃宗炎的嚴厲批評後來得到了其姪子黃百家（1643-1709）的共鳴和進一步的維護。清代學者毛奇齡（1623-1716）認為不僅周敦頤的〈太極圖〉來自道教，甚至他的哲學思想也來自佛家。清代學者朱彝尊（1629-1709）則認為〈無極圖〉的起源甚至能夠超出陳摶，上溯到道教的早期人物河上公[14]。所有這些史學家都質疑周敦頤的儒家精神。縱觀史評，周敦頤深受道家哲學的影

12　黃宗羲之弟。

13　在道教傳統中，有兩種丹術：外丹術和內丹術。前者的目標是提煉草藥，以找到長生不老之藥；後者的目的是培養人們的內在能量，以達到力場的集中與平衡。陳摶的方法應該是屬於內丹。

14　出自朱彝尊的〈太極圖授受考〉。河上公並不是一個真名，而是一篇對《道德經》的評論的作者託名。我們不知道作者的真實姓名或背景。他可能活在戰國時期，寫了《道德經》的第一篇評論，並以隱士和道家煉金術士身分傳聞於世。

響，以及他的「無極」概念主要是一個道家觀念，已經成為一個被廣泛接受的觀點（王2005，陳1990，勞1980，陳1963，等等）。

圖1.1　周敦頤的〈太極圖〉

Figure 1. Zhou Dunyi's *Taiji* Diagram

圖1.2　陳摶的〈無極圖〉

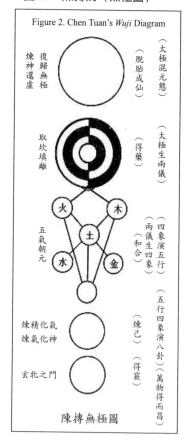

Figure 2. Chen Tuan's *Wuji* Diagram

　　然而，一些當代學者開始挑戰上述觀點。最全面的分析和最令人信服的觀點來自李申（2001）。李申指出，從來沒有關於陳摶在華山岩壁上刻〈無極圖〉的歷史記載，歷史上也沒有人聲稱見過這個圖。第一次提到這一事件的實際上正是黃宗炎本人，而這距周敦頤的時代已經有六百年了。因此，這是一個相當可疑的說法（李2001，37）。他認為〈無極圖〉實際上是出自周敦頤的〈太極圖〉，是後來的道士根據〈太極圖〉改造的（李2001，54-64）。李申進一步指出，即便周敦頤確實從陳摶學派接受了學習傳承（不過李申認為這也是一個問題，因為穆修去世時，周敦頤只有15歲），但這並不意味著周敦頤的哲學一定只是他老師的哲學（李2001，16）。郭彧（2003，2001，2000）也持相同的觀點。這兩位學者細緻的分析，拒絕將周敦頤的〈太極圖〉來源的歷史歸屬陳摶，提供了令人信服的理由。因此，我們不應僅僅因為周敦頤使用了「無極」一詞以及他的〈太極圖〉，就想當然地認為他的哲學具有道家精神。

　　在本章接下來的兩節中，我們將追溯「無」和「無極」這兩個概念的歷史淵源，分析其可能的內涵。我們得出這樣的結論：這兩個概念雖然有聯繫，但並不是用來表達同一哲學思想的。這種哲學分析可以使我們對周敦頤的哲學興趣以及他對理學新話語的貢獻有一個更深刻的認識。

有與無

　　儒家和道家之間一個標誌性差異，就是前者主張「有」，而後者宣稱「無」，是一切事物的基礎。如何翻譯「有」和

「無」這兩個字，學者們一直沒有達成共識。A.C. Graham將其翻譯為「something」和「nothing」（葛瑞漢1959/1990），陳榮捷將其翻譯為「being」和「non-being」（陳1963，160），而Ames（安樂哲）和Hall（郝大維）將其翻譯為「determinate」（有）和「indeterminate」（無）（《老子》2003，139）。「有」在中文中是「擁有」的意思，但在形而上學的語境中，它指的是存在（existence），存有（Being），或是存有的萬物。在「有無之辨」中，「有」這個字本身並不是爭論的焦點，它的對應字「無」才是。

「無」在中文中有三種書寫形式，每種形式都有其自身的詞源。「無」是「有」的對立面，經常被翻譯為「非存有」。然而，這個字更好的解釋是「對存有的否定」；因此，它應該被翻譯為「無物」或「虛無」。根據一位中國歷史上有權威性的說文解字編撰者許慎（約58-147）的說法，中文字「無」有三個詞源，因此這個字也有三種可能的意思：（i）亡，即消失；（ii）無，意思是某物看起來無物，但實際上有；（iii）无，原初的虛空。許慎的分析表明，早在漢代，「無」這個字就已經引起歧義了。當代學者龐朴認為，中文中「無」的三種書寫形式（亡、無、无），代表了「無物」的三種可能狀態（龐1995，271）。

第一種形式，「亡」代表「往有而現無」：在這一意義上，「亡」可以表現為失去或死亡等狀態。這種狀態是存在的中止，因此與特定的存在相關。「亡」在邏輯上後於「有」。可以翻譯為「gone」、「without」或是作為詞幹的「-less」。

第二種形式，「無」代表「似無而實有」：在這一意義上，

「無」描述了某物是無形、無狀、不可見或無法感知的，然而它不是「不存在」。龐朴認為「無」與跳舞的「舞」擁有共同的詞源，在歷史語境中也緊密相連：初民在宗教儀式中跳舞，是為了向看不見的、不可知的領域以及任何可能給他們帶來好運的神靈致敬。因此，「舞」是一種與不可見的「無」溝通的方式。在這個意義下，「無」仍然是某種事物，但它是一種超越人類感知、挑戰人類概念的超驗事物。它進一步可以被看作是一種包羅萬有、掌控一切的事物。從這個意義上講，「無」代表「有」，因而也是前面「亡」——「有的否定」——之反義詞（龐1995，277-278）。

第三種形式，「无」代表「无而絕无」：按照龐朴的分析，「无[15]」意味著絕對的空無。它不是與存有狀態有關，也不是獨立於存有的，相反地，它就是世界的原初狀態。在許慎的《說文解字》中，「无」與「元」是可以互換的[16]，而「元」意味著本源、原初、根本。許慎進一步解釋到：虛空與原初即是「道」。清代段玉裁的《說文解字注》指出，在《六經》[17]中，只有《易經》使用了這個詞。龐朴認為「无」的這一寫法可能晚於戰國時期（大約西元前475-前221）才被特別創造出來，用以表示作為「絕對空無」這一獨立概念（龐1995，65）。

---

15 在簡體中文中，「無」和「无」無法區分，因為「无」被用作「無」的簡體形式。

16 注意這兩個字寫法的相似性。

17 《六經》包括《易經》、《書經》、《詩經》、《禮經》、《春秋》、《樂經》。不幸的是在秦始皇焚書之後，《樂經》就丟失了。因此，《六經》從漢代開始就被《五經》所取代了。

　　作為一個哲學概念的「无」最早是在老子的《道德經》[18]中使用的。在《道德經》中，「無」字出現了上百次。雖然目前的文本使用相同的寫法（無），但卻有不同的內涵。根據當代思想史家張岱年的說法：「將有與無提升為哲學概念，是始於老子。《老子》書中將有無問題當作一個哲學問題。《老子》書中所謂有，指天地萬物等具體存在。《老子》書中所謂無，則含有不同層次的意義。《老子》所謂無，可以析別為三項不同的含義：第一指個體物中的空虛部分；第二指個體物未有之前與既終之後的狀態；第三指超越一切個體的最高本原」（張2002，151）。「無」概念的第一種意涵出現在《道德經》第11章：「三十輻共一轂，當其無，有車之用。埏埴以為器，當其無，有器之用。鑿戶牖以為室，當其無，有室之用。故有之以為利，無之以為用」（陳2018，145）。在這個語境中，「無」可以被理解為空的地方，或者簡單地說，就是空。它是一個實用的概念，而不是一個形而上學概念。

　　「無」的第二種用法，是作為某一特定事態的否定形式，可在老子所使用的如下片語中看到：無名、無為、無私、無知、無身、無狀、無物、無欲、無所歸、無功，等等。《道德經》中「無」字的使用絕大部分都屬於這一類型。它否定了在這一用法中與它相關的任何關聯項目（名、為、功，等等）。在本章後文中，我們將看到，周敦頤那個引起爭議的、被認為

18　在歷史上，《道德經》一直被認為是老子的作品，而老子的身分卻並不明確。從現在開始，我們將遵循中國的傳統，把老子作為《道德經》（中國傳統上也叫《老子》）的作者。

是源於老子的「無極」一詞，應該被理解為「無-極」，亦即「沒有極限[19]」。

「無」的第三種用法，先於一切存在的「無」的狀態，可以看作是描述宇宙原初狀態的宇宙演化論概念。在對《道德經》的闡釋中，我們可以看到，這一宇宙論概念與龐朴所分析的「無」的第二個意義相對應：它意味著一種模糊不清、難以捉摸、無形、無狀、聽不見、看不到，以及當然是無名的東西。這種存在於天地之先的「混成」之物，就是老子所說的「道」或「大」。

> 有物混成，先天地生。寂兮寥兮，獨立不改，周行而不殆，可以為天下母。吾不知其名，強字之曰道。強為之名曰大。大曰逝，逝曰遠，遠曰反。（《道德經》第25章）

> 視之不見名曰夷。聽之不聞名曰希。搏之不得名曰微。此三者不可致詰，故混而為一。……繩繩不可名，復歸於無物[20]。是謂無狀之狀，無物之象，是謂惚恍。迎之不見其首，隨之不見其後。……能知古始，是謂道紀。（《道德經》第14章）

---

19 在下一節中，本書會詳盡解釋為何要完全排拒目前常見（如陳榮捷）以英文「the Ultimate of Nonbeing」來作為「無極」的翻譯。

20 陳榮捷將這句話翻譯為「It reverts to nothingness」。然而，此處的「無物」並非第三義的「无」，而是第二義的「無」。見《道德經》第25章「有物混成，先天地生」（陳2018，150）。另見《道德經》第51章「物形之」（陳2018，155）。

> 道之為物，惟恍惟惚。惚兮恍兮，其中有象。恍兮惚
> 兮，其中有物。窈兮冥兮，其中有精。其精甚真。其中有
> 信。自古及今，其名不去，以閱眾甫。吾何以知眾甫之狀
> 哉！以此。（《道德經》第21章）

如果《道德經》中的宇宙原初狀態是被描述為一種「混
成之物」，那麼《道德經》中最被詬病的虛無主義篇章「天地
萬物生於有，有生於無」（第40章）中的「無」不應該被理解
為「絕對的虛空」或「虛無」。換言之，它不應該被理解為龐
朴所分析的、用「无」字所標示第三種意義。龐朴本人認為，
老子對「無」字的使用不可能包含這一內涵，因為第三種內涵
的「无」概念在中國歷史上是在《道德經》之後才發展出來的
（龐1995，282）。在第34章，老子把道的本性描述為「泛兮，
其可左右」，因此道似乎是種可以擴展移動的東西。換言之，
老子的道不是「非存在」或「絕對空無」；我們毋寧說，它是
一種無法定義、分類、感知，或描述的事物。這就是《道德
經》所稱的「天下母」（第52章）。

「無」這一哲學概念成為魏晉時期（220-420）哲學發展
的主題。當時的兩大哲學家何晏（約193-249）和王弼（193-
249），進一步發展了老子的「無」，將「無」確立為所有存
在事物的存有基礎。按照著名思想史家湯用彤（1893-1964）的
說法，魏晉哲學的重心不再是宇宙演化論或宇宙論，而是本體
論（對存有本然狀態或是存有基礎的研究，或稱為存有論）。
當時哲學的追求已經超越了對宇宙起源的推測，而開始探索一

切事物的本體或本質[21]（湯2001，43-44）。何晏的〈道論〉[22]說「有之為有，恃無以生……玄以之黑，素以之白；矩以之方，規以之圓[23]。圓方得形而此無形，白黑得名而此無名」（見陳2018，300）。雖然在此「有」與「無」之間的「生成」關係晦澀不明，但它顯然不再是《道德經》所預設的宇宙生成關係。何晏的〈無為論〉也指出：「天地萬物皆以無為本。……陰陽恃以化生，萬物恃以成形……故無之為用，無爵而貴矣。[24]」他的〈無名論〉[25]則可能給我們一個線索，讓我們知道「無」是如何成為存在的基礎的：

> 同類無遠而相應，異類無近而相違，譬如陰中之陽，陽中之陰，各以物類，自相求從。（陳2018，301）

　　看來何晏在這裡是在發展老子的互補性原理：對立兩端，互補互成。換言之，沒有「非有」，就不會有「有」；就像老子所說的沒有空間（「無」），就不會有「室」、「車」、「器」等等。在何晏的用法中，「無」這一概念看起來像一種作為存在之對應的概念性語構——它必須被設定以使存在成為可能。這裡的「無」，作為存在（有）的反義詞，可以被理解

21　湯用彤對魏晉哲學的分析已成為當代學者的公認觀點。

22　何晏的〈道論〉原文已佚，現在僅有的段落見張湛的《列子注》。

23　陳榮捷在英譯中使用了「because of」，因此他可能把「以之」這一關係理解為一種邏輯關係而不是因果關係。

24　這一簡短的〈論文〉的部分內容在《晉書》卷43有記錄。

25　與〈道論〉一樣，這篇〈無名論〉載於張湛的《列子注》中，見〈天瑞〉篇。

為「非有」。

何晏身後沒有留下多少作品，而王弼則在其短暫的一生（他死時才年僅24歲）中留下了大量的著作。他的《道德經注》和《老子指略》把老子的「無」概念提升到了一個新的維度。王弼寫到：「凡有皆始於無，故未形無名之時，則為萬物之始」（《老子注》第1章；陳2018，294）。我們對這句話既可以進行宇宙論的解讀，也可以進行本體論的解讀：他是在討論整個宇宙的原初狀態，還是在討論個別事物的本然形態？在《道德經》中，「無」的概念是被用來描述萬物形成和命名之前的宇宙原初狀態。然而，在王弼的評注中，他似乎在處理每一個別事物存在（有）之前的非存在（無）之本然狀態。在同一章節，王弼進一步指出：「萬物始於微而後成，始於無而後生」（王弼1981，1）。他從知識論的角度解釋了老子的「有物混成」（第25章）：「混然不可得而知，而萬物由之以成，故曰混成也。不知其誰之子，故先天地生」（王弼1980，63；黑體是作者所加）。在這一注釋中，《道德經》中「無」先於「有」的宇宙論內涵被大大地削弱了。湯用彤將王弼的道解讀為一種非時間性的狀態：老子將道描述為「先天地」的，而在王弼的注釋中，道既不在天地之先，也不在天地之後（湯2001，137）。

關於老子對「德」的論述（第38章），王弼加上了如下的注釋：「萬物雖貴，以無為用，不能舍無以為體也」（陳2018，295）。按照陳榮捷的說法，這是中國哲學史上，首次把體、用二概念並用[26]。這一對範疇「後來演變成中國佛家和

26　這兩個概念將在本書的第四章中進行更詳細的討論。

理學的重要概念」（陳1963，323）。從王弼對體用關係的介紹中，我們也可以看到他對事物終極本性的興趣。他將「無」作為萬物的終極本質，或是其「本體」。「無」如何作為存在的存有基礎呢？從「器」、「室」、「車」等例子（「無」字在《道德經》中的第一種用法）我們可以看到，這些事物的存在實質上取決於它們內部領域中的「無」（內部的空間），同時我們也可以想見，如果沒有每個事物邊界之外的「無」（外部的空間），那麼這個事物就不可能是那個特定的東西了。在空間上，「無」定義了特定事物存在的邊界；在時間上亦然：在時間的流轉歷程中，每一個事物都有其存在之前和存在之後的狀態。這兩種狀態都是這個事物的「無」。因此，如果沒有每個存在之外的空間上或時間上的「無」，任何特定的事物都不可能如其所然，也或者根本不會存在。因此，「無」是每個特定事物的存有基礎。然而，這個「無」並不必然是絕對的虛無，因為它並不必然是宇宙與萬物之「無」。王弼所運用的「無」，是相對意義上的「無」——「無」相對於「有」，同時又是使特定之「有」（存在事物）成為可能的條件。

　　從對個體事物存在至關重要的個殊之「無」出發，王弼進一步提出了一種作為萬物根基的、包含萬有的「無」（龐朴所分析的第三種意義的「无」）：「萬物萬形，其歸一也。何由致一？由於無也」（《老子注》第42章；陳2018，298）。如果我們把這裡的「無」理解為「萬形之化解」，那麼我們就能想見萬物是如何融合為「一」的，而這個「一」似乎正是氣的總體：「雖有萬形，沖氣一焉」（陳2018，298）。所謂的「無」，是無形、無狀、無名的。正如王弼所說的：「無形無

名者，萬物之宗也」（第14章；王弼1980，32）。這一意義上的「無」與黑格爾所描述的「非有」非常相近：它就是對所有確定性的化解。任何的確定性都會限制了存在物，並且使其只是部分地完整。在《老子指略》中，王弼給出了一個更為全面的解釋：

> 溫也則不能涼矣，宮也則不能商矣。形必有所分，聲必有所屬……名必有所分，稱必有所由。有分則有不兼，有由則有不盡。（王弼1980，195-196）

「名」是用來「定彼」的（王弼1980，197）。如果我們給道一個名字，那麼它就有了一個外在於它、與它相對的他者。因此，道必須是無名的。「稱」是用來把事物按照層級結構排列的，因此它需要判斷所依的基礎。道已經是萬物的基礎，不需要其他東西為基礎。因此，道必是無稱的。這個無名、無稱的道，就是萬物的存有基礎。王弼的道是無名、無狀、無形的——完全沒有任何確定性，它就是無——絕對的无。這個无並非像《道德經》的道一樣是一種「混成」之物。正相反，王弼的道是絕對意義上的无，因為它是對所有存在以及所有事物本體的否定。正如湯用彤所解釋的：「此無對之本體，號曰無，而非謂有無之無」（湯2001，45）。王弼的「無」論已經發展成為某種形式的「絕無論」（meontology）[27]——研究非有

---

27 「meontology」源於希臘詞「me」（non）和「on」（non）。根據Bret W. Davis 的說法：「西方傳統中的『第一哲學』是本體論，它追問的是『存在之為存

或絕對虛無的哲學。

　　將「無」作為本體到底意味著什麼？所謂「本體」，意味著事物的本然狀態。根據湯用彤的分析，王弼作為本體的「無」接近佛家所聲稱的作為事物真正本性的「空」（湯2001，47）。對王弼而言，本體不是一個東西；它不存在於時空之中，而是超越時空的。湯用彤認為，王弼的研究不涉及事物的構成，因此與科學研究無關（湯2001，136），而是一種形而上學的論述。

　　自從湯用彤關於「無」是一種本體存有基礎而非宇宙演化狀態的分析被廣泛接受後，學界的共識是魏晉哲學本質上是一種以「無」為本體的哲學（湯2001，康2003，洪2008）。王弼對「無」這個概念的發展所作出的貢獻是無可爭議的。他和何晏被看作是「貴無派」的代表。然而，貴無的學說開始是一種思辨的形而上學，最後卻變成一種生命哲學。王弼所做的不僅是把《道德經》對「無」狀態的宇宙論思辨，轉化為對萬物終極本性（或本體）的本體論分析，而且還大量闡述了他對「無差別性」、「非確定性」概念在倫理生活上的應用，此即他的「無」概念的倫理化。按照王弼的說法，整本《道德經》可以概括為一句話──「崇本息末而已矣」（王弼1980，198）。他認為最重要的是始於樸素和誠的心理狀態：

在』……在東方哲學中，第一哲學通常不是存有論（ontology），而是『絕無論』（meontology）：關於無或虛無的哲學。」參見他在斯坦福哲學百科全書（*Stanford Encyclopedia of Philosophy*）中關於京都學派的介紹（HTTP://plato.stanford.edu/entries/kyoto-school/#WesBeiVsEasNotOntVsMeo）。

> 閑邪在乎存誠，不在善察；息淫在乎去華，不在滋章；
> 絕盜在乎去欲，不在嚴刑；……謀之於未兆，為之於未
> 始，如斯而已矣。……故見素樸以絕聖智，寡私欲以棄巧
> 利，皆崇本以息末之謂也。[28]（王弼1980，198）

　　王弼明確表示，他的思辨哲學目的在於治癒社會的弊病。
然而，這個轉變從對「無」狀態的本體論肯定，發展為在倫理
學上否定明辨是非的主張，卻產生了嚴重的社會後果。生活於
殘酷的政治動亂和迫害的時代，魏晉的知識分子試圖找到一條
擺脫困境的出路。貴無學說以及否定價值區分的學說為他們提
供了一個放棄社會約束和傳統價值的藉口。他們的一個著名口
號就是「越名教而任自然」（康2003，209）。相傳魏晉的竹
林七賢[29]經常整夜聚在竹林裡喝酒吟詩。儘管這些知識分子具
有深刻的哲學理念，而且他們的目標是在政治危機中追求精神
上的昇華，但其他許多人只是模仿他們的行為而沒有任何哲學
理解，以至「貴無」說導致了當時社會風俗的敗壞。為了回應
這樣的趨向，一些哲學家開始提倡「有」的價值，他們被稱為
「崇有派」。
　　「崇有」學派的兩位領導人物是裴頠（267-300）和郭象
（252-312）。雖然據說裴頠寫了兩篇關於這一主題的論文，但

28　這一長段的主要思想來自老子《道德經》的第19章和第57章。參見陳
　　1963，149，166-167。
29　竹林七賢指的是阮籍、嵇康、山濤、劉伶、阮咸、向秀、王戎。竹林所在
　　的位置存在爭議，但傳統的觀點認為它靠近嵇康的住所。嵇康後來被政敵
　　陷害，於263年被處死，年僅40歲。

今天我們只能見到他的一篇題為〈崇有論〉的短文[30]。裴頠關注到與他同時代的知識分子對社會規範和道德底線的背離，認為貴無說是導致社會敗壞和道德淪喪的罪魁禍首。他認為那些沉湎於討論「無」的人，是在以它為藉口，蔑棄禮法、無視長幼之序和貴賤之等。他批評他們墮落到了極點：「甚者至於裸裎，言笑忘宜」（引自顧1980，376）。因此，他主張回歸儒家的「崇有」之說。而第一步就是要駁斥「貴無」之說。裴頠寫到：

> 夫至無者無以能生，故始生者自生也。自生而必體有，則有遺而生虧矣。生以有為己分，則虛無是有之所謂遺者也。（引自顧1980，377）

由於這段文字意義模糊，我們可以重新表述裴頠的論點如下：

（1）假設存在著絕對的非有（「至無」），則它要產生某種存在時將沒有任何其他存在可以作為憑藉；

（2）假設（1）成立，則最初的存在都必須是自我生成的；

---

30 多種歷史記載表明裴頠曾經有兩篇關於這一主題的論文，其一是〈崇有論〉，而另一篇是〈貴無論〉。裴頠是否真的寫有〈貴無論〉，在當代學者中是有爭議的（參考康2003，212）。不過，在〈崇有論〉中，裴頠也展現了「無」應該被重視的方面：無可以用來保存有，例如，欲望的減少有益於健康，停止奢侈能使人恢復節制（見顧1980，376）。因此，裴頠很可能確實寫過一篇關於如何「貴無」的文章。

（3）自我生成必須憑藉作為本體的存在（「有」）；

（4）從而，任何存在的東西必須先行擁有自己的存在（「有」）；

（5）從而，絕對的非有（「至無」）是不可能存在的。

裴頠進一步指出，只有存在的事物才能為存在的事物所憑藉；因此，「無」與存在的事物之產生沒有任何關係。借用現代的術語，我們可以說，裴頠反對在整個生成的因果鏈條中有任何空隙。只有存在的事物才能影響或產生其他事物。正如他所說的，「濟有者皆有也」（顧1980，387）。沒有任何存在能夠從「無」中產生。「有」是主要的，「無」是次要的，沒有任何事物能夠獨立於現象世界的存在而自存。

在這篇論文中，裴頠的本體論思辨主要是出於他對人們的本體論信念之倫理意蘊的實用關懷。對他而言，「崇有」是至關重要的：

> 賤有則必外形，外形則必遺制，遺制則必忽防，忽防則必忘禮。禮制弗存，則無以為政矣。……是以君人必慎所教。（顧1980，375）

換言之，裴頠之所以主張「崇有」論，主要是為了扭轉忽視社會規則和倫理規範的社會傾向。

郭象的哲學思想僅僅保存在他的《莊子注》[31]中。與裴頠

---

31 據《晉書》記載，向秀（約227-272，竹林七賢之一）先完成《莊子注》，

有關「有」的本體論主要是來自他對「貴無」論之社會後果的實用關懷有所不同的是，郭象本人對關於「有」的宇宙演化論思辨具有更強烈的興趣。他認為「有」不能來自「無」，一方面因為「無」本身不能生成任何東西，另一方面也因為「有」本身必須是自我生成的。在他看來，「無既無矣，則不能生有。有之未生，又不能為生，然則生生者誰哉？塊然而自生耳」（陳2018，304）。郭象將這種物之自我生成的現象稱之為「獨化」。所謂「獨」，對他而言意味著，「沒有外部因素或外力」。世界就其存在本身而言就是自足的、完滿的，而不依賴於任何外部力量。換句話說，沒有造物主，也沒有「無中創有」的可能。正如郭象堅定地指出的：

請問：夫造物者，有耶無耶？無也？則胡能造物哉？有也？則不足以物眾形。故明眾形之自物而後始可與言造物耳。是以涉有物之域……未有不獨化於玄冥者也。故造物者無主，而物各自造，物各自造而無所待焉，此天地之正也。（陳2018，305）

這種獨化（自生自成）的觀點意味著，世界（或者存有本

並成為郭象《莊子注》的基礎。但郭象的貢獻，有兩種不同的說法：一種說法是郭象對向秀的注釋進行了詳細的闡述，並擴充了更多的章節；另一種說法是，郭象剽竊了向秀的觀點，並聲稱是他自己的。當代學者對郭像是否剽竊或他的貢獻有多大沒有達成共識。對這一爭論的詳細描述，參見康2003，226-235。這裡，我們將「郭象」簡單地看作是《莊子注》一書的作者，但認為它可能包含向秀和郭象兩人。

身，並不一定是我們所擁有的這個世界）永恆存在。為了理解這一複雜的段落，我們可以將郭象的論證概括如下：

（1）如果存在（「有」）不能夠從非有（「無」）中產生，則它必然從存在（「有」）中產生；

（2）如果存在（「有」）是從存在（「有」）中產生的，則存在（「有」）是自我產生的；

（3）如果存在（「有」）是自我產生的，那麼它必然是從永恆以來即存在。

（4）因此，存在（「有」）是存在的，而且永恆存在。

郭象進一步論證，「有」將存在至永遠：「非唯無不得化而為有也，有亦不得化而為無矣。是以夫有之為物，雖千變萬化，而不得一為無也」（陳2018，308）。他沒有對這個永恆存在、包羅萬象的「有」究竟是什麼做任何解釋。然而，他卻曾明確指出，它既不是氣，也不是道：

　　誰得先物者乎哉？吾以陰陽為先物，而陰陽者即所謂物耳。誰又先陰陽者乎？吾以自然為先之，而自然即物之自爾耳。吾以至道為先之矣，而至道者乃至無也。既以無矣，又莫為先？然則先物者誰乎哉？而猶有物，無已，明物之自然，非有使然也。

因此，他的結論是，事物的自我生成（獨化）是對事物如何產生的唯一合理解釋。

對郭象而言，「崇有論」的倫理應用是獲得心靈的寧靜和

生命的祥和，而這種寧靜與祥和是人們遵循事物之理的結果。
他宣稱：「至人之不嬰乎禍難，非避之也，推理直前而自然與
吉會」（陳2018，304）。郭象完全接受莊子所宣導的人生哲
學，不過他也不反對儒家。反之，他展示了莊子的觀點是如何
與儒家倫理相容的。如他所言，「今玄通合變之士，無時而不
安，無順而不處」（陳2018，306）。郭象這裡所描述的安樂與
和諧，與周敦頤經常提到的「孔顏之樂」非常接近。我們應該
看出來，雖然貴無論源於道家對「無」的論述，但《道德經》
和《莊子》所闡述的道家學說，並不一定就是魏晉時期貴無派
所發展的貴無論。下面我們也會看到周敦頤在發展自己的宇宙
論的同時，也在《道德經》中找到了有價值的哲學思想。

　　崇有派所肯定的是現象世界的實在性。「有」概念不是
指涉某種抽象的、絕對的、與一切特殊存在相分離的存在本身
（「有」），而是指所有事物的存在——「群有」。「有」不
過是萬物存在的總體。在當代哲學的分劃中，崇有論可以看作
是一種客觀實在論（objective realism）——是一種肯定日常事
物與自然現象實有的理論。裴頠和郭象都相信現象世界的存在
秩序。裴頠致力於一種類似當代自然種類（natural kind）理論的
雛形。他認為事物的分類遵循著一些固有的分別原埋——不同
種類的事物具有不同的特徵：「方以族異，庶類之品也」（引
自顧1980，374）。而郭象的理論，則可以歸屬於當代的無妄論
（no error theory）：自然界沒有差錯，自然界的事物都遵循著
自然法則，每一個事物都恰當其位。如他所言，「其理固當，

不可逃也。故人之生也非誤生也，生之所有非妄有也」[32]（陳2018，306）。由於崇有論肯定了我們的日常世界，它也進一步維護了人類社會習俗、制度和活動的價值。人類在這個世界上所取得的成就是真實的，是有意義的；因此，人們不應該否定這個世界，而去追求某些超驗的理念。這一哲學與以「此岸世界」取向的儒學非常契合[33]，而與道教和佛教對「彼岸世界」的追求的形成了鮮明的對比。

　　總而言之，魏晉哲學中的「有無之辨」主要是在以下兩個維度的爭論：現象世界的本體論基礎以及這種本體論的倫理應用。它不像《道德經》所表現的那樣，是對現象世界的宇宙演化根源或宇宙論基礎的追求。本書之所以如此冗長迂迴地介紹環繞「有」與「無」這兩個概念相關問題的哲學背景，是為了解釋為什麼周敦頤的「無極」概念會在他那個時代的哲學家以及思想史家當中引起如此大的騷動。如果他的無極思想確實來自道家傳統，尤其是，如果這個思想是與貴無派有關的話，那麼他的整個哲學對於他同時代的理學家來說會是完全令人反感的，因為這些理學家的目標就是要把社會道德從貴無派的敗壞中恢復過來。

　　作為宋明理學的開創者，周敦頤的成就正是重新回到對現象世界的宇宙論根源的思考上來，並在他的形而上學觀點的

---

32 陳榮捷認為，這顯然是一種決定論（determinism）和命定論（fatalism）。「命運不是僅僅是超乎人類控制和理解的東西，它更有必然的真理性」（陳1963，332-333）。不過，這一理解是有問題的。

33 儒學致力於單一實在世界（one reality）──我們的世界。它沒有提出一個超驗的領域或一個隱藏於經驗的世界背後的本體界。

基礎上重建一種新形式的倫理學。以下我們將看到，周敦頤的倫理傾向與貴無派的精神是截然相反的。周敦頤並沒有把重點放在「無」（無論是「虛無」意義上的，還是「非有」意義上的）這一概念上，而是借用了「無極」這一範疇──它應該被理解為「無-極」，亦即「沒有界限」。因此，我們可以將其翻譯為「沒有邊界的」（boundless）或「無限」（infinity）。周敦頤對無極狀態的強調，與貴無派的「無」概念有著完全不同的關懷。

無極與太極

前面我們已經解釋過，《道德經》中的無極一詞應該理解為對極的否定。按照許慎《說文解字》的說法，「極」字是指建築物的主支撐梁。段玉裁的《說文解字注》解釋說，凡是非常高、非常遠的東西，都叫作極。這個詞如今被用作「極限」、「極端」或「終極」。因此，無極這一範疇應該被翻譯為「without the ultimate boundaries」、「infinite」或「boundless」。目前常用的英譯「the Ultimate Nonbeing」（陳1963；Neville 1980）或「Ultimate of Nonbeing」（張2002）實際上顛倒了中文的順序，把它變成了極無──終極的無。然而，即便在道家傳統中，王弼也只是將老子的無極（第28章）解釋為「無窮」（王弼1980，74），這清楚地表明，他並沒有將「無極」與「無」等同起來。我們現在將討論周敦頤的無極概念是如何在一個不同於道家和魏晉哲學中的無概念的背景下發展起來的。

當代學者江怡已經正確地將「無限」這一概念與「無極」聯繫起來。他說，「在中國古代哲學中，哲學家們主要是用『無極』、『無窮』等概念來表達『無限』的意義」（江2008，568）。他對周敦頤《太極圖說》首句的解釋是，「無極」引至「界限的極致」。他說，「在中國傳統哲學家心目中，『有限』與『無限』原本就不是兩個概念，或指向兩個不同的東西，相反，它們如同一張紙的兩面，無法完全把它們區分開來」（江2008，568）。因此，「有限」即「無限」，「無限」即「有限」。進一步地說，中國哲學家是通過「無限」來討論和認識「有限」的。這一解釋支援了朱熹的觀點：「非太極之外復有無極也」（《太極圖說解》）。朱熹把無極和太極看作是同一枚硬幣的兩面。無極並不是另外一個東西；相反，無極就是太極，是界限的極致。現在我們如何用當代的術語來理解無極跟太極之間的關係呢？

有限的事物是確定的（determined），因此是有局限的：它們必須在空間和時間上都有其存在之界限。反過來說，太極是不確定，沒有局限的，因此是無極的。從周敦頤自身的文本來看，「無極」一詞究竟是描述太極存在的方式，還是指涉一種存在於太極狀態之先的狀態，是不明確的。《圖說》首言「無極而太極」，而後又宣稱「太極本無極」。對這一文本，我們可以有兩種同樣可信的宇宙演化論的解釋：

1）最初存在著無垠的狀態（無極），它變成了一種無比宏廣的狀態（太極）。太極原本無極。

2）太極本身既是無比宏廣（太）的亦是無限的（無極）狀態。

　　要想在兩者中找到一個正確的解釋，我們需要審視太極本身的特質，看它是否可以同時是無限的。

　　首先，如果某物存在於時間之流中，那麼在它存在之前一定有時間，而且在它存在之後也很可能有時間。在該事物存在前和存在後的狀態都是它的「非存在」。我們可以稱這種個別的非存在為局部性的非存在。局部的非存在可能會在存在的世界中處處都有。但是另一方面來說，要有宇宙的生成，則在整個宇宙出現並存在之前，必須先有一種萬事萬物都不存在的虛無，也就是說，宇宙之先必須有一種全部性的非存在，或者我們可以稱之為絕對的無。如果我們根據上面的解釋（1），則曾經有一段時間太極是不存在的，這就意味宇宙並不是永恆存在的。在這種情況下，說宇宙最初的狀態是無極的，就等於說它是絕對的無。從這裡我們就可以理解為什麼歷史上有那麼多的學者把周敦頤的宇宙演化論看作是將非有或絕無的狀態當作了宇宙的原初狀態了。

　　然而，如果我們仔細考察周敦頤的描述，就可以看到，即使他對個別事物的出現給了一個明確的階段描述，但他從來沒有一個對太極自身之產生的描述。「二氣交感，化生萬物」（周1975，14）。特定的生命形式是由氣的運行與轉化產生的，但太極不是由氣產生的。恰恰相反，太極通過運動和靜止產生陰陽，陰陽更進一步產生構成具體事物的五行（水、火、土、木、金）。天地有始，而萬物更是在天地形成之後的某個時間階段開始形成的。如果我們稱具體的事物為「某物」、「受確定者」、「存有」，那麼就有某個時間階段無物存在，於其時，世界是不確定的，而不是已經定型的。然而，這並不

意味著也有某個先於太極，連太極也不曾存在的時間階段。周敦頤的整個《圖說》是關於太極是如何通過陰陽的各自功能而生成萬物的。它從一開始就沒有描述太極本身是如何產生的。在《易經》中，太極被認為是原始狀態——它恆久存在，無始無終。我們可以肯定的是，周敦頤的太極觀念與作為他的哲學思想源頭的《易經》應該是一致的。

如果太極自身沒有像萬物一樣由無生有，從非存在變成存在，那麼太極就可以分為兩個階段：萬物生成之前（pre-myriad-things）的太極，和包容萬物，與萬物並存（with myriad things）的太極。在萬物出現之前的太極會是什麼樣子呢？這可能就是周敦頤引入無極概念的原因。太極原初是無極無限的，因為它的存在是超越時空的。時空框架是在萬物形成和分化之後產生的——萬物之間的空間性標誌著空間，因為空間是靠物與物之距離來界定的；萬物的變化則標誌著時間，因為時間是靠事物生成、經歷變化，然後消滅來成立的。沒有距離，便沒有空間；沒有變化，便沒有時間。至於在萬物存在之先的太極自身，則無法在空間—時間架構中加以界定，這樣的太極狀態也不是時空本身，因為空間或時間本身尚且不存在。這個太極其大無外、其小無內（語出關尹子），因為不管是在其外還是其內，都無物存在。所以這個太極是沒有界限的，稱之為「無極（英文譯為the Boundless）」是恰如其當的[34]。

---

34 從西方哲學的「虛無」（Nothingness）概念中，也可以發展出一種類似的「無限」概念。正如Roy Sorensen所解釋的，「一個具體的實體在空間或時間上有一個位置⋯⋯因為它有位置，它就與其周圍的環境之間有界限。（唯一的例外是，一個實體占據了所有空間和時間）」（見斯坦福哲學百

我們該如何理解周敦頤的太極概念——太極是先於萬物出現之前的狀態，還是充盈萬物之狀態？太極的本性是什麼？依照朱熹的詮釋，太極純粹是宇宙的秩序，太極只是理，但這真的是周敦頤的觀點嗎？從周敦頤對宇宙演化過程的解釋中，我們可以看到他心目中的太極並不是一種抽象的秩序，也不是氣的規律，因為他所描述的太極具有運動和靜止的模式——「動而生陽、靜而生陰」。當代研究理學的傑出學者陳來認為周敦頤的宇宙觀是一種氣一元論（陳2005，40）。郭彧（2003，2001）也認為周敦頤的太極最初只是一氣，然後通過運動和靜止分化為陽和陰。郭彧引用了與周敦頤同時代的劉牧（1011-1064）和邵雍（1011-1077）的評論，以表明將太極看作是陰陽未分之前的一氣是北宋理學家的共識。根據劉牧的說法，「易有太極，是生兩儀。太極者，一氣也。天地未分之前，元氣混而為一，一氣所判，是曰兩儀」（劉1995，1）。而根據邵雍的說法，「太極既分，兩儀立矣」。他還說，「一氣分而陰陽判」（郭2001，3）。從這兩處引文來看，顯然對周敦頤而言，太極完全可以被看作是一種尚未分化的氣。既然在周敦頤的時代，這似乎是一種被廣泛接受的觀點[35]，那麼他的「無極而太極」的說法，也可能是在表達從無極到太極這一氣的演化過程。

如果把「無極而太極」理解為對宇宙演化過程的陳述，那麼我們如何解讀周敦頤的宇宙觀呢？陳來給出了一個很好的

科全書，Nothingness條，括弧為原文所加）。

35　這一觀點並非起源於北宋理學家。在魏晉哲學將興趣從宇宙論轉向本體論之前，這一觀點在漢代已經十分流行。

分析：「太極指未分化的混沌的原始物質，無極是指渾沌的無限。太極作為原始物質本身是無形的、無限的，這就是所謂『無極而太極』」（陳2005，39）。這裡所說的「原始物質」就是在陰陽未分之前的太極元氣。周敦頤的宇宙論只是在解釋氣的發展過程——一個氣從混元同一之狀態到陰陽兩種模式之確立，再到最終的萬物之生成的分化過程。

在我們當代的闡釋中，氣有可能與已過時的乙太（ether）概念相聯繫，而一個更有啟發的詮釋法是將太極與時-空架構相聯繫。按照Roy Sorensen的說法，「科學史學家懷疑曾經被大張旗鼓地從物理學的大門推出去的『乙太』，是否正假以『空間』的旗號，又悄悄地從後門返回物理界。量子場論為這種推測提供了特別肥沃的土壤。粒子是藉由真空中的能量而產生。如果說真空有能量，而能量又可以轉化為質量，那就否定了真空是空的看法。許多物理學家都很興奮能發現真空遠非是真正空的」（Sorensen 2009，第10節）。從這個角度來看，周敦頤的太極概念就更加具有可理解性和合理性了。

我們現在可以給予周敦頤的太極觀另外一種當代的重新解讀。我們也可以理解為什麼他把無極這個概念引入到他對宇宙的宇宙論解釋中。中文的「宇宙」一詞的字面意思就是空間和時間：「四方上下謂之宇，往古來今謂之宙。[36]」在天地未分、具體事物尚未形成之前，時-空架構本身可以無限膨脹，同時又

---

[36] 這一說法最初來自文子，他據說是與孔子同時代的一位老子的信徒。載於段氏的《說文解字注》，現在已經成為對「宇宙」一詞的標準解釋。

可以無限微小——「其大無外，其小無內」[37]。時-空架構自身「取決於它架構的內容」[38]，因此，當空間和時間中沒有具體之物時，它是沒有限制和界限的。換言之，在任何具體之物出現之前，時-空是沒有邊界的，因為那時也沒有任何事物在時間或空間的外部存在。因此，它應該被稱之為「無極」。在天地既分、宇宙形成之後，出現了一個無限大的時-空架構，周敦頤稱之為「太極」。我們由此可以理解他為何會說「無極而太極，太極本無極」。太極的宇宙演化是物質在一個極其巨大的時-空架構之內的膨脹。同時，由於太極本身與氣是同一的，太極不是一個靜態的時-空架構，僅僅作為具體之物的容器；正相反，物質和能量與這個時-空架構是融合為一的。按照周敦頤的描述，太極具有運動和靜止的模式；因此，太極不是一個真空，或者至少不是一個空的真空，因為它充滿了能量。周敦頤的觀點或許不同於牛頓把空間視為「一個外部的、同質的、無限延伸的三維容器」的觀念，但它似乎與牛頓有關何物存在於具體萬物出現之前的假設相一致：「在創世之前的無限長時間裡，世界是空無一物的」（參見Sorensen 2009，第4章）。

　　現在我們應該回到那個困擾學者們幾百年的問題了：周敦頤的「無極而太極」說是否使他陷入了一種「無中創有（creation ex nihilo）」的看法呢？即便我們已經將「無極」概念與「無」概念區分開了，然而，原初的混沌狀態是否最終仍

37　「其大無外，其小無內」首見於《關尹子》（約編著於西元前475-前221年間），是對「道」的一種描述。

38　這是Roy Sorensen對愛因斯坦的空間概念的描述。見Sorensen 2009。

是一種無的狀態呢？勞思光認為，由於無極是獨立於太極的狀態，並且周敦頤的觀點是把無極作為萬物的本體，因此，它確實意味著「無中創有」（勞1980，114）。而李申儘管是拒絕了將周氏〈太極圖〉的來源追溯到道教的〈無極圖〉，但他還是認為，「然而只要承認天地、陰陽有個開始，繼續上溯，就只能上溯到無。『無中創有』可說是必然的結論」（李2001，49）。不過，即使當代學者仍然接受把周敦頤宇宙觀解釋為「無中創有」，他們並不都把周敦頤的宇宙原初狀態看成是道家的「無」或「絕對虛無」的概念。例如，Robert C. Neville 認為周敦頤的觀點是一種「無中創有」說，但他把這個過程解釋為一個確定的世界從不確定性（混沌）的狀態中衍生的過程。因此，創造是一個「消除其他可能性的決定過程（decisive process eliminating alternatives）」（Neville 1980，22）。白彤東也認為，「無」有這樣一種意涵，象徵著「終極的潛能是未定的，是以可導引無數現實性的出現」[39]（白2008，347）。如果我們接受他們這種對「無」的理解，那麼創生萬物的「無」就既不是絕對虛無，也不是虛空。毋寧說，它只是一種不確定的狀態，充滿了潛能和可能性。這是理解周敦頤的無垠無形之氣的一個合理途徑：氣作為原初物質充滿了能量。能量的存在可以讓我們解釋為什麼萬物最終會從這個原初之氣中出現。「有」是如何從「無」中產生出來的呢？——這是因為在「無」中本然就已經存在「有」。按照這一理解，周敦頤的無

---

[39] 白彤東的論文是關於老子，而不是有關周敦頤的。他認為，當老子說「道生一」時，老子的「道」就是這個「無」的意思。

極並不是絕對的虛無或完全的虛空。同時，由於太極是氣之總體，所以即便在氣未分化為陰陽之前，太極也不是虛空。它無形、無狀、無界限、無確定性，但它不是空的。這種對無極與太極之間關係的分析，也支持了對周敦頤宇宙論的第一種解讀：氣最初的無垠狀態轉化為無比宏廣的太極狀態。太極原本是無極。

對周敦頤的「太極」在本體論上的地位另一個更有力，也同樣可信的解釋，是把它與存有本身等同起來。這就是前面提到的第二種解讀方式。如果太極是混一無別的氣，而氣又是萬物的構成性原理，那麼太極就是構成萬物的原理。太極因此可以被解釋為存有本身，因為存有也同樣是永恆、無限的。根據Gi-ming Shien（鮮紀明）對存有本質的分析：

> 存有本身超越時間和空間，因為它是永恆的，是萬物之源。我們甚至不能想像存有或太一有開始或結束。……存有也超越空間，在數量上是無限的。它不為任何事物所限制，而是沒有邊界的。在這一意義上，它是無限的。這兩種屬性，永恆與無限，代表著最高的存有，是絕對完美的頂點。因此，存有可以是萬物之源。（Shien 1951，22）

雖然鮮紀明這裡所分析的是抽象的存有概念，但這一分析與周敦頤的太極概念非常契合。周敦頤的太極也是超越時空的，通過將太極與無極概念連結起來，周敦頤將太極描繪為無限的、沒有邊界的。純粹的存有「就其本性而言是不受限制的」，按照鮮紀明的說法，「就它不受限制這一點而言，它是

完全獨立的，是絕對的。『絕對』意味著它不是相對於任何事物，是自足的」（Shien 1951，23）。按照周敦頤的描述，太極是絕對自足的、自含、完滿的。正因為它不是相對於任何事物而存在，因此等同於無極。周敦頤的太極就是存有本身；因此，它既是龐大無比，又無邊無際，亦即無極也。

無論我們採取「太極之前是無極的狀態」，還是「太極與無極同時存在」的詮釋，都沒有任何線索可以證明周敦頤的宇宙觀與後期道家的「存在來自絕對虛無」這一詮釋有關。

從無極無形之元氣發展到太極的時-空架構，宇宙必須還要經過進一步的變化才能產生具體之萬物。第一個變化就是這種無形之氣的運動和靜止狀態。太極通過動而產生陽，通過靜而產生陰[40]。氣的兩種模式由此而分化開來。這是儒學宇宙論思想的革命性發展。正如王蓉蓉（Robin Wang）所解釋的，「雖然還沒有人能解決宇宙是如何從太極生成這一問題，周敦頤的貢獻在於他直接而清晰地將陰陽與……運動和靜止聯繫起來，並把動靜看作對宇宙的生成至關重要」（Wang 2005，316）。周敦頤對《易經》的宇宙演化圖式作了進一步的闡述，並將漢代（西元前206年至西元220年）儒學廣泛討論的五行（水、火、土、木、金）說引入其中。我們將把這一階段看作是質變，而非量變[41]。氣作為一種純粹形態的能量，構成了物質的五行基

40　「產生（generate）」是對《太極圖說》文本的字面解釋。然而，我們有理由認為，氣的運動本身就是陽，氣的靜止狀態就是陰。周敦頤將動與陽、靜與陰等同起來，Robin Wang（2005）認為這正是他的貢獻所在。

41　郭彧（2003）解釋說，中國古代宇宙論思維涉及的正是質變，而不是量變。

本元素。宇宙再下一個變化階段是乾（乾道成男）和坤（坤道成女）的分化，而雄雌二性之分是近乎所有有機生命形式的基礎[42]。五行與乾坤原理結合就產生（或構成）了林林總總的具體之物（「萬物化生」）。

我們可以給周敦頤的宇宙演化觀作出一個流程圖：

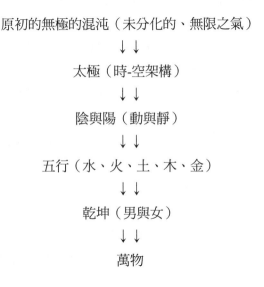

原初的無極的混沌（未分化的、無限之氣）

↓↓

太極（時-空架構）

↓↓

陰與陽（動與靜）

↓↓

五行（水、火、土、木、金）

↓↓

乾坤（男與女）

↓↓

萬物

正是在這種宇宙觀的基礎上，周敦頤發展了他的倫理觀，直接關係到對現象世界實在性的肯定。他的《通書》開篇就宣稱，乾道和聖人的基本屬性是「誠」（真實性）：「大哉乾元！萬物資始，誠之源也。乾道變化，各正性命。誠，斯立

---

42 一些有機體可以進行無性繁殖，例如阿米巴原蟲。然而，在大多數情況下，似乎只有雄性和雌性元素結合才可能繁殖生物。

焉，純粹至善者也」（周1975，116）。在這裡，周敦頤不僅肯定了萬物的真實性，而且認定它們存在的「正當性（正性命）」[43]——它們的本性和它們的發展都是真確無妄的。天道之誠進一步成為人類道德的基礎：「聖，誠而已矣。誠，五常（仁、義、禮、智、信）之本，百行之源也」（周1975，123）。由此我們可以清楚地看到，周敦頤的宇宙觀並沒有導向對我們所處世界之實在性的否定（虛無論），也沒有導向對我們人類在社會中所確立的倫理價值觀之否定（懷疑論）。

小結

周敦頤的「無極而太極」是一種宇宙演化論敘述，而不是一種本體論的敘述。它與魏晉哲學中的「貴無」論與「崇有」論之間的爭辯無關，它也沒有導致對社會規範與道德標準的拋棄。由於圍繞他的《太極圖說》的爭議，在宋明理學中引發了一場關於宇宙起源的激烈辯論。周敦頤是有可能受到了道士陳摶的丹術的啟發[44]，但沒有證據證明他是陳摶學派的繼承者，也

---

43 「現存事物的正當性」（integrity of existing things）是借自Neville的一個短語。不過，Neville是在創世論的語境中使用這個短語的。參見Neville 1980，24。對周敦頤而言，現存事物的正當性來自於氣自身的創生力。張載認為這一規範性原理是氣自身所固有的。而朱熹後來則認為現存事物的正當性是來自理。

44 在周敦頤的全集中有一處提到希夷先生，是道士陳摶的號：「始觀丹訣信希夷，蓋得陰陽造化機」（周1975，345）。這首詩是周敦頤參觀酆都（在今天的中國重慶）道觀後所寫的三首詩之一，而詩的標題提到這座道觀中的「石刻」。所以是有可能周敦頤確實看到後世道士放在《無極圖》旁邊的陳摶的丹訣，只不過《無極圖》本身是後來的道士自己編造的。

沒有證據顯示他的〈太極圖〉是模仿陳摶的〈無極圖〉。他對
宇宙起源的推測與《道德經》的宇宙觀是一致的，但與魏晉哲
學所發展的「無」的本體論卻有很大的不同。理學家對貴無論
的激烈排斥是出自他們對這一本體論的倫理後果的憎惡。即使
《道德經》本身有提倡反對社會規範和世俗道德標準，但周敦
頤的宇宙論思辨並沒有導致這樣的結論。要恢復周敦頤哲學的
真正精神，我們就必須將其與魏晉哲學中的貴無論撇清關係。
在這樣的理解下，我們可以看到周敦頤的哲學思想的確為理學
的發展開闢了一條新的道路。正如馮友蘭在他對周敦頤的歷史
評價中所言：「早期的理學家主要是對宇宙論感興趣，而第一
位宇宙論哲學家就是周敦頤」（馮1996，269）。這一宇宙論轉
向可能是周敦頤對理學的最大貢獻。在下一章中，我們將看到
張載（1020-1078）是如何更完整地闡述氣的原初形態及其發展
的理論。

原始文獻：

周敦頤，1975。《周子全書》，臺北：廣學社。

英文選譯：[45]

Chan, Wing-tsit (ed.) 1963. *A Sourcebook in Chinese Philosophy.*
Princeton University Press. Chapter 28。陳榮捷，1963。《中國哲
學文獻選編》，普林斯頓大學出版社，第28章。

45　原始文獻是中文的，而選譯是英文的。

第二章

萬物的基本構成

張載的氣一元論

引言

　　張載（1020-1077）以傳統的氣概念為根基而建構了一套系統性的哲學體系。他把氣概念既納入到他的形而上學，也納入到他的倫理學之中。在張載之前，根源於元氣的宇宙演化論和以氣為萬物基本構成的本體論主要是出現在道家傳統中[1]。氣或元氣的概念早在先秦哲學中就已被廣泛使用，但並沒有任何統一的氣論，而不同的哲學家用元氣的概念來描述宇宙發展的不同階段[2]。張載對《易經》傳統中的氣哲學進行了更新和系統化，使之成為理學不可分割的一部分。他被稱為「氣論的集

---

[1]　一些儒家學者也接受了元氣的世界觀，如漢代（西元前202-220年）的董仲舒（西元前179-前104年），和唐代（西元618-907年）的柳宗元（西元773-819年）。然而，他們的興趣主要不在宇宙演化論。

[2]　例如，《淮南子》認為元氣是天地形成之前的氣的狀態（詳見下文），而柳宗元認為元氣是那種彌漫於天地之間的存在（柳1979，442）。

大成者」（成1986；張1958/2005）是名副其實的。在他的氣論中，我們可以看到他如何對與氣有關的各種概念進行分類，以及他如何解決一些先前的氣論學者未能解決的難題。

　　在宇宙演化論方面，氣的概念最初主要是由道家發展起來的。老子和莊子在他們的宇宙論解釋中都訴諸於氣的運化。後來的道家學者以及一些儒家學者如董仲舒（西元前179年-前104年）使用「元氣」這一術語來指涉宇宙形成之前的階段。道家形而上學主要是建立在氣的概念之上的。本章將追溯氣論的道家根源，並看看氣的概念是如何應用於他們的宇宙論解釋和本體論分析之中的。然後再介紹由張載所發展的氣論，考察他是如何回到《易經》中的氣論，並在理學中徹底改造氣論的。

元氣的概念[3]

　　「元氣」這一術語最早出現在先秦道家文本《鶡冠子》[4]：「天地成於元氣，萬物乘於天地」（《鶡冠子》第11章，2004，255）。「元」這個字有很多內涵，但在與「氣」結合的名詞「元氣」中，它意味著原初的、基本的、起源的和單一的[5]。在《易經》中，元被列入到陰陽的最理想狀態的四德之中：元、亨、利、貞。漢代哲學家董仲舒將「元」定義為萬物之本。在古代文獻中，「元氣」通常指的是天地形成之前的氣

3　本節的部分內容來自作者2015年的文章。

4　參見易2003，58和成1986，6。《鶡冠子》的作者不詳，而年代（戰國時期）則是沒有爭議的。

5　在許慎的《說文解字》中，「元」僅僅是作為「始」。

的狀態。這種狀態通常被稱為「混沌」[6]，是一種先於有序的宇
宙存在，無形之氣充盈無限空間的雲霧狀態。因為彼時尚未有
天與地之分離，沒有物事之區別，所以它是種統合的、單一的
「太一」。宇宙之太一被稱為「元氣」。

　　元氣理論提供了一種有關宇宙初始狀態的宇宙演化描述。
例如，《鶡冠子》的第5章描述到：「有一而有氣，有氣而
有意」（《鶡冠子》，2004，71）。一位注釋者陸佃（1042-
1102）解釋說：「一者，元氣之始」（《鶡冠子》，2004，
71）。《鶡冠子》的第10章對這一狀態給予其他指稱，例如：
「泰鴻」或「泰一」。按照《鶡冠子》的說法，氣在這一階
段還存在著同質的常態，稱之「大同」（《鶡冠子》2004，
222）。在《鶡冠子》中所描述的宇宙形成前的原初狀態是一個
龐大的同質之氣，但它不是一個完全的混沌狀態。

　　《莊子》是另一部接受元氣論的先秦哲學著作。在《莊
子》中，宇宙的原初狀態被描述為「混沌」[7]。這一原初的混
沌狀態是無形無相、不可分辨的氣，它充盈於整個空間，並且
與空間本身等同，因為沒有任何事物外在於它。在《莊子》
中，這一原初狀態被稱之為「太一」或「大一」，之所以稱其
大，因為它是如此宏偉，沒有任何東西可以在它之外。在這一
原初的混沌狀態中，沒有天和地分界，也沒有具體的物體。從
這個意義上說，它是一種「虛空」——無物存在。然而，隨著

6　引自張1958/2005，57。張認為董仲舒所說的「元」就是太極。

7　「混沌」一詞在宇宙演化論上指的是在有序的宇宙形成之前的宇宙原初狀
　　態。

時間的推移，氣聚集起來形成具體之物。於是，宇宙分化為林林總總之物，而失去了它的「單一性」。整個宇宙只是氣化的結果，而一切始於混沌：「雜乎芒芴之間，變而有氣，氣變而有形，形變而有生」（《莊子》1961，第18章，612）。在《莊子》的宇宙演化論中，不需要超驗的造物者，因為這個轉化的過程是來自氣本身的自然流動。

在《淮南子》（一本撰於西元前2世紀左右的、主題龐雜的道家文獻）一書中[8]，以元氣概念為基礎的道家宇宙演化論第一次得到了最全面的闡述。《淮南子》的「道」概念似乎是對元氣的一種描述：「夫道者，覆天載地，廓四方，柝八極，高不可際，深不可測」（第一章；陳2018，276）。《淮南子》的「無」概念描述了一種「視之不見其形」、「聽之不聞其聲」、「捫之不可得」、「望之不可極」的事物（第2章），並把它看作是「物之大祖」（第1章）。在《淮南子》的分析中，當氣最初出現時，它是未分化的、同一的；之後，元氣才分化為陰與陽。此時天與地開始形成；最後，生命開始出現，事物發展成不同的類別。按照這一敘事，由具體之物構成的世界最初產生於元氣，而不是來自絕對的無。

不過，在《淮南子》中也出現了一種自相矛盾的世界觀，認為元氣不是原初狀態。《淮南子》是這樣說的：

> 天墜未形，馮馮翼翼，洞洞灂灂，故曰太昭。道始於虛

8　《淮南子》據稱是淮南王劉安（西元前179-前122）門客的集體著作。劉安對整個撰寫過程進行了監督指導，並可能有所貢獻。

霸，虛霸生宇宙，宇宙生氣。氣有涯垠，清陽者薄靡而為天，重濁者凝滯而為地。（第3章；陳2018，278）

按照這一描述，在宇宙開始之前，在時間或空間出現之前，只有一個無形無相的虛空。在這幅宇宙演化圖景中，虛空似乎是先於元氣的。《淮南子》既沒有解釋宇宙是如何從這個虛空中形成的，也沒有解釋宇宙是如何產生氣的。

在另一章中，《淮南子》通過對《莊子》中首先引入的「七階段」論的解釋提供了一種對宇宙發展的描述[9]。《莊子》的描述如下：「有始也者，有未始有始也者，有未始有夫未始有始也者。有有也者，有無也者，有未始有無也者，有未始有夫未始有無也者」（《莊子》1961，第2章，79）。根據《淮南子》，這七個宇宙演化階段可以解釋如下[10]：

1）「有始者」：繁憤未發，萌兆牙蘗，未有形埒垠堮，無無蠕蠕。將欲生興而未成物類。

2）「有未始有有始者」：天氣始下，地氣始上。陰陽錯合，相與優游競暢於宇宙之間，被德含和。繽紛蘢蓯，欲與物接而未成兆朕。

9　在《莊子》中，這段話可能是種反諷性文筆。然而，在《淮南子》中，這段文字被認為是一種嚴肅的宇宙演化推測。

10　英文版這段引文是大致根據《淮南子》第2章翻譯的，參考了陳榮捷的 *A Source Book in Chinese Philosophy* 以及 John S. Major 等人翻譯的 *The Huainanzi* (2010) 一書。（在將本段翻譯為中文本時，《淮南子》的原文引自陳榮捷 2018，277。——譯者注）

3）「有未始有夫未始有有始者」：天含和而未降，地懷氣而未揚。虛無寂寞，蕭條霄霓，無有仿佛。氣遂而大通冥冥者也。

4）「有有者」：萬物摻落，根莖枝葉，青蔥苓蘢，萑葦炫煌，蠉飛蠕動，蚑行噲息。可切循把握而有數量。

5）「有無者」：視之不見其形，聽之不聞其聲。捫之不可得也，望之不可極也。儲與扈冶，浩浩瀚瀚，不可隱儀揆度而通光耀者[11]。

6）「有未始有有無者」：包裹天地，陶冶萬物，大通混冥。深閎廣大，不可為外，析豪剖芒，不可為內。無環堵之宇而生有無之根。

7）「有未始有夫未始有有無者」：天地未剖，陰陽未判，四時未分，萬物未生。汪然平靜，寂然清澄，莫見其形。

我們可以把上述七階段分析為兩種「回溯性」的敘事：從（3）回歸至（1）描述了宇宙本身的形成，而從（7）回溯至（4）描述的則是具體萬物之生成別類過程。階段1是我們所知的世界的開端，階段2是表現為陰、陽兩種模式的氣的狀態，階段3描述了虛空、荒涼的深淵，階段7至階段4似乎是在描述以具體之物的生成為內容的同一個宇宙演化過程。上述兩種敘事有

11　（《淮南子》的）原文中使用的是「光耀」一詞，其字面意思就是「才華」。然而，《淮南子》的同一段落中使用「光耀」來指涉《莊子》第22章中的一個虛構人物。在那個寓言中，「光耀」是另一個虛構人物「無有」的對話者。《莊子》的評論者說，此人代表智慧，而智慧的功能是闡明與審視，是以得名「光耀」。

兩種可能的解讀方式。我們可以把階段7看作是等同於階段3，
也可視其些微地先於階段3；階段6可以看作與階段2相對應，也
可視其先於階段2。階段5與4可以看作是在描述階段1中的「由
無到有」的轉化過程，也可視其為指涉有與無的共存狀態。目
前還沒有對上述七階段的順序的公認詮釋。在這裡，我們將把
兩種可能的解讀都保留下來，並將它們排列成下面的簡化圖
表[12]：

第一序發展：宇宙的開端，天地未分

#7 有未始有夫未始 有有無者 ↓	天地未剖，陰陽未判，四時未分，萬物未生。汪然平靜，寂然清澄，莫見其形。（宇宙原初天地未分，陰陽未判，四季無別。一切寧靜、和平、無聲、純淨。）
#3 有未始有夫未始 有有始者	天含和而未降，地懷氣而未揚。虛無寂寞，蕭條霄霓，無有仿佛。氣遂而大通冥冥者也。（天、地尚未分開，大氣瀰漫，一片虛無與荒涼。）

12 這種排列與胡適略有不同，胡適的順序是7、3、6、2、1、4、5。參見胡
　　1931，26-28。

第二序發展：天地已別，萬物未生

#6 有未始有有無者 ↓	包裹天地，陶冶萬物，大通混冥。深閎廣大，不可為外，析豪剖芒，不可為內。（天地已經分離，而氣仍是無差別、同一同質。氣充盈於整個宇宙。其大無外，其小無內。）
#2 有未始有有始者	天氣始下，地氣始上。陰陽錯合，相與優游競暢於宇宙之間，被德含和。繽紛蘢蓯，欲與物接而未成兆朕。（氣已經分判為陰、陽，宇宙中只有氣的運行，而具體之物尚無朕兆。）

第三序發展：萬物之生成，物類之分別

#5 有無者 ↓	視之不見其形，聽之不聞其聲。捫之不可得也，望之不可極也。（無物可見、可聽、可觸、可接近、或是可想像。）
#1 有始者 ↓	繁憤未發，萌兆牙蘗，未有形埒垠堮，無無蠕蠕。將欲生興而未成物類。（生命的出現：物開始萌兆牙蘗，但尚未形成形狀和類別。）
#4 有有者	萬物摻落，根莖枝葉，青蔥苓蘢，萑薵炫煌，蠉飛蠕動，蚑行噲息。可切循把握而有數量。（具體之物已經形成：出現了可觸的、可測量的、可數的具體之物。）

　　這種宇宙演化敘事並不是一個成熟的理論，許多問題仍然沒有得到解決：混元同一之氣如何分化為陰和陽的？氣最初靜

止的狀態是如何發展出上升和下降運動的？天與地是怎樣分開的？「有」是如何從虛空或虛無中突然出現的？具體之物是如何分類的，生命又是如何產生的？這些問題要等到張載發展出他的氣論才會有答案。

　　漢朝著名天文學家張衡（78-139）將元氣的理論融入到對宇宙起源的科學解釋中[13]。他在天文學方面的代表作《靈憲》[14]被認為是中國天文學史上的最高成就之一。張衡顯然受到了《淮南子》的影響，而把存在物的出現描述為「氣」的發展。他把原初物質稱之為**太素**，在太素出現之前，有一個廣闊黑暗的無形深淵叫**溟涬**。溟涬可能從遠古時代就存在了。溟涬之內是虛，之外是無。這是一個深邃黑暗的深淵——一個完全無光的虛空。在第二階段，「有」開始從「無」中產生，而原初物質「太素」開始生芽。在這一階段，氣融合為一而為同質的氣。一切都是交雜同一的。張衡認為這個階段就是老子所說的：「有物混成，先天地生」（《道德經》第25章）。他把這一階段稱之為**龐鴻**，並聲稱它也持續無限長的一段時間。最後，未分化的元氣分化了，氣的能量與純度等品質發生了變化。天與地分開了，在天、地之間，萬物開始成形，並分成不同的類別。張衡把這一階段稱之為**太元**。

　　在張衡的宇宙演化論中，宇宙的發展經歷了三個階段。他似乎把這三個階段看作道的自然發展，並分別將其稱之為「道

13　李約瑟（Joseph Needham）認為，張衡「不僅是任何文明中第一臺地動的發明者，而且是第一個將動力用於天文儀器旋轉的人」（李約瑟1994，22）。

14　英譯*Spiritual Constitution of the Universe*，李約瑟的翻譯。

之根」、「道之幹」和「道之實」。

溟涬：幽清玄靜，寂漠冥默，不可為象，厥中惟虛，厥外
惟無。

龐鴻：太素始萌，萌而未兆，並氣同色，渾沌不分。

太元：元氣剖判，剛柔始分，清濁異位。天成於外，地定
於內。天體於陽，故圓以動；地體於陰，故平以
靜。動以行施，靜以合化，壇郁構精，時育庶類。

張衡的宇宙演化論是一個簡化的版本，它將《淮南子》中
的七個階段簡化為三個階段。兩種理論都把天、地的出現看成
是後來的發展，也都把原初的宇宙狀態理解為荒涼、寂靜、黑
暗的深淵。在這兩幅圖景中，我們都不清楚元氣是何時以及如
何起源的。對《淮南子》而言，原初的無形的、未分化的狀態
可能就是所謂的「元氣」。但是對張衡而言，在開端階段只有
黑暗的深淵。彼時不僅無形、無光，也沒有元氣。元氣是從這
種純粹之無中出現的，而且最初是同質、未分化的氣。

無論元氣是否被認為是宇宙原初階段，在以上兩種描述
中，它都為萬物的生成負責。首先，元氣分化為具有不同屬性
的陰與陽。陰因其重濁之性而形成地，陽因其輕盈之性而形成
天。萬物是由陰與陽構成的，從而具有不同程度的陰、陽之不
同屬性。這是一個從無中出現有的清晰畫面，而這個最初之
「有」即是同質混一之元氣。在這裡，沒有如西方那種創世
論，也沒有上帝的介入。宇宙自然而然地從無中演化而來，而
這種演化是由世界的存在方式本身來決定的——我們可以稱之
為「道」。這一敘述法成為道家宇宙演化論的核心。

在道家的宇宙演化論中，有兩個主要問題尚未解決：

1）關於生成（generation）的問題：元氣如何從總體的深淵、完全的虛空中產生？從根本上說，這是一個有如何從無中產生的問題。

2）關於分化（division）的問題：統一的未分化的元氣如何發展成陰和陽兩種模式呢？如果在氣的原初狀態存在著同質性，那麼多樣性和分化是如何產生的呢？

這兩個問題都是很難回答的，道家哲學家也沒有試圖解釋，如果原初的宇宙狀態是一個黑暗、虛空的深淵，那麼生成與分化是如何產生的。在本章我們將看到張載在重建氣化宇宙論時是如何拋棄道家關於絕對虛空和同質元氣的假設。

道家氣哲學的另一個重要發展是訴諸於氣的概念以提供萬物構成的本體論解釋：萬物皆由氣構成。例如，《莊子》說：「自其同者視之，萬物皆一也」（第5章，190）。《莊子》將萬物的生命產生看作是氣的轉化。生命不過是「氣之聚」，死亡不過是「氣之散」。因此，「通天下一氣耳」（第22章，733）。

《淮南子》也訴諸於陰與陽的不同屬性來解釋事物之間的差異。陽的屬性是輕清，它的運動以上升的形式出現；陰的屬性是重濁，它向下運動。輕清而上升之氣聚而形成天，重濁而下降之氣凝而形成地。按照《淮南子》的說法，「毛羽者，飛行之類也，故屬於陽；介鱗者，蟄伏之類也，故屬於陰」（《淮南子》1990，第3章，108）。當然，這種分類至多是陰性生物和陽性生物之間的一種粗略分類，不能被視為一種科學

分類。然而，把所有事物的分成陰性或陽性後來成為中藥的主導分類。

漢末哲學家王充（27-97）致力於為人類世界中的事件與自然現象之間的關係提供一個理性的、自然主義的解釋。他的《論衡》[15]對漢代儒者如董仲舒所持有的天人感應理論以及民間關於超自然現象的迷信提出了質疑。王充認為天和地是自然的一部分，它們沒有任何懲罰或獎勵人類行為的意願。他將元氣理論追溯至《易經》，認為元氣是氣分化為陰、陽之前的狀態。由於天和地是由陽和陰發展而來的，所以在天、地形成之前就一定存在著元氣（王充1990，661-662）。然而，王充也認為嬰兒出生時體內就有元氣。因此，對他來說，元氣就不僅是關於宇宙之存在的宇宙論意義上的先驗狀態，而且是關於特殊事物之存在的本體論意義上的先驗狀態。王充將元氣理論發展為一種自然化的世界觀，按照這一世界觀，元氣是萬物的構成成分。這一世界觀為張載所繼承並進一步發展。

現在我們將轉向張載，看看他是如何延續氣論的譜系，同時在主要的論點上進行重大修改，從而將氣論的道家色彩還原為儒家觀點的。

原初的宇宙狀態：太虛

張載接受氣一元論，但他沒有採用「元氣」這一術語，也沒有繼承道家傳統中的元氣理論。正相反的是，張載對理學

15　英譯「*Disquisitions*」。這個翻譯來自大英百科全書（*Encyclopedia Britannica*）。

的主要貢獻，就是他以儒學精神重建了「氣一元論」。道家宇宙論和儒家宇宙論的主要區別，正如我們在前一章所看到的，就是世界究竟是起源於無還是有。張載的氣論可以追溯到《易經》。《易經》將太極看作是宇宙的根源，同時用陰與陽的相互作用來解釋萬物的生成。按照當代學者程宜山（1986）的說法，《易經》宇宙演化論與道家的宇宙演化論自先秦以來一直就是對立的觀點，二者之間存在著明顯的對應和對立。一個主要的區別在於，在《易經》中，道不像在《道德經》中那樣是個先於宇宙之本體，而是一種「陰陽迭運變化的規律」（程1986，27）。我們現在來看張載是如何承續《易經》的傳統而非道家傳統來重建氣一元論的。

在張載看來，宇宙中從來不存在一個只有絕對虛無，或是未分化之元氣的時間與狀態。他既否定了《淮南子》中關於原初的未分化的元氣之宇宙演化假說，也拒斥了張衡關於存有最初來自黑暗的虛空之臆測。他的氣論與先前的道家宇宙論在三個主要方面有所不同：

1）氣從宇宙之初就存在。既然氣是存有的，宇宙中就沒有絕對的無或虛空。

2）氣從亙古以來不斷運動和變化；因此，宇宙從來沒有無動或寂寥的靜止狀態。

3）氣本身即固有規律條序，宇宙之理內存於氣中。因此宇宙原初沒有混沌狀態。

　　張載把最初的宇宙狀態稱為「太虛」[16]。「太虛」一詞最初源於《莊子》，在《莊子》的語境下，它的意思要麼是不可測知的領域，要麼是廣闊的天空。它後來成為道教文獻中的一個常見術語。《淮南子》解釋說，氣是由「虛廓」產生的；因此，虛空是氣產生之前的狀態。道家普遍認為氣的出現是遠離最初的虛空的一個步驟。然而，張載的主張是太虛與氣的存在是從一開始即同時存在的[17]。

　　儘管張載認為太虛與氣的存在相一致是一個不爭的事實，但當代的張載研究學者對太虛與氣是否是同一狀態還是存在分歧意見。太虛與氣之間的關係可以說是當代張載研究的中心問題。一種觀點認為，太虛只是氣的無形無相狀態（張1996；陳2005；楊2005，2008；王2009）；另一種觀點認為，太虛是氣之本體，因此與氣本身是不同的（牟1999；丁2002，2000）[18]。如果我們仔細研究張載的用法，可以看到這兩種解釋都得到了文本證據的有力支援。張載使用了一個類比來解釋氣與太虛之間的關係：「氣之聚散於太虛，猶冰凝釋於水」（張2006，8）。從這一比喻中我們可以看到，在張載的用法中，「太虛」

16 陳榮捷翻譯為「the supreme vacuity」。

17 張載的觀點可能受到了另一個來源的啟發。據程宜山的介紹（1986），漢代下半期出現兩種對立的觀點：一種就是道家「虛空生氣」的標準觀點；另一種觀點則認為氣是虛空所固有的。例如，古代中醫百科全書《黃帝內經》給出了氣廣泛遍布於太虛的描述。另一本失傳但新挖掘出來的道家文本，《道原》，也表達了這一觀點，主張太虛作為一個宇宙的原初狀態，已經包含著精氣。參見程1986，30-33。

18 王夫之也認為，張載宣導將「太虛」這一術語的「體」義與「用」義區分開來。我們將在第4章看到他對張載觀點的修正。

與氣不是不同的事物，儘管它們是同一事物的不同狀態[19]。張載把太虛稱之為「氣之本體」[20]，如同水是冰之本體。本體憑藉其多樣的轉化而保持不變，而且各種轉化後的不同狀態都具有相同的本體。無論是無形狀之氣，還是凝聚之氣，都是同一種物質（本體）[21]。「太虛」是指涉氣的一種特殊狀態——在氣還沒有凝聚成固定的形體之時。也就是說，作為存在本身，太虛與氣是一而非二；但作為存在的狀態，太虛與氣則是二而非一。

綜上所述，在張載的宇宙論中，宇宙以太虛的狀態開始，但太虛無非是氣還沒有任何具體形狀和形體的狀態。在這種觀點下，整個宇宙只是氣的轉化。張載的形而上學可以名副其實地稱為「氣一元論」。

「虛」與「空」

在張載的用法中，「虛」字並不意味著虛空或空無；事實上，張載賦予它不同的含義，如「非固態的」或「未填滿的」。張載認為，太虛包含著氣，而由於氣是實存的，所以太虛不是絕對的空。根據張載的說法，「至虛之實，實而不固……實而不固，則一而散」（張2006，64）。以對「虛」字

19　王海成（2009）認為，這一類比也表明在張載的觀點中，太虛與氣是同一性質的，而非異質的（89）。

20　「體」這個詞除了被翻譯為「substance」外，還被翻譯為「original state」、「fundamental state」或者「essence」。

21　「物質（本體）」英文原文為「the same stuff (substance)」，因涉及括弧，故移至注腳。——譯者注。

的這一新解釋，張載使用「太虛」來指涉具體形式出現之前的氣的狀態。他聲稱太虛是氣的本源狀態：「太虛無形，氣之本體[22]，其聚其散，變化之客形爾」（張2006，7）。太虛也是氣的最終狀態，因為一切暫時凝固的具體事物最終都會分解並回歸到這種狀態。有形之物是暫時的存在；無形狀之氣才是永恆的。根據張載的說法，「金鐵有時而腐，山嶽有時而摧。凡有形之物即易壞，惟太虛無動搖，故為至實」（張2006，325）。氣瀰漫於整個宇宙，或者說，空間就是氣的膨脹。在具體事物形成之前，宇宙可以被稱之為「太虛」。隨著氣的運動，氣凝結成具體之物，而隨著時間的推移，它又會消散回太虛。換句話說，具體之物存在於虛之中。當沒有具體之物時，這個虛的狀態就變成「太虛」。

我們之前已經看到，在道家宇宙演化論中，有一個尚未解決的問題，那就是元氣是如何從完全的虛空中出現的。張載拒斥了宇宙原初狀態可能是絕對虛空或是無的假設。他說：「知太虛即氣，則無『無』」（張2006，8）。鑒於周敦頤哲學中「無極」與「太極」之間區分的模糊性，張載對道家宇宙論中的無論和佛家世界觀中的空論進行了明確地駁斥：

> 若謂虛能生氣，則虛無窮，氣有限，體用殊絕，入老氏「有生於無」自然之論，不識所謂有無混一之常；若謂萬象為太虛中所見之物，則物與虛不相資……陷於浮屠以山

---

22 這個詞經常被翻譯為「substance」。我們將在第四章對這一術語做詳細的說明。

河大地為見病之說。（張2006，8）

根據張載的說法，《易經》所教的與上述道佛兩種觀點不同，因為在《易經》的世界觀中沒有「有」與「無」之分。張載認為，有總是與無相混合的，有、無之分不過是氣的聚與散：「方其聚也，安得不謂之客？方其散也，安得遽謂之無？」（張2006，182）在這一引文中，他拒絕將「有」與「無」之間的區分應用於氣中的具體之物的存在與不存在。換句話說，氣即便在不構成具體之物時，它仍然是「有」。在當代學者陳來的解釋中，「太虛」本來是指空間，但在張載的空間概念中，「沒有絕對的空間……因為空間中充滿了一種無法感知的極稀薄的氣」（陳2005，47）。張載宣稱從來不存在純粹的真空，因為他認為在宇宙原初狀態，「氣塊然太虛，升降飛揚，未嘗止息」（張2006，8）。從這裡的描述可以明顯看出，張載把氣看作是真實的物理存在（因為它有運動）。氣是「有」，自古以來就一直存在；因此，從來就沒有一個一切皆「無」的宇宙狀態。原初狀態之所以是虛的，僅僅因為沒有具體之物。在張載的概念中，虛不過是無形體、無形狀。氣是帶有能量的；因此，即便在氣聚而為具體之物之前，氣的狀態（太虛）仍然是充滿能量地沸沸騰騰，而不是完全的空無。

張載的「虛」或「空」概念有可能來自於劉禹錫（772-842），一位與唐代的柳宗元（773-819）同時代的人。柳宗元寫了一篇短文〈天說〉，在其中他提倡一種自然化的天地觀。按照柳宗元的觀點，天和地不能賞善罰惡，因為它們只是自然的一部分。它們不能給予懲罰或獎勵，就像水果和植物不能行

賞罰一樣（柳1979，443）。作為回應，劉禹錫完成了三篇〈天論〉。在第二篇中，劉禹錫對「空」的含義做了如下解釋：

> 若所謂無形者，非空乎？空者，形之希微者也。為體也不妨乎物，而為用也恆資乎有。必依於物而後形焉。……吾固曰：以目而視，得形之粗者也；以智而視，得形之微者也。烏有天地之內有無形者耶？古所謂無形，蓋無常形耳，必因物而後見耳。（《天論（中）》，收於柳宗元1979，448）

《淮南子》將無形的狀態視之為「虛空（虛霩）」，而張載以及劉禹錫將虛的狀態稱之為「無形」。從表面上看，他們似乎在說同樣的東西。為了瞭解這兩種觀點的不同之處，我們需要將「虛空」與「無形」這兩個概念加以比較。當然，絕對真空會是無形的，但無形並不必然是真空。以空氣為例，空氣是無形的，但它並不是無，充滿空氣的空間也不是絕對的空。道家把原初的無形性狀態看成是空，並把這個空等同於無。而張載承續儒家傳統，把原初的無形性狀態理解為膨脹的、流動的氣，以陰陽兩股對立的能量構成了氣的運動。由於氣是一種物理實體，太虛的氣也就不是真空。說它是無形的，只是因為沒有任何具有確定的形狀與形相的具體事物。道家無法解釋元氣是如何從荒涼寂寥的虛空中出現的，而張載的學說卻沒有這個問題。他可以把無（nothing, no-thing/無-物，即沒有具體之物）中生有（something）解釋為氣的自然發展。氣從稀薄、太虛的狀態轉變為充滿具體之物的狀態；具體之物最終將分解為

無，然後氣又重新回到了太虛的狀態。換言之，張載的宇宙演化論可以被看作是一種氣的循環發展。在這種觀點下，世界恆久存在──不管它是虛的還是充滿了具體之物。絕對的無從來沒有存在過，也永遠不會存在。

太和與太極

張載對氣哲學發展的第二個貢獻是試圖通過陰和陽的運動來解釋萬物的生成。兩極概念是他的解釋的核心。我們已經看到，道家哲學家，無論是《莊子》、《淮南子》的作者、還是《張衡》，都認為氣的本源狀態是同質的、未分化的元氣。進一步而言，即是「一」這一概念在他們的哲學中占有突出的地位。道家宇宙演化論的一個問題即是分化問題：一氣如何分化成陰與陽兩種模式？「一」如何增殖為「多」[23]？張載對氣的本質則有不同的看法：「氣有陰陽」（張2006，219）。他排斥了氣最初是無差別，然後分裂為二這一觀點。在張載的理解中，陰與陽是「一物兩體」[24]；換言之，氣是兩個對立面的統一。這種統一最終處於一種平衡的狀態，張載稱之為「太和」[25]。即使在陰陽兩極對立的情況下，整體的氣也總是處於陰和陽融合的平衡狀態。

---

23 此即西方哲學中的One and Many議題。──作者添注。

24 陰與陽是兩個獨立的氣還是一個氣的兩種模式還沒有解決。

25 在張載的作品中，這個詞通常被翻譯成「supreme harmony」。在本書中英文翻譯是「supreme equilibrium」，選擇「equilibrium」是用來表達陰和陽在分布和相互作用上總是很平衡的這一觀念。

　　「太和」以及「太虛」這兩個概念是張載對終極宇宙狀態的最高指稱。「太虛」描繪的是宇宙的質料——無形體之氣，而「太和」描繪的是宇宙的恆定狀態——陰陽之間的和諧互動。張載把宇宙看作是充滿了「預定和諧」（跟萊布尼茨所講的「前定和諧」意義不同），這個崇高的和諧（太和）支配著宇宙的持續發展。張載說，「太和所謂道」（張2006，7）。在他的用法中，「太和」、「太虛」和「道」不過是氣存在的三個指稱：原初之氣以一種無形的、和諧的狀態存在，它包含著陰、陽兩種對立力量的相互作用和轉化。所有的生成與變化都是陰、陽相互衝擊的結果。因為這樣的衝擊互動始終處於一種和諧的平衡之中，所以無論是陰還是陽都永遠不會被耗盡；因此，世界永遠不會消亡。

　　張載進一步將「太極」定義為「一物而兩體者」（張2006，235）；也就是說，太極是氣之整體和陰、陽的統一。太極既是「一」也是「二」——這一理解不同於《道德經》的主張：「道生一、一生二，二生三，三生萬物」（第42章）。在《道德經》的理解中，對立的二端摧毀了「一」。《道德經》給予「一」極高的價值[26]，而張載則認為「一」和「二」同等重要。因為，沒有一則沒有二；而沒有二，一也無法顯現。運動之所以可能，正是因為存在著對立。張載以虛實、動靜、聚散、清濁等作為「兩立」的例子（張2006，233）。從這些例子

26　例如，《道德經》第39章說到：「昔之得一者。天得一以清。地得一以寧。神得一以靈。谷得一以盈。萬物得一以生。侯王得一以為天下貞。其致之一也」（陳2018，154）。

中我們可以看出，張載概念中的對立並不像《道德經》中那樣僅僅是概念區分的結果：美與醜、善與惡、難與易、長與短，等等。張載在討論「一物兩體」時，他心中想著的是氣的運動和狀態——作為一種流動的物理實體，氣必然地具有對立的運動方向和多樣的聚合狀態。

我們可以看到，對張載來說，對立是生成的必要條件。他認為氣的運動是由陰、陽之間的對立性質引起的。他說，「太虛之氣，陰陽一物也。然而有兩體，健順而已。……陽之意健……陰之性常順」（張2006，231）。由於它們的本性，陰與陽必須不斷地相互作用和相互轉化。張載以陰陽的運動來解釋自然現象和萬物的產生：

> 氣塊然太虛，升降飛揚，未嘗止息……浮而上者陽之清，降而下者陰之濁。其感通聚結，為風雨，為雪霜，萬品之流形，山川之融結，糟粕煨燼，無非教也。（張2006，8，224）

換言之，對立產生了變化，變化產生了多樣性。我們現在已經有了一個以氣為萬物基本構成成分的本體論的粗略圖景。我們現在就轉向這一話題。

氣是物質的和非物質的事物之構成成分

在張載看來，氣是實在的，而且是具體的有形之物的本質。氣的聚散是生與死現象的基礎[27]。氣凝結而成具體之物，具體之物分解而成虛之氣。張載將太虛稱之為「氣之體」，將具體之物稱之為「氣之用」[28]。有形之物與無形之虛只不過是氣運化的不同階段。

張載之前的氣哲學家都認同「具體之物的產生是氣的聚集」這一觀點，但他們從未對氣的生成萬物進行充分的發展或辯護。為了更好地理解「氣化論」，我們可以將其與星雲假說（the nebular hypothesis）這一當代天文學觀點進行比照。星雲假說最初為德國哲學家康德所辯護，後來由皮埃爾—西蒙·拉普拉斯（Pierre-Simon Laplace）修正。這個假說的基本觀點是，太陽系中的行星是由熾熱的氣態星雲凝結而成的。在康德的理解中，氣體中含有相互間具有引力的粒子。引力帶來了粒子的快速運動，最終星雲凝結成行星。他所說的氣體是一種「不同於固體或液體的，具有分子流動性和無限膨脹性的」物質[29]。張載的「氣化論」可以與星雲假說相比較，因為氣和氣體具有一些共同的性質：高流動性、無限膨脹性和一種霧狀性質。張

---

27 根據當代學者陳榮灼（Wing cheuk Chan）的說法，張載將元氣作為整個宇宙的「本體論基礎」（陳2011，95）。

28 我們將在第四章中對體用論進行更詳細的討論。

29 這個定義來自dictionary.com。在韋氏詞典（Merriam-Webster）中，「gas」一詞被定義為「一種流體（如空氣），它既沒有獨立的形狀，也沒有體積，但趨向於無限地膨脹。」

載的氣生成假說與星雲假說有同樣的敘事：固態的有形物之形成，是來自一種非固實、霧狀物質之流動以及隨之發生的凝結而造成的。這種理論對比應該有助於我們更理解張載氣一元論中的氣化論。

張載也闡述了光（明）與具體的有形之物的生成之間的關係：「氣聚則離明得施而有形，氣不聚則離明不得施而無形」（張2006，8/182）。這一解釋似乎指出是「光」定義了「形」。在當代的理解中，我們知道光使視覺成為可能。張載也許並沒有考慮到光和知覺之間的聯繫，但他確實使用「可知覺性」來作為具體的有形之物的標準。張載用可見（明）與不可見（幽）的區分，取代了有與無的二分。他聲稱這種區分正是《易經》的本意：「（在《易經》中）聖人仰觀俯察，但云『知幽明之故』，不云『知有無之故』」（張2006，8/182）。有了這一區分，張載把學者對終極實在的「本體論」追求，如道教徒對無的專注和佛教徒對涅槃的迷戀，重新轉化為一種「知識論」的追求。人類能夠感知和理解的實在是什麼，自此成為理學的一個核心議題。

張載的氣一元論不能歸入唯物論陣營，因為氣不是純粹的物質。中國哲學傳統不接受心、物之截然二分或是物質性與非物質性之間的二分法。氣既是物質性事物的構成成分，又是非物質性事物的本質。在張載的發展之下，氣的領域涵蓋了存在的機械性、有機性和精神性的多重維度。張載用氣來解釋一切事物的生成：動物是由氣的聚、散而產生的，植物是由氣的升、降而產生的（張2006，19）。張載認為，鬼、神只是氣的不同功能：當氣凝聚而為具體之物時，它被稱之為天之「神

化」；當一個氣所構成的生命體分解、融合於太虛之氣時，它被稱之為回歸鬼神之幽隱。生命體的生與死並沒有被區分為不同的領域；反之，它們只是表現了氣所構成的不同形態。這就是張載為什麼說，「鬼神，往來、屈伸之義」（張2006，16）。一個個體的存在可能是短暫的，但構成這個個體的東西——氣——卻是堅不可摧的。因此，雖然世界有可能從繁榮生氣走向空虛蕭條，但氣本身卻永遠存在，永遠不會消失。

一種理在氣中的必然論

張載對理學論述的另一重要貢獻是他引入了宇宙必然性或宇宙之理的觀念。他認為氣是一種有序的氣，具有內在的宇宙之理。「天地之氣，雖聚散、攻取百塗，然其為理也順而不妄」（張2006，7）。在他看來，宇宙和林林總總的現象之出現完全是由宇宙之理所決定的：「太虛不能無氣，氣不能不聚而為萬物，萬物不能不散而為太虛。循是出入，是皆不得已而然也」（張2006，7）。在這宣稱中，我們看到張載堅決相信某種形式的宇宙演化決定論。這裡的「不得不」應該被解釋為一種物理的必然性：不斷地聚集，然後又分散，這就是氣的規律。物理的必然性構成了自然法則。張載把宇宙的一切變化都歸因於陰陽的運行。由於陰陽永恆地相互作用，氣就會必然地聚在一起形成物質體，而萬物又會必然地分解成太虛之氣本身。氣的這種必然趨向就是宇宙之「理」。張載解釋到，「太虛不能無氣，氣不能不聚而為萬物，萬物不能不散而為太虛。循是出入，是皆不得已而然也」（張2006，7）。

在當代哲學術語中，我們可以說張載的觀點屬於關於自然法的必然論（the Necessitarian Theory of Laws of Nature）的陣營。根據Norman Swartz的說法：

> 在形而上學領域，有兩種對立的自然法則理論。一種是規則論（Regularity Theory），主張自然法則是對世界的統一性或規律性的陳述；它們僅僅描述世界的存在方式。另一種是必然論（Necessitarian Theory），主張自然法則是支配世界的自然現象的「原理」——也就是說，自然界「服從」自然法則。（Swartz 2009）[30]

根據必然論者的說法，自然法則「支配」著世界，而按照規則論者的說法，「自然法則只不過是正確地描述這個世界」（Swartz 2009）。張載的觀點屬於必然論者的陣營，因為他認為理支配氣的發展，也規範氣的運動，而氣的運動又造成一切事務狀態的發展和一切個殊之物的發展。

自然法則的必然論可以進一步分為兩大陣營：第一派相信自然世界必然地服從某種外在法則，第二派相信物理必然性「內在於宇宙的每一根經線與緯線（質料與結構）之間」（Swartz 2009，圓括弧為原文所有）。為了更好地理解二者的區別，我們將把前一種觀點稱為律則必然性（nomological

---

30 Swartz, Norman 2009。「自然法」（「Laws of Nature」），互聯網哲學百科全書（Internet Encyclopedia of Philosophy）。（HTTP://www.iep.utm.edu/lawofnat/）。

necessity）的「外在論者」的觀點，把後者稱為律則必然性的「內在論者」的觀點。這種區分在理學的爭論中得到了很好的印證。張載的「理」體現了關於世界的律則必然性的內在論者概念。因為對他來說，律則必然性是源於宇宙的物質，亦即氣；但也源於宇宙的結構，亦即太極。在下一章中，我們將分析朱熹理論所代表的是律則必然性的外在論觀點。

現在我們可以把張載對律則必然性內在於氣的觀點總結如下：

1）氣必然遵循「一陰一陽」的秩序；換句話說，陰與陽的循環和交替是不可避免的。這種陰與陽永恆交換的模式就是《易經》所描述的「道」。

2）氣必然是不斷運動的。氣的運動包括升降、浮沉、屈伸、聚散。氣的運動狀態從不停滯；因此，宇宙的發展是永恆的。

3）氣的聚與散具有必然性。氣聚在一起就形成了具體之物。具體之物不會永遠存在，最終它們會再次分解成無形之氣。個殊事物之出現是一種宇宙的必然性，然而它們最終的消亡也是如此。

4）氣必然包含陰與陽兩極。沒有陰，就沒有陽；沒有陽，就沒有陰。陰與陽在一切特定之物中的共存和共在是個體事物存在的一種律則必然性。

在張載看來，無論是以上所列述的氣之特性，還是由於這些特性而引發的具體之物的構成，都不是一個偶發的真理。世

界被一種廣涵的秩序所支配；宇宙既不是起源於混沌，也不是
無序運行的。如果要回答這個問題：為什麼世界是有序的而不
是混亂的，張載可以訴諸於氣的物理本性。宇宙的秩序並不是
一種「宇宙的巧合」（cosmic coincidence[31]），因為一切都是
由構成世界的物質（氣）所固有之理所規範的。萬物之所以如
此，是因為宇宙中存在著可以簡稱為「氣之理」的自然法則。
如果氣就是如此，那麼就沒有必要問為什麼。前面那個「為什
麼」的問題就變得多餘。是以對宇宙秩序的形而上學思考在理
學中被進一步發展為關於「理」的問題。我們將在下一章討論
這個問題。

　　最後，我們對張載的氣概念可以做如下總結：

1）氣是連續的、無間隙的；它填滿了整個空間（虛）。
2）氣是自給自足的。
3）氣是永恆的，取之不盡、用之不竭的。
4）氣是自行運動、自行推動的[32]。
5）氣具有內在的秩序；因此它是自我規範的。

小結：氣論未來的發展

　　氣的概念是中國哲學和中國文化的其他許多層面（如中醫
和武術）的基礎。然而，它一直被視為一個神秘的、包羅萬象

---

31 Swartz的短語。參看Swartz 2009。
32 當代張載學者楊立華認為，張載哲學中的「氣」不能被視為某種被動的
　「質料因」，因為「氣」本身就包含著一種本質的動力性（楊2005）。

的概念，它抗拒分析，阻撓理解。在介紹張載氣論這一章的最後，我們可以考慮如何將氣的概念與現代物理學聯繫起來。

　　氣概念在中國哲學中的重要性，可以相當於與原子概念在西方傳統中的地位。然而，氣是一種不同於原子的物質。作為物的構成成分，氣不同於原子，它是一種「連續的、流動的、無礙的物質」，其中沒有任何空間或間隙（易2003，59）。在程宜山對中國古代元氣理論的研究中，他總結了西方樸素唯物論與作為一種自然化唯物論形式的元氣理論的主要區別：「西方樸素唯物論從一開始就試圖從『某種具有固定形式』的物質中尋找自然現象的無限多樣性的統一性。鑽研的最後結論，是把萬物視為某種不可分割的粒子性物質單位的聚結；元氣論則從一開始就試圖從某種未成形的物質中尋找自然現象無限多樣性的統一，鑽研的最後結論，是認為有形的萬物由某種連續性物質轉化而來」（程1981，1）。由於原子是非連續的，所以在具體之物的內部和外部都有空間。相對之下，在氣的哲學中，物質（氣本身）不離於空間。氣是連續的、無間隙的，它充滿了整個空間——空間本身的範圍正是氣的蔓延之範圍。在張載的影響下，這一觀點被後來的氣哲學家所認同。例如，張載的繼承者王夫之（1619-1692）說：「陰陽二氣充滿太虛，此外更無他物，亦無間隙」（王1967，10）。王夫之同時代的摯友方以智（1621-1671）也說，「氣無間隙，互相轉應也」（《物理小識》，轉引自程1986，22）。氣被看作是一個連續的物質；因此，基於氣-本體論的世界觀與基於原子-本體論的唯物論世界觀是不同的。

　　如今科學家相信正常物質（具體之物）只占宇宙的不到

5%。宇宙的其餘部分由「暗物質（dark matter）」和「暗能量（dark energy）」組成——而暗能量占到宇宙的70%[33]。暗物質和暗能量的概念都和氣一樣神秘莫測。目前，宇宙學家對宇宙的形成及其構成還沒有任何確定的理論。正常物質只占宇宙的不到5%，這一事實告訴我們，唯物論的預設——無論是原子、粒子，還是弦——都不能完全捕捉到宇宙存在的真實面。氣的理論是有可能在未來的科學中找到一席之地。

有些當代學者（易2003；何1997）將氣與量子場進行了比較，認為氣從連續的太虛狀態向離散的具體之物的轉變，可以重新解釋為當代物理學中量子場向粒子的轉變。為了支援他的觀點，何祚庥進一步指出，元氣理論是當代量子場論的起源。他將量子場論追溯到愛因斯坦，從愛因斯坦追溯到萊布尼茨，再從萊布尼茨追溯到元氣理論（何1997）。研究元氣概念與量子場概念之間的歷史聯繫超出了本書的範圍。不過，萊布尼茨確實對中國哲學非常感興趣，對中國的氣論尤其欣賞。萊布尼茨把氣比作乙太[34]，而在萊布尼茨的時代，乙太被認為是一種充滿空間的連續性實體。萊布尼茨把物質分為兩類：一類是固態的（或不可滲入的）、堅硬的和不可分割的（如原子），另一類是可穿透的、流體的和可無限分割的（如乙太）[35]。

---

33 關於暗能量的資訊來自NASA的天體物理學頁面（HTTP://science.nasa.gov/astrophysics/focus-areas/what-is-dark-energy/）。

34 氣有時也被翻譯為乙太，如唐1956，McMorran 1975，以及葛瑞漢（Graham）1958。

35 戈特弗里德‧威廉‧萊布尼茨（Gottfried Wilhelm Leibniz）1896，《人類理智新論》（*New Essays on Human Understanding*），紐約：麥克米倫出版社

他認為流動性是更基本的條件，它只屬於「原初物質（prime matter）」[36]。在萊布尼茨的描述中，原初物質是一種「瀰漫世界的連續性質量」，「所有事物都通過運動而從其中產生，經由靜止而分解、回歸於其中。」「在原初物質中，沒有多樣性，只有同質性」（萊布尼茨1896，637）。如果世界中真的存在這兩種物質，那麼氣可能可以看作是另一種具有流動性和連續性的物質。

當代學者陳榮灼也將張載的氣論與萊布尼茨進行了比較。他認為元氣概念應該與萊布尼茨的「原初動力（primitive force）」概念加以比較；進一步而言，「陽」可以對應萊布尼茨的主動的原初動力，「陰」則可以對應萊布尼茨的被動的原初動力（陳2011，96）。原初動力既包括主動力也包括被動力，正如氣是陰與陽的統一。無二則無一，正如張載在引文中

（Macmillan Books），第2卷，第4章（論堅實性），第3節。

36　萊布尼茨說：「我認為完美的流動性，只適用於原初物質（即抽象中物質），並被認為是像靜止一樣的原始性質。但它不適合於次級物質（secondary matter）——即實際上已經生成、帶有派生特徵的物質——因為我相信沒有物質最終是稀薄的，而某種程度的黏合無所不在」（萊布尼茨1896，233）。戈特弗里德·威廉·萊布尼茨（Gottfried Wilhelm Leibniz）1896，《人類理智新論》（*New Essays on Human Understanding*），紐約：麥克米倫出版社（Macmillan Books），第2卷，第23章（論我們的複雜實體觀念），第23節。【陳修齋將萊布尼茨的這段話翻譯為：「我認為完全的流動性只適合於那初級物質，也就是那抽象的物質，並作為一種原始的性質，就像靜止那樣；但不適合於次級物質，將像我們實際看到的那樣，披著它的那些派生性質的；因為我認為沒有一種團塊是細到無可再細的；並且到處都有或多或少的聯繫。」見[德]萊布尼茨：《人類理智新論》，陳修齋譯，北京：商務印書館，1982，頁225。——譯者注。】

指出的，太極是「一物兩體」（張2006，48）。陳榮灼還指出
了張載的「太和」概念與萊布尼茨的「普遍和諧（*harmonica
universalis*）」概念之間的相似性（陳2000，220）。這兩個概
念都把宇宙描述為具有恆定、自然的和諧狀態，亦即「差別中
的同一性」或是「不會相互毀滅的綜合性」（陳2000，220）。
然而，我們也應該注意到這兩種哲學之間的差異：對於萊布尼
茨來說，世界上的前定和諧是上帝所保證的；而對張載來說，
預定和諧只是一種氣的狀態，一種自然本身的狀態。

　　張載的太虛概念也被何祚庥（1997）拿來與笛卡爾
（Descartes）的空間概念進行比較。他進行這種比較是有充分
理由的。笛卡爾否定了「絕對真空」的概念：「所謂的『真
空』，這一術語在哲學意義上是指沒有實體的空間，但是顯然
這樣的空間並不存在，……空間既然有廣延性，就必然也有實
體」（笛卡爾1644/2004，47）。而笛卡爾的真空概念與張載
所說的太虛概念是相似的：「事實上，我們通常所說的真空，
並不是指一個絕對沒有任何東西的地方或空間，而是指一個沒
有任何我們認為應該存在的東西之地方……在同樣的意義上，
當空間不包含任何可被察覺的東西時，我們說它是空的，儘管
這個空間仍然包含有被造的以及獨立自存的物質」（笛卡爾
1644/2004，47）。換言之，笛卡爾所說的真空，指的不過是
沒有「可感知物體」的空間。由此我們可以看出，它與張載的
「虛」一詞是相似的——「虛」是指沒有具體的有形之物，而
不是絕對的虛空。

　　張載對理學的貢獻在於他對氣論的系統化。他的氣哲學後
來被王夫之所闡釋並充分發展，氣學派也成為宋明理學的三個

主流學派（程朱學派、陸王學派和氣學派）之一。不僅如此，張載對理概念的引入，以及他的自然法則必然論觀點由他的學生程頤以及南宋偉大的理學集大成者朱熹進一步發展。我們將在下一章討論這個問題。

原始文獻：

張載，2006。《張載集》，北京：中華書局。

英文選譯：

Chan, Wing-tsit (ed.) 1963. *A Sourcebook in Chinese Philosophy.* Princeton University Press. Chapter 28。陳榮捷，1963。《中國哲學文獻選編》，普林斯頓大學出版社，第30章。

第三章

程朱學派的規範實在論
宇宙之理

引言

　　本章的關鍵問題是探討自然法則的存在，亦即宇宙僅僅是一個「宇宙偶發事件」，還是「由特定的、永恆的自然法則所驅動」的[1]。這一探索反映了人類共有的困惑：「科學一直是基於這個信念：某種法則與秩序統治宇宙」，但隨著新的「混沌理論（chaos theory）」的出現，宇宙法則與秩序的存在受到了質疑：「混沌引發了一些關於宇宙的基本問題：既然秩序可以同時產生混沌也產生定律，那麼自然法則的作用是什麼呢？宇宙究竟是受混沌還是秩序支配？自然的複雜模式如果不是從最簡單的法則中產生，那麼又是從何產生的呢？」[2] 在第二章中，

1　Norman Swartz，「自然法」，見互聯網哲學百科全書（Internet Encyclopedia of Philosophy）。（HTTP://www.iep.utm.edu/lawofnat/）。

2　Ian Stewart，〈是混沌統治著宇宙嗎？〉，見《發現雜誌》（*Discover Magazine*），1992，11月。（HTTP://discovermagazine.com/1992/nov/

我們已經看到有關自然法則的規範性有兩個陣營：規則論者和必然論者。規則論者認為自然法則只不過是總結在自然中觀察到的規律。而世界之所以是這個樣子，只是一個現實上的偶然性發展。另一方面，必然論者認為，世界有一個應然的存在方式。我們解釋張載屬於必然論者陣營。他的理概念描繪了世界的物理必然性。在本章中我們會看到有關「理」的必然論概念，在程朱學派的二程兄弟（特別是程頤）與朱熹的哲學中，有了更進一步的發展。

按照當代學者黃勇的說法，由於二程兄弟的貢獻——程顥（1032-1085）和程頤（1033-1107）——我們才能在理學中看到「一種縝密的儒家道德形而上學的發展」，因此，他們可以真正地被看作為「理學的創立者」（黃2014，14）。在黃勇的理解中，二程兄弟的道德形而上學「以理這一最基礎的概念為中心」（黃2014，14）。在張載的氣論中，已經出現關於「理」的理學形而上學之雛形，但真正鋪陳「理」之作用和重要性的是二程兄弟，尤其是程頤。他們對「理」的討論更為理學有關「天理」的闡發鋪平了道路。在這一章中，我們將對他們的理概念進行詳細的分析。

根據Donald Lach很恰當的描述，朱熹（1130-1200）「對中國哲學的主要貢獻，在於他在道德議題上有更清晰的區分，他對先哲之道德教誨的融合，以及他為道德哲學的形上基礎（綜合形而上學與宇宙論）收集資料遠遠勝於任何先哲」（Lach 1945，449）。這一「綜合形而上學與宇宙論的道德基礎」即是

---

doeschaosrulethe147）。

「理」。在朱熹的形而上學中，「理」也是最重要的概念，朱熹將它與終極實在——「太極」聯繫起來。

　　本章首先對二程兄弟所理解的「理」概念進行闡釋。然後分析二程兄弟以及朱熹如何發展出預設了「理」的非還原論（nonreductionism）的存有層次結構。本章也會考察普遍之理與個殊之物之間的關係。本章將二程兄弟和朱熹所提出的形而上學世界觀解釋為一種規範實在論——亦即有些規範性原理是基於事實的，而且有些規範性真理是關於世界的客觀真理，而不僅僅是人類的建構或人類思想的投射。在規範實在論下，一些對於規範性真理的陳述具有獨立於人類意見的事實條件，而不受人類的「可驗證性」之限制。雖然二程兄弟和朱熹並沒有使用上述這些術語來思考理的地位，但他們對理的真實性和客觀性的肯定確實可以支持本章這種嶄新的詮釋。

程顥的理概念：天理

　　二程兄弟在「理」概念上是有許多共同的觀點；不過，「理」的概念從程顥到程頤更得到了進一步的發展。程顥對理的使用既包括普遍性維度，也包括特殊性維度——他認定有一個統一一切事物之理，也有無數關於每一類特殊事物的分殊之理。普遍之理即是「道」或「天理」。分殊之理被他看作是每一類事物的範例或原型，程顥稱其為事物之「性」（本質）。

　　程顥將「天理」的概念引入宋明理學的語境中，可謂功不可沒。按照程顥自己的說法，他的天理概念是他自己「體貼」

出來的，而不是從在他之前的任何人學來[3]。通過把「理」概念和「天」概念結合起來，程顥賦予「理」概念一種道德維度，而使之與「道」概念具有相同地位。程顥和程頤都把「天理」與「道」兩詞交替使用。按照程顥的說法，「有道、有理，天人一也，更不分別」（二程1981，20）。程頤也說「理便是天道也」（二程1981，290）。從這時起，理學中的「天理」概念便與傳統儒學中的「道」概念等同起來了。

程顥的「理」概念的另一個重要特徵是他將事物是什麼這一「描述性維度」和人們應如何根據事物的本質來對待事物這一「規範性維度」統一起來。對程顥而言，理的首要意義不在於如張載所說的對氣的運行作調節功能，而在於為人類事務——不僅是人與人之間的關係，也包括人類與世界的互動——增加一個規範性維度。事物的本質為何，既不是來自人類的制定，也不是由人的分門別類所決定，更不會隨著人類科學典範的更新而改變。事物之性理是世界自身的基本事實，是關於事物本質的真理，不管人類是否瞭解這些真理，它們都是成立的。一個特定事物的「性」之所以被稱之為它的「理」，就是意即這是事物的完滿原型，事物的規範，或簡單地說，是事物在理想條件下的應然存在方式。每一類事物都有其理；因此，有多少類具體的事物，就有多少種分殊之理。人類是天理的助因，因此，人也有確保分殊之理能實現於分殊之物的職責。正如程顥所言，「以物待物，不以己待物，則無我也。聖

3　程顥云，「吾學雖有所受，天理二字卻是自家體貼出來」（二程1981，424）。

人制行不以己」（二程1981，125）。

　　對程顥來說，規範性是一個自然界的事實：事物存在方式的規則或規範確實存在，而同樣的規範也約制人類在處理事物時所必須遵循的規則。不過這個規範性的管束力不是基於後果論的思考，假想我們如果不遵循這些規範會發生什麼樣的後果。反之，規範性對人類行為的決定性是根本上基於我們在這個世界上的存在[4]：我們作為人，就理當按照特定事物之理來對待它們。分殊之理的存在是真實的：每一類事物的分殊之理或規範都客觀存在，有待人類的發現，而不是被人類所創造或約定俗成的。它們是世界構造帷幕的一部分。遠在人類研究與科學分類之前，世界就已經為眾多分殊理所組織、構造和規範了。規範的存在是真實的而且獨立於人類的建構。這就是為什麼我們稱這種觀點為「規範實在論」。程顥對中文「理」字的運用確立了事實性維度和規範性維度的統一——因為在中文中，「理」字本來就包含上述雙重內涵。後來朱熹更全面發展了這一規範實在論。

　　我們可以依據程顥的如下論述中總結他心目中「理」的內涵：

　　（1）理存在於對立之中——「天地萬物之理，無獨必有
　　　　　對，皆自然而然，非有安排也」（二程1981，121）。

4　宋明理學家承續了先秦儒家的傳統教義，把人的本性看作人的神聖屬性。這一教導特別體現在《中庸》的如下引文中：「天命之謂性，率性之謂道」（陳2018，107）。「天命」這一描述沒有任何宗教內涵；它僅僅強調了關於我們擁有這些道德屬性的普遍性和不容置疑性。我們將在本書的第二部分再深入探討這一人性論題。

（2）個殊事物之理即是每一類事物的規範——「有物必有則……萬物皆有理」（二程1981，123）。

（3）個殊之理即存在於每一類事物本性中——「夫天之生物也，有長有短，有大有小。君子得其大矣，安可使小者亦大乎？天理如此，豈可逆哉？」（二程1981，125）

程頤的理概念：理一萬殊

程頤接受了他哥哥的規範實在論，並通過許多有趣的論述進一步豐富了「理」的概念。他提出的最重要的命題是「理一萬殊」[5]。這句口號後來成為宋明理學的一個重要主題。這一觀點之所以重要，是因為它展現出一個擁有結構性、一致性，尤其是統合性的世界觀。我們所感知的世界在表面上是由無數不同的事物組成，在性質上也千差萬別；然而，多中有一；萬物皆由一理所支配。這個理是什麼？這個一理如何成為所有現象的基礎和法則呢？想當然耳，如果我們能掌握到這一理，那麼我們就能解開世界之謎。但是我們從何開始理解這個理呢？關於理的知識論由此成為理學論述的焦點。

對「理一萬殊」這一命題，目前已經有多種解釋，並且這些解釋在程頤的語錄中都可以找到文本的支持：

5　這一術語不同於程頤的另一句常與之混淆的術語：「理一分殊（Principle is one, but each one's due is different）」。見下文。

（1）「理一萬殊」意味著氣在萬物中有多種不同的分布，而它們都規制於陰、陽之間的交替互換這一共同模式。

按照程頤的說法，「散之在理，則有萬殊；統之在道，則無二致。所以『易有太極，是生兩儀』。太極者，道也；兩儀者，陰陽也。陰陽，一道也。太極，無極也」（二程1981，667）。在這段引文中，程頤把太極與道本身等同起來，並把萬殊之理與道的關係解釋為「多對一」的關係。道規範著構成萬物的氣之運行。由於氣分散於萬殊事物之中，陰與陽在萬物上的分配也是各不相同的。然而，歸根結柢，萬物都必須遵循氣的運行模式——道，這也被程頤稱之為「天秩」（二程1981，274）或「天理」（二程1981，30）。程頤進一步對這種「一理」做了更確切的闡述：它就是氣的屈與伸、往與來（二程1981，167）和氣的聚與散（二程1981，931）。這一意義上的「理」與張載的「理」概念是一致的。這一用法中的「理」可以被看作是「模式」，或者更具體地說，是氣的運行模式。這是歷史上和當代學者中最常採納的解釋。

（2）「理一萬殊」意味著世界整體機制中的部分／整體關係。

按照程頤的說法，「一物之理即萬物之理，一日之運即一歲之運」（二程1981，13）。James Behuniak Jr.認為東亞佛教中的「理」應該被解釋為「整體」，而這一整體「是某種發生的事物（亦即是一種歷程），它能夠在多個層面上發展而不受阻礙」（Behuniak 2009，36）。這一分析與上述程頤語錄中所

說的日與歲的類比相吻合[6]。按照這一分析，一切事物都是宇宙整體進程的一部分，宇宙本身具有內在的秩序和理。既然一切事物都符合整體之理，那麼每個事物的發展也一定有其自己的理。在這一用法中，中文的「理」字可以被理解為一致性、法則或秩序。自然界事物的發展遵循一定的法則，程頤言，「且如海上忽露出一沙島，便有草木生。有土而生草木，不足怪。既有草木，自然禽獸生焉」（二程1981，199）。這一評論非常接近自然進化的主張。只要遵循某種自然的秩序，事物就會產生，這就是為什麼每一事物之理都與自然界的整體之理相一致。在這一語境下，我們就可以理解為什麼Willard Peterson認為在程頤的學說中，理這個詞應該被翻譯為「coherence（一致性）」，通過「coherence」一詞，他表達的是「粘接在一起的品質或特徵」（Peterson 1986，14）。他認為程頤的「理一萬殊」是關於萬物的統一的一致性的命題。這一意義上的理後來為朱熹所進一步發展。

（3）「理一萬殊」代表道的生命生成過程中的許多階段。

在一些文本中，程頤明確地將「理」等同於「道」，亦即天地的生命生成運作過程（二程1981，4/290/1225/1253）。當代學者黃勇以程頤這一用法為重點，而認為二程兄弟的理概念不是一物，而是一種活動，是種「給予生命的活動」，亦即

6　一個有趣的相似之處是，Behuniak在對「理」概念的闡釋中，借用了柏拉圖《巴門尼德斯》（*Parmenides*）中的「日」的類比，而程頤也用「日」和「歲」作為類比。

「生」（黃2007，195-6）；更進一步而言，它是「氣之生」
（黃2007，199）。由於氣的這種生命生成的活動造成萬物的生
成，因此，理是任何一個特定事物所固有的。黃勇解釋，「按
照這一理解，我們很容易看到為何萬物中的每一物都完全地擁
有理：每一物都有它的生命組建活動，而在萬物的生命組建活
動之外或之上不再有生命組建活動，因為在萬物之外或之上無
物存在」（黃2007，199）。通過研究每一個別事物，我們可以
明白整個宇宙過程不過是氣的生命組建活動推動萬物前進的過
程。在這一語境中，「理」一字可以看作是「天理」的簡寫，
因此可以與「道」互換使用。

（4）「理一萬殊」指的是世界整體存在中的每一事物的
「存在理由（所以然）」。

有些時候，程頤特別地將分殊之理定義為一個特定之物
的「所以然」。我們可以說，個殊之物的理即是它的「存在理
由」──每一特定之物存在的原因或「存在的條件」──這也
可以說是每一事物存在的基本條件。A.C.葛瑞漢在分析二程兄
弟使用理概念時，著重分析了這一用法。他引用了程頤的如下
論述：「物理須是要窮。若言天地之所以高深，鬼神之所以幽
顯」[7]（原文見二程1981，157；英譯見葛瑞漢1992，8；黑體

---

[7]　葛瑞漢對這句話的英譯為「To exhaust the principles of things is to study
exhaustively why they are as they are ([suoyiran]). The height of heaven and
thickness of earth, the appearance and disappearance of the spirits, must have
reasons ([suoyiran])」，可以翻譯為「窮盡事物之理，就是徹底地研究事
物為何是這個樣子（所以然）。天之高與地之厚，鬼神的出現與消失，一

是原有的）。葛瑞漢認為，在二程兄弟的概念中，每一事物存在的理由是規範性的，而非描述性的。他說：「值得注意的是，在這些引文中，『理』並不是指某物的性質，而是指這事物要在自然秩序中占有一席之地而**必須完成的任務**」（葛瑞漢1992，18；黑體是作者所加）。萬殊事物之殊理被包含在一個包羅萬象的理之下，因為殊理所界定的是每一事物應當如何運作才能符合宇宙萬物的整體構圖。每一事物都有其實然及其應然的存在方式，而我們應該按照事物自身之理來處理事物。因此，關於每一事物本性的描述性之理同時蘊含著關於人類行為的規範性之理。這就引出了理的下一層內涵。

（5）「理一萬殊」描述了在我們一般對事物的處理時應盡的各種職份。

程頤將這一道德戒律表達為「理一分殊」。這一短語經常被誤解，並與「理一萬殊」混為一談。這兩個短語背後的想法是一致的。不過，在倫理學語境中，程頤是在回答一個學生涉及張載《西銘》所表達的道德理念的問題：《西銘》的目標是否與墨家的「兼愛」這一規範一致？程頤的解釋是，每個人的「分」[8]是不同的，因此我們不能對所有人都一視同仁（二

定有其理由（所以然）」。在字面意思上與程頤的原文有所差別，放在這裡供讀者參考。——譯者注

8　中文字「分」，第四聲。「分」這個詞也讀第一聲，在那種情況下，它的意思是「分開」或「分離」。這就是「理一分殊」與「理一萬殊」如此廣泛地混淆的原因。一旦我們在這一語境中考察這一短語，它的意思就變得清楚了。一個支持這一解讀的證據是程頤的另一條語錄：「萬物之理皆自

程1981，1201-1203）。在這一語境中，「理」應該被理解為
「道德規範」或「規範性原理」。陳榮捷非常重視程頤哲學中
「理」概念的這一面向。他認為程頤的興趣主要是道德方面
的，其目標是「將『理』理解為一種自我修養的方式」（陳
1978，107）。他還指出傳統上將「分」翻譯為「distinction」
是錯誤的，並解釋說，這個詞的意思是「責任（duty）、份額
（share）、稟賦（endowment）」（陳1978，106）。

　　以上分析表明，程頤的理概念的內涵是多方面的，而不必
然是一個單一的概念。然而，理的這些內涵並不相互矛盾，因
為它們在二程兄弟的整體世界觀中是相互關聯的。他們的世界
觀在一個主要方面與他們的表叔張載有所不同：對他們來說，
理不是僅僅是屬於氣的；反之，理是規範氣的。換言之，對二
程兄弟而言，規範性事實不可化約為自然事實或氣的事實。規
範性之理構成了規範性領域，它是構成整體世界的不可或缺的
一部分。二程兄弟的世界觀建構了一個理與氣之間的「本體論
層次結構」，而朱熹後來煞費苦心地對此進行了解釋與辯護。

二程兄弟的本體論層次結構：理的非還原論

　　雖然二程兄弟對張載及其《西銘》所宣導的倫理範式推
崇不已，但他們並沒有完全接受張載的形而上學。他們與張載
哲學的一個主要的分道揚鑣之處，在於他們區分了形上層級之

　　足，而人於君臣、父子之間不能盡其分者，多矣」（二程1981，1267）。
　　在這一引文中，「分」這個字顯然是用作「職份」或「義務」。

理與物理層級之氣。在這方面，二程兄弟有著相同的看法。程顥和程頤都反對張載把太虛作為終極實體來對待。按照程頤的說法，張載「以清虛一大名天道，是以器言，非形而上者」（二程1981，1174）。程顥也提出了同樣的批評（二程1981，118）。他們都認為氣屬於由具體的有形之物（器）所構成的底層世界，而理或道則屬於更高的、永恆的、持久的領域，它也必然是超越形氣的。因此，理與道不能等同於陰陽的運行或氣的秩序。換句話說，二程兄弟拒絕接受張載的氣一元論。

二程兄弟提出了一種不同的世界觀，根據這種世界觀，我們所稱之為「道」或「理」的天秩不是僅僅為氣的運行，也非源於氣的領域。他們預設了一個處於氣的層級之外和之上的道或理的本體論層級。按照程頤的說法，「『一陰一陽之謂道』，道非陰陽也，所以一陰一陽者，道也」（二程1981，67）。通過指出道是陰陽交替的「所以然者」，程頤將道與構成物理世界的氣區分開來。他將道的領域稱之為「形而上者」──字面意思即為「超越了形」。陰與陽是氣的不同模式，而氣處於形而下的物質領域（二程1981，162）。道與物質世界就這樣被分開了。對程頤來說，理世界與氣世界的分離不是時間性的，而是在存有層次的本體論上。理世界是空曠的，因為沒有具體的事物存在；然而，具體事物之理已經以潛在的形式存在著。理與其具體的表現形式之間，沒有時間性的差別：「沖漠無朕，萬象森然已具，未應不是先，已應不是後」（二程1981，153）。程頤關於理的論述清楚地表達了一個本體論關懷，而不是張載那裡的宇宙演化關懷。

二程兄弟的層級性世界觀的基礎是《易經》中的名言：

「形而上者之謂道，形而下者之謂器」（《繫辭》）。在這句話中，「形而上者」指的是抽象的和不可感知的，而「形而下者」指的是具有具體形狀和模式的事物。我們可以看到，這種層級化的世界觀已經在《易經》中有所隱喻。在當代學者陳來的闡釋中，形而上者是可理解的領域，只有理性才能把握；而形而下者是可感知的領域，可以被感官所感知（陳2005，62）。A.C.葛瑞漢認為，形而上之理與形而下之事物和活動之間的區別，「不在於（前者的）共通性，而在於其永恆性」（葛瑞漢1992，13）。也就是說，具有具體形式的事物必然消亡，而抽象的理，正由於其抽象，反而是永恆無毀的。結合這兩種合理的解釋，我們可以說，二程兄弟認為我們的世界屬於可感知的領域，充滿了無數的具體事物。然而，在這無數的具體事物中，卻有一種普遍而永恆的規範，那就是「道」。正是這個道支配宇宙，規範萬有。道是宇宙最高的規範性原理——二程兄弟將其等同於「天理」。

　　按照程頤的說法，天理是自足的、無所欠缺的：「天理云者，這一個道理，更有甚窮已？……這上頭來，更怎生說得存亡加減？是佗元無少欠，百理具備」（二程1981，31）。按照著名哲學史家馮友蘭的說法，「理是永恆的，不可能加減。……無論人是否知道它們，它們還是在那裡」（馮1983，503）。換言之，馮友蘭將程頤的「理」概念歸於某種形式的永恆論（eternalism）。理一之理[9]（天理）與分殊之理都存在於永

9　英文原文是「one Principle」，principle大寫。本書中凡涉及這一用法，皆譯作「理一之理」。而principle不大寫的「one principle」則隨文就意。——譯

恆領域，而不限於人類的經驗領域中。馮友蘭認為程頤把理世界看作為一個超驗領域，「獨立於現實事物之外而存在」（馮1983，507）。這一解釋似乎與原文是相符的。

程頤將理世界描述為「沖漠無朕，萬象森然已具」（二程1981，153）。這裡的「象」可以理解為具體事物的藍圖，對程頤來說，它們是具體事物的分殊之理。程頤解釋：

> 制器取於象也，象存乎卦，而卦不必先器。聖人制器，不待見卦而後知象……或疑鼎非自然之象，乃人為也。曰：固人為也，然烹飪可以成物，形制如是則可用，此非人為，自然也。（二程1981，957）

在這一評論中，程頤提出了一個有趣的假設：對於每一類事物而言，它的產生都是因為有一定的「形制」。這種預定的「形制」在具體的事物被發明或生產之前，以潛在的形式存在。按照這一假設，宇宙整體在其原初形式中已經是完備的。每一事物的產生都不是一種從無到有的過程；反之，它是一個從潛能形式到現實彰顯的過程，是事物從其僅具備存在的條件到其實際的形制之過程。在下一章中，我們將看到王夫之是如何排拒「**世界已經完備**（the world in completion）」這一假設的。

從上述討論中可以看出，對於二程兄弟而言，除了永恆的「一理」外，對於萬殊事物而言也存在著永恆的分殊之理。

者注

我們已經解釋過，個殊事物中的理應該被理解為這事物的「規範」或「模範狀態」。這些分殊之理的存在是客觀真實的，是一種自然的「事實」。對二程兄弟而言，這種規範實在性賦予我們一種認識的，同時也是倫理的，義務：我們有義務去學習每一事物之理，以便根據事物的本性採取適當的行為。按照程頤的說法，「凡一物上有一理，須是窮致其理」（二程1981，188）。知道事物的所以然對我們的道德生活至關重要，因為我們對事物的處理會涉及到我們的態度和行動。這要求同樣適用於人與人之間的關係。正如程頤所言，「夫有物必有則：父止於慈，子止於孝，君止於仁，臣止於敬」（《二程易傳》；二程1981，968）。換言之，人們在人類社會中所扮演的每一個角色都具有一種規範性要求。「理」不僅是代表「事物應該如何存在」，而且是指涉「人們應該如何對待這一事物」。窮事物之理，就是要去理解人們應該如何來對待手邊的物件或事情。這正是二程兄弟為宋明理學所確立的方向：將倫理學和知識論都跟其形而上學聯繫起來。這一倫理學與形而上學之間的聯姻，在朱熹哲學中得到了進一步的加強。

朱熹的作為世界整體秩序之理的概念

朱熹有時候以「理」來表示「秩序」。當被問到理是否在氣之中是，朱熹回答道，「如陰陽五行錯綜不失條緒，便是理」（陳2018，533）。但他也認為理是內在於事物的本性的。在朱熹的術語中，「道」、「理」、和「性」所指內容相同，但指涉範圍有所不同。按照朱熹的說法，「道是泛言，

性是就自家身上說。……道是在物之理，性是在己之理。然物之理，都在我此理之中」（陳2018，519）。從這一引文我們看到，宇宙的秩序被稱為「道」，而每一個體事物都共同參與這一宇宙秩序。宇宙秩序在每一個特殊事物上的體現，就是它的「性」。朱熹認為，每一個存在都包含著一個物質的形式和本質之性。以人類為例，朱熹說，「以人身言之：呼吸之氣便是陰陽，軀體血肉便是五行，其性便是理」（朱1986，94：3131）。每一個體都是由氣（宇宙動力）、物質（五行）和理的結合而組成的。由於宇宙之理是秩序，所以朱熹在萬物之中都找到了秩序。

我們或許可以把朱熹所理解的宇宙秩序解釋為一個由繁多個體組成的整體性網絡（holistic web），每個實體都在這個網絡中占據著自己的位置，並履行著自己的恰當功能。在這個宇宙網絡中，所有個殊的事物都彼此關聯，成為整個宇宙秩序的例證。每一件個殊事物的本質就是它在這個宇宙網絡中的應然存在方式。李約瑟解釋到：

> 事物以特定的方式起作用，並不一定是因為其他事物之前的行動或衝擊，而是因為它們在永不停息地循環運動的宇宙中的位置，賦予了它們固有的本性，使得事物不可避免地是為其本性而行動。如果它們不按照這些特定的方式行事，它們就會失去在整體中的關係性地位（而正是這些關係使得它們如其所是），變成其他的東西而不再是它們自己。因此，個體是依賴整個有機世界而存在的一部分。（引自Alder 1981，291）

　　由於整個宇宙中存在著一個宏大的事物體系，而所有事物都在這個體系中「恰當其位」，我們對這個宇宙秩序的認識只能通過理解每個特定事物的內在之理來獲得。按照朱熹的說法，「窮理者，欲知事物之所以然與其所當然」（陳2018，515）。換句話說，瞭解一個特定的事物，就是瞭解它在整個有機網絡中的位置，並理解它在這個網絡中的適當功能。我們可以說，朱熹的知識論是以他的本體論假設為前提的。對於朱熹的道德知識論，我們會在本書的第十章闡述。

朱熹的太極概念及其在特定事物中的實例

　　按照陳榮捷的說法，雖然「理一萬殊」這一思想起源於程頤，但這一學說直到朱熹才得到全面發展（陳1963，639）。在朱熹看來，分殊之理與普遍之理的存有分布是有如個別節點與整體網絡的相互關聯。所有分殊之理的全體，按照朱熹的說法，就是「太極」：「太極只是天地萬物之理。在天地言，則天地中有太極；在萬物言，則萬物中各有太極」（朱1986，I：1；朱2002，14：113）。因此，他的「太極」概念與我們在第二章中所看到的張載的「太極」概念是截然不同的。在張載看來，太極是氣的各種表現形式和構成的全體；但對朱熹來說，太極是理之全體。

　　不過，朱熹對「太極」概念另有多重的理解。一方面，他認為太極是宇宙萬物之全體——不僅包括現在的事物，而且包括過去和未來的一切。按照朱熹的說法，「總天地萬物之理，便是太極。太極本無此名，只是個表德」（朱1986，94：

2375）。另一方面，他又把太極看作理之本身：「太極只是一個理字」（陳2018，535）。陳榮捷分析了朱熹哲學中萬物與太極之間的關係，認為二者是部分與整體之間的關係。太極是所有分殊之理的總和。「換言之，宇宙是一個宏觀世界，而每一事物則是一個微觀世界」（陳1978，110）。不過，儘管朱熹的理概念有這些表面上的歧義，一旦我們瞭解對朱熹來說，一物等同於其理，歧義就可以消解了。理與物之間的區別只在於前者是潛在，而後者是現實。宇宙本已包含了所有的理與所有的物之全體。只有相對於人類社會，某些個殊之理才表現在個殊事物之中。太極本身則是所有理之總合，無論理是潛在的，還是實現在物中的。在這方面，朱熹的太極觀念延續了程頤的「世界完備觀」：世界獨立於人類歷史而原本「完備存在（exists in completion）」的思想。但是，個殊事物只是相對於人類局限在特定時間框架中的視角而言才會變得實在而彰顯。舉例來說，遠在人類發明汽車和飛機之前，這些事物之理就已經包含在太極中了。儘管這些殊理需要物質對象和人類的發明物才能夠被帶入具體事物的世界；然而，殊理獨立於它們的物理彰顯而恆久存在。由此看來，朱熹似乎也接受「永恆論」。

朱熹對程頤的「理一萬殊」思想的另一個重要澄清是，理是每一類種個殊事物之理。換言之，理屬於類（genus），而不屬於特殊事物的單元個體（token）。陳來將朱熹的分殊之理概念解讀為「事物的本質和規則」（陳2005，127）。然而，如果一個分殊之理僅僅是一個特定事物的存在狀態，那麼就沒有所謂的「規則」，因為存在就是規範（to be is to be the norm）。朱熹把分殊之理看作特定事物的「性」，並稱之為「當然之理」

（朱2002，14：196）。在這裡可以看到，像二程兄弟一樣，他的「理」概念也具有規範性的維度。

朱熹還賦予「理」以價值內涵。他解釋，作為事物的當然之則，理都是「善」的（朱2002，14：196），而「至善」就是「直是要到那極至處而後止」（朱2002，14：441）。從他這裡關於「極至處」的評論中，我們可以推斷，特定事物靠其本身並不能成為它的類之殊理的例證：有些事物對它的類而言並不完美。因此，要想實現物之理，就需要某種作為，而這種作為只能來自人類，因為事物本身並沒有意志或目標。從而，朱熹關於事物分類的形而上學就充滿了道德要求：人類有義務去實現事物中的分殊之理。在朱熹的世界觀中，自然世界與人類的道德世界不可分割地融而為一。具體事物的世界不過是我們的「行動場域」：我們對外界物體採取適當的作為以便它們能滿足它們的終極規範──它們的理。就我們而言，這樣的道德戒律同時定義了我們自己的理：根據我們的本性，我們應當按照殊理所界定的準則採取適當行動來實現個殊事物之理。我們將在本書第五章繼續探討的朱熹的人性論，我們將會看到，對朱熹來說，我們的存在的本然方式和應然方式基本上是交織在一起的。

朱熹對理、氣關係的分析

朱熹的「理」概念比二程兄弟的「理」概念更加精密。根據當代學者成中英的分析，朱熹的理指的是整個宇宙的「恰如其位」。成中英指出，「理……指的是世界之中事物的可理解

性和合理性。它也可以進一步被理解為世界之中事物的『恰如其位』。因此，理是一個蘊含外部模式和內部組織的術語，很顯然，我們應該將『理』理解為預設了一種實在界的有機統一性」（成1979，262）。在這一理解下，理一之「理」是宇宙的總體模式，它意味著事物節節相扣的整體統合性。另一方面，個別事物的分殊之理則是局部統合性的例證。無論是整體統合性（理一之理）還是各種形式的局部統合性（分殊之理），都要通過氣的功能而在世界之中實現。

　　儘管朱熹經常強調理與氣的不可分性，但他仍將它們視為兩個獨立的範疇。對朱熹來說，理不只是氣之運行的理；它有其自身的存有基礎。當代學者們為是否將他的觀點貼上二元論的標籤而爭論不休，因為他在把理與氣看作是一還是二上有模稜兩可的看法[10]。關於理是否先於氣還是與氣不可分離，朱熹也有矛盾的看法。由於朱熹認為理不能化約為氣之功能，他的觀點是可以被看作是某種形式的二元論。然而，他又反覆強調理不可能存在於氣之外。按照朱熹的說法，「理非別有一物」（朱1986，I：3；陳2018，532）；它沒有「形體」（朱1986，I：1）；它是「形而上者」（朱1986，I：3）。此外，理不能獨立於氣而存在：「無是氣，則是理亦無搭掛處」（朱1986，I：3）。在這些語錄中，我們可以看到，朱熹並不想把理和氣看作獨立的本體。在他的理解中，理並不是一個獨立於氣的具體本體；因此，他的觀點並不是一種本體二元論。

---

10 例如，陳榮捷將朱熹的觀點稱之為「看似二元（seemingly dualistic）」（陳1963，590），而陳來將其理解為一種「客觀觀念論」（陳2005，128）。

　　然而，儘管朱熹否定理是一個獨立的本體，他有時還是將其當作一個與氣不同的東西。在朱熹給他的一位熟人的書信中，有一個富有爭議而又被廣泛引用的評論，在其中朱熹明確地將理與氣作為「二物」：

> 所謂理與氣，此決是二物。但在物上看，則二物渾淪，不可分開各在一處，然不害二物之各為一物也；若在理上看，則雖未有物而已有物之理，然亦但有其理而已，未嘗實有是物也。（《答劉叔文一》，朱2002，46：2147；陳2018，534）

　　此外，朱熹還明確指出，如果我們必須討論孰先孰後，那麼我們說理先於氣：「（理與氣）本無先後之可言。**然必欲推其所從來，則需說先有是理**」（朱1986，I：3；陳2018，532。黑體是作者所加）。顯然，如果x先於y，那麼x≠y。因此，朱熹雖然不把理與氣看作截然不同的「本體」，他確實將它們看作截然不同的「範疇」。

　　要統一這些關於理、氣關係的看似矛盾的討論，方法之一就是引入當代形而上學的隨附性（supervenience）和決定性（determination）[11]的概念。「隨附性」一般定義為兩組屬性之間的依賴以及決定關係。其中一組事件被稱之為「隨附屬性（supervening property）」，而另一組被稱之為「隨附基屬性

11　關於理學形而上學中的「隨附性」觀念的更為詳細的討論，參見作者本人的英文論述（劉2005）。

（supervened base property）」。如果屬性A隨附於屬性B，那麼，A就是隨附屬性，而B則是基屬性。基屬性決定了隨附屬性，也就是說，任何具有B屬性的事物必然具有A屬性，或者說，任何兩個基屬性相同的事物也具有相同的隨附屬性。這一決定性關係是非對稱性的：基屬性B決定隨附屬性A的分布，但反之則不然。這些概念最初是在自然化倫理學和美學的背景下引入的，用來解釋一些抽象屬性（如「善」、「美」等）與作為其基礎的物理或自然屬性（如「做過某某事」或「擁有某某構成要素」等）之間的關係。隨附性概念是將所要討論的抽象屬性建立在相關的物理／自然屬性之上，也就是說，任何兩個物理屬性相同的事物也必然分享相同的抽象屬性。這一概念後來多年都是心靈哲學內的一種主導性分析，把心理屬性看作是隨附在大腦的神經物理屬性之上的。在心靈哲學中，對隨附性概念的強烈興趣源於對一種物理主義（physicalism）的擁護。按照物理主義的觀點，心理現象完全地（或部分地，取決於個人所持有的理論）決定於個人大腦內部發生的活動與狀態[12]，而同時，心理現象可以通過其所根植的基物理屬性在物理世界中找到安頓地方，而不是些漂浮於物理世界之外的抽象活動。

此外，對於持有一種層級化（hierarchical）或多層次（layered）世界觀的本體論學者來說，更高層次的隨附屬

---

12 如果有學者認為心理現象完全由大腦的神經生理屬性決定，那麼他／她捍衛的就是個人主義（individualism）或心理（內容）的內在主義（mental internalism）。另一方面，如果學者認為心理也部分地由物理和／或社會語言環境中發生的事情所決定，那麼他／她捍衛的就是物理外部主義（physical externalism）和社會外部主義（social externalism）。

性的因果相關性一直是他們關注的主要問題。有些學者認為，如果心理現象隨附於物理現象之上，那麼我們就可以把心理屬性的因果作用理解為一種「隨附因果性（supervening causation）」。換言之，我們仍然可以有「心理造因（mental causation）」，但是我們的信念和欲望其實是通過我們體內的神經生理活動而帶動我們行為的。隨附性概念的另一個吸引力是它進一步保持了一種統一的物理主義世界觀。如果不同語境所討論的抽象屬性——無論是倫理屬性、美學屬性還是心理屬性——確實隨附在作為其基礎的物理屬性之上，那麼它們就不構成一個獨立自存的存有領域或一個獨立的存在層次。這也就意謂在物理世界之外別無獨立存在——既沒有本體，也沒有屬性。換句話說，如果在任何兩組屬性之間存在「隨附性」，就不是二元論。[13]

　　如果我們將「隨附性」這一西方哲學術語應用到理、氣關係之中，我們可以把x（某物）之「擁有理或作為理之例證」作為一組屬性，而把x（某物）之「由氣構成」作為另一組屬性。以此術語，我們現在將理對氣的隨附性定義如下：

　　理—氣隨附性：如果個殊事物在「由氣構成」的屬性上完全一致，那麼它們的理也必然完全相同[14]。

---

13 在心靈哲學中，隨附性是否與屬性二元論（property dualism）相容一直存在爭議，但隨附性與本體二元論不相容則是公議。

14 關於「隨附性」的基本概念，還有許多其他的表述。這個分析來自Jaegwon Kim，他進一步將「隨附性」定義為「對於A中的任意屬性F，如果任何物件x有F，那麼B中必然存在一個屬性G，使得只要x有G，那麼任何具有G

　　從這個角度來看，張載的理、氣關係理論可以用「隨附性」來分析——理隨附於氣且由氣的運行所決定。正如我們在第二章所看到的，張載將宇宙中的所有變化都歸因於陰陽的運行。由於陰陽永恆地相剋相生，氣必然地聚在一起形成物體，而物體必然地分解成太虛之氣本身。氣之中這種必然性趨勢即是氣之理，張載將這種必然性表達為氣的「不得不」。氣發展到了一定階段後，其進一步發展必須有一定的方向。這種必然的傾向是在氣的現實展現之後形成的。如果理只是氣展現之後的模式，那麼理就是由氣來決定，而不是來決定氣的。一旦陰陽的運行發展到一定的階段後，氣之理就必然地存在。即使宇宙之理不是一定會化約為純粹的物理或物質的層面，它也不是存在於物理域之外或之上的另一個層面。因此，此處的必然性就是我們世界的存在方式的物理必然性[15]。既然氣一旦表現出一定的模式，理就不可能有所不同；那麼，任何兩個在氣的構成成分上完全一致的事物，必然具有一樣的理。因此，在張載的理論中，理隨附於氣（而由氣決定）。

　　相較之下，朱熹理論中的理氣關係理論不是「隨附性」的。在朱熹的理解中，雖然理在現實世界的彰顯是要依賴於氣，但理不是由氣所決定。朱熹不僅把「理」理解為是氣的運

的物件必然會具有F（Necessarily, for any property F in A, if any objects x has F, then there exists a property G in B such that x has G, and necessarily anything having G has F）」（Kim 1984，260）。

15　這個必然性不是「形而上學必然性（metaphysical necessity）」；換言之，我們這裡不考慮「可能世界（possible worlds）」，因為這個概念對理學來說是陌生的。

行規律，而且把「理」看作是整個宇宙的生成規律。這一宇宙秩序（理）只能彰顯於氣與物理形態（包括具體事物）的層面。然而，朱熹的理並不決定於氣的實體層面。因此，在他的觀點中，理並不隨附於氣。

同時，對朱熹而言，理氣之間的決定關係跟張載的主張正相反——朱熹主張是理來決定氣的實現和運行。他理論中的這種決定關係也是非對稱的：理是決定者而氣則是被決定者，反之則不然。決定論是一種雙位關係，這種關係一定包含相應的兩個不同物件，也就是說，如果x與y之間有決定的關係，那麼x與y 就不會等同為一。這就解釋了朱熹為何將理與氣看作「二物」。沒有被決定者（氣），決定者（理）自然就不存在；因為，沒有被決定者也就沒有決定者。被決定者（氣）需要決定者（理）才能被決定，因為沒有決定者，被決定者不可能被決定。決定者與被決定者在邏輯上是不可分割的，但決定者必然在邏輯上先於被決定者，因為它是決定被決定者的。我們做這樣的分析可以澄清朱熹關於「理與氣的不可分割性」和「理先於氣」之間令人困惑的論述。

然而，在這裡我們遇到了朱熹「理」論中的一個嚴重困難：理在萬物的實際生成中沒有任何實際作用。無論是張載還是朱熹都承認氣的存在，並且他們都認定只有氣才對萬物的生成負責。在張載看來，如果理隨附於氣，這就意味著理決定於氣[16]，那麼理就可以通過它跟氣之間的必然性關聯而得出因果

---

16 根據Jaegwon Kim的觀點，當一組屬性隨附於另一組屬性上時，「在某種意義上，兩個屬性家族之間的關係是隨附屬性（supervening property）是決定

相關性，因為氣才是真正生成宇宙萬物的原動力。反過來說，在朱熹的理解中，理將秩序高高懸掛在氣之上，但它自身在因果性上是毫無作用的。朱熹自己也承認，「蓋氣則能凝結造作，理卻無情意，無計度，無造作。……若理，則只是個淨潔空闊底世界，**無形跡，他卻不會造作**」（朱2002，116；黑體是作者所加）。這樣一來，朱熹的理變成了一個「形而上的懸吊」（metaphysical dangler）。如果理只是一個形而上的懸吊，那麼它就不是物理世界的一個必要部分。在朱熹看來，理是永恆的，因為即使物質世界從來沒有存在過，理也會存在；即使物質世界已經不復存在，理還會繼續存在。在朱熹的理與氣之間，存在著不可逾越的鴻溝。很顯然，這一觀點與當代主流的物理主義是不相容的。如果我們接受物理學給出的物理自足原則，認定所有的因果關係都建立在物理的層面，那麼，朱熹僅僅在氣的領域之上預設理之存在，就已經使得理在因果性上失去任何作用了。如果理在我們的物理世界中不起任何因果作用，那麼我們就不能說它是「支配」這個物理世界的了。是以，朱熹的學說最終還是未能對理的因果作用或理對氣運行的決定性作用做出合理的解釋。

小結

程朱學派對理在宇宙中的角色進行了獨特的闡釋——理是永恆的、完滿自足的、獨立於人類的概念系統。如果沒有理，

於或依賴於它們所隨附的（基）屬性」。參見Kim 1984，260。

我們所身處其中的物質世界不可能存在——甚至不可能形成。天理及其在萬殊事物中的各種表現形式為世界萬物的存在定義了規範。人類的角色在於人能掌握萬殊事物之理，並努力確保每一事物都符合其規範。在程朱學派的世界觀中，自然先於人為，但是人為可以實現自然的秩序。理制定了規範，但在確保規範的實現方面，理不具任何因果能力。這裡我們似乎看到了一個分裂的世界：理的永恆領域以及由氣構成的物質存在之變動領域是隔絕的。人類成為連結這兩個領域的媒介。理不是人類所創造或發明的，但分殊之理與事物的規範需要人的認知與努力來在物質世界中實現。這個世界觀顯然是一種倫理學和形而上學的相結合。

原始文獻：

程顥、程頤1981，《二程兄弟集》。4卷。北京：中華書局。

朱熹1986，《朱子語類》。8卷。北京：中華書局。

朱熹2002，《朱子全書》。27卷。上海：上海古籍出版社、合肥：安徽教育出版社。

英文選譯：

Chan, Wing-tsit (ed.) 1963. *A Sourcebook in Chinese Philosophy.* Princeton University Press. Chapter 31, 32, 34. 陳榮捷，1963.《中國哲學文獻選編》，普林斯頓大學出版社，第31、32、34章。

Chan, Wing-tsit (trans.) 1967. *Reflections on Things At Hand: The Neo-Confucian Anthology.* New York: Columbia University

Press。陳榮捷，1967，《近思錄》，紐約：哥倫比亞大學出版社。

Bruce, Joseph Percy 1922 (trans.). *The Philosophy of Human Nature*, by Chu Hsi, Translated from the Chinese (Classic Reprint). London: Forgotten Books, 2013. Bruce, Joseph Perc譯，1922。《人性的哲學》，朱熹原著，由中文翻譯（經典再版）。倫敦：Forgotten Books出版社。

Gardner, Daniel K. 1990 (trans.). *Learning to Be a Sage: Selections from the Conversation of Mater Chu, Arranged Topically*. Berkeley, CA: University of California Press. Gardner, Daniel K.譯，1990，《學為聖人：朱子語錄選》，按論題編輯。加州柏克萊：哥倫比亞大學出版社。

第四章

王夫之「理在氣中」的理論[1]

引言

　　本章以王夫之的理論來總結第一部分關於宋明理學形而上學的討論。上一章我們已經看到，朱熹的理、氣二分法使得理在因果關係上成為無功效的，並且在存有構成上也是無關緊要的。王夫之擁護張載的氣一元論，並比張載更清楚地闡述了理在氣中的作用。不過他同時也繼承了程朱學派的天理概念，並在《易經》的基礎上，全面發展了自己的道德形而上學。按照王夫之的理論建構，理不僅僅是內在於氣之運行中的理，而且是人類世界的道德實在。他也像二程兄弟和朱熹那樣是一位堅定的道德實在論者。是以，王夫之將張載的自然主義氣一元論與程朱學派的道德主義天理觀結合起來，可以說是宋明理學的真正集大成者。

　　在王夫之看來，天之域與人之域是一個統一的整體。在人

1　本章的部分內容是基於作者之前的一篇關於王夫之的綜合性論文修訂的。
　　參見劉2010。

類世界之外沒有超越領域，而瀰漫於天之域與人之域的是同一種氣與同一種理。因此，他的形而上學觀是他的人事哲學（特別是他的人性哲學、道德哲學以及人類歷史哲學）的基礎。本章標題將王夫之的哲學描述為「理在氣中（principle inherent in qi^2）」的哲學，因為他正是以理與氣之間的關係來解釋一切萬象。

王夫之的道德形而上學——理在氣中

從權威性的中國哲學史家馮友蘭開始，當代中國學者往往把王夫之的一元論理解為一種唯物論，特別是樸素唯物論[3]。這一標籤突顯了王夫之哲學中的一個核心概念：氣。王夫之是一位偉大的氣哲學體系化者。他把氣看作是世界的真實本體，而且是構成所有具體事物的基本元素。就這方面而言，我們可以理解為什麼許多學者認為他宣導的是一種唯物論。然而，這種解讀嚴重曲解了王夫之的形而上學。正如當代學者嚴壽澂所指出的，王夫之的一元論不應被視為唯物論，因為氣的本質與唯物論的「物質」的本質是不同的，後者通常被認為是無生命的，惰性的，必須加上能量才能形成有生命的事物。氣則與此相反：氣內在地包含著能量，從而是自我驅動而非具有惰性

2　這個形容方法來自當代氣學者劉又銘一書的啟發：《理在氣中：羅欽順，王廷相，顧炎武，戴震氣本論研究》。五南圖書出版公司，2000。——作者注。

3　當代中國學者對王夫之的形而上學的另一個比較常見而且恰當的標籤是實在論。（蕭和許2002；陳2002；張2004，等等）。

的。氣是生命之源，但同時也是死亡之域的基底[4]。此外，在當代的用法中，「唯物論」被等同於「物理主義」，根據這一觀點，宇宙中的一切都受物理定律支配，而且世上所有現象最終都可以化約成物理術語來解釋。王夫之的理論當然不包含這種化約主義的意涵。他的一元論世界觀包含了道德維度，而這種道德維度不能化約為物質領域，而且在他的理解中，氣及其內在的邏輯和規律，不僅主掌物質領域，同時也負責精神領域。因此，我們在描述他的哲學時，最好放棄「唯物論」一詞。

　　王夫之的形而上學觀主要來源於《易經》，他同時也深受張載哲學的影響，而按照王夫之觀點，「張子之學，無非《易》也」（王1967，4）。在王夫之六百年之前，張載就發展了一種新的氣的哲學。在本書第二章我們已經看到張載在傳統氣論的基礎上，建構了一個系統性的哲學體系。在張載看來，氣造成萬物的生成存在。氣的聚散構成了生死現象的基礎。氣結聚而成具體之物，具體之物分解而回復於太虛之氣。氣實而不空；誠[5]而不虛。王夫之繼承了張載的氣概念，並將氣論進

4　按照嚴壽澂的說法，「生與死不過是一氣的聚散變化而已。……氣兼具物質性與精神性。……中國思想中本無心、物對立的看法」（嚴2000，9）。另一位學者曾昭旭也評判了之前的學者把王夫之的理論歸屬於唯物論，他認為他們「尚未明白王夫之所說的氣不僅包括物質世界，也包括精神和思維」（曾1983，212）。

5　中文的「誠」字通常被翻譯為「sincerity」，然而，在形而上學的語境中，這種解釋是沒有意義的。「誠」是《中庸》中最為重要的概念之一。學者們已經對它的含義和翻譯方法做了大量的分析。在英文原著，我們將「誠」翻譯為「authenticity」，但需要注意的是，其實沒有一個英語單詞能夠完全捕捉到《中庸》中所使用的這一中文字之豐富多樣的內涵。

一步發展成為一個涵蓋形而上學、倫理學和歷史哲學的哲學體系。

　　王夫之為張載的《正蒙》做了詳盡的評論，盡情發揮了張載的形而上學觀點，尤其是其哲學術語。王夫之將「太極」明確地定義為宇宙之全體，並強調太極只是由陰陽構成的。在他的本體論中，氣是萬物的唯一構成因素，而且殊芸萬物之間的共通性和差異性都是因氣之構造而來。按照王夫之的說法：

> 陰陽者，太極所有之實也。凡兩間之所有，為形為象，為精為氣，為清為濁，自雷風水火山澤以至蜎孑萌芽之小，自成形而上以至未有成形，相與絪縕以待用之初，皆此二者之充塞無間，而判然各為一物，其性情、才質、功效，皆不可強之而同。（王1980，478）

　　王夫之採納了張載的觀點：氣結聚而成有形的具體之物，而具體之物又分解返回為無形之氣。有形與無形只是氣表現形式的不同階段。他也贊同張載把宇宙的初始狀態描述為一種無形的氣。張載稱其為「太虛」，但這種描述很容易與佛家對「空」的解讀或道家對「無」的解讀混為一談——這兩種解讀都是儒者極為反感的。對於「太虛」這一術語，王夫之特別強調氣從宇宙之初就存在，並一直在不斷的運動和變化之中。太虛包含氣，因此，它不是無，也不能等同於空。按照王夫之的說法，「人之所見為太虛者，氣也，非虛也。虛涵氣，氣充虛，無有所謂無者」（王1967，13）。在他自己的宇宙論建構中，他似乎更喜歡張載的另一個術語：「太和」——張載將其

等同於道。王夫之將這一概念解釋為陰與陽的最佳和諧狀態。雖然陰與陽有不同的性質和傾向，但是它們之間的相互作用永遠會達到完美的平衡，從而沒有任何不平衡或滯礙。王夫之經常將「太和」與另一個來自《易經》的概念一起使用：「氤氳」。他將氤氳描述為「太和未分之本然；相蕩，其必然之理勢」（王1967，1）。這一評論表明王夫之將宇宙的原初狀態看成是一個有活力的動態，包含著一個陰與陽相互融合的完美平衡的內在秩序。在其原初狀態，宇宙尚未分化為萬物，而氣則一直處於和諧地運動、轉化之中。按照王夫之的說法，「太虛者，本動者也。動以入動，不息不滯」（王1977b，183）。氣的本質就是陰、陽的運動和融合，而在這種運動中有一個內在的秩序。這種內在於氣之運行中的秩序即是「理」。

　　按照王夫之的理解，氣不是一種盲目的力量，必須在某種獨立而且超越於其上的理之調節下運作。反之，氣是自我調節的，且有其內在的秩序。王夫之將氣的內在秩序視為「理」。他稱氣為「有理之氣」，因為氣在本質上就是有規律的。王夫之哲學的特色就在於這一命題：「理在氣中」。理只是氣之理，它是氣本身固有的秩序。王夫之反對朱熹將「理」預設為一個超驗領域並使之永恆化。是以，他重建了張載的「有理之氣」的哲學。他排斥朱熹將理與氣區分為不同的存有範疇。在前一章中我們已經看到，儘管朱熹經常強調理與氣共存以及理氣在物理層面的不可分離性，但他確實認為它們在邏輯和形而上學層面是截然不同的。王夫之堅認朱熹的錯誤。他論證理不是獨立於氣的，也不是與氣分離的：「有氣斯有理」（王1977a，31：13）。此外，他指出，朱熹的觀點使得理成為一個

孤立的、懸空的實體，然而「氣外更無虛托孤立之理也」（王1974a，10：660）。王夫之進一步指出，「理即是氣之理，氣當得如此便是理，理不先而氣不後」（王1974a，10：660）。換言之，理只是氣本身固有的秩序。因此，理沒有任何超驗的地位，它也不在邏輯上先於氣。

在張載的自然主義氣哲學之基礎上，王夫之更賦予氣以價值。對王夫之而言，氣不僅展現在物質領域，也展現在抽象的道德領域。在氣的運轉中有善存在。當代著名理學學者陳來將王夫之的理論歸類為「氣善論」（陳2004）。他引用了王夫之以下一段話：「『易有太極，是生兩儀』，兩儀氣也。惟其善，是以可儀也。所以乾之六陽、坤之六陰，皆備元亨利貞之四德」（陳2004，167）。從這一段引文我們可以看出，對王夫之來說，氣之善不僅在於其具有內在的邏輯（理），而且在於其具有生生之德。這一道德化的氣是王夫之道德形而上學的基礎。

王夫之的道德形而上學是在《易經》所建立的儒家傳統觀念基礎上發展起來的。按照20世紀傑出的新儒家學者唐君毅的說法，對自然世界具有道德屬性的篤信，歷來是儒家學者的共識。在唐君毅看來，「中國傳統之思想則自《易傳》之系統下來，直到漢儒與宋明儒，……以宇宙為充滿元亨利貞或仁義禮智之價值的」（唐1956，127）。然而，傳統的儒學觀點強調的是展現在自然之中（尤其是展現在天地之德中）的生成之理。王夫之則將這一生成之理與氣本身聯繫起來，從而將氣提升到一個新的本體論高度。他的氣是自足、自我推動、自我調節的，而最重要的是，氣是善的。

從當代自然主義者的角度來看，這種對自然現象或氣本身的道德化投射當然是很有問題的。然而，與具有當代科學頭腦的人的思維相反，儒者，特別是王夫之，表達了一種對世界運行方式的不同理解：世界是「仁愛的」，也就是說，一切都在和諧、平衡、完美的統一中運作，從而促進著生命和進步。世界自身是偉大的，因此被稱之為「太極」或「太和」。在儒家的世界觀中沒有全能、全善的上帝，但是儒家認為自然界本身為所有的生物提供了一個有益於生存的環境。如果有朝一日世界最終走向徹底毀滅，那就一定是人類自身的過錯。

體用不二

儘管王夫之繼承了張載的氣一元論，但他也持有與張載不同的意見。在張載看來，氣本身就是宇宙之體——宇宙的基本狀態。當它結聚時，它形成物質對象；當它分解時，它不過是無形之氣，張載稱之為「太虛」。因此，氣對張載而言，是一個抽象實體，它分化為兩種存在模式：其體與其用。物質對象是氣的表現形式，它們是氣之用。而太虛則是氣之體。體無形而不可見，用則是具體而可見的。但是與張載相反的是，王夫之沒有設定一個獨立於其用之外的體。他將張載的一元論進一步向前推了一步，認為宇宙不僅在其構成要素上是一，而且在其存有秩序上也是一。在王夫之看來，設想另一種氣之狀態獨立於、且邏輯上先於，現實「器世界」之存在是錯誤的。正如朱熹錯誤地將理當作體、將氣當作用一樣，張載也錯誤地認為氣有體、用兩種狀態。王夫之認為沒有一個在我們的經驗世界

背後的本體。他經常談到「體用不二」。這一命題後來成為20
世紀著名的新儒家（New-Confucian）[6]熊十力（1885-1968）的
核心命題。

　　體與用是分離還是統一的問題之意義在於它反映了人們是
否接受一種層級化的本體論（hierarchical ontology）[7]。在西方
哲學傳統中，「本體」這一術語代表實在的基礎。正如Howard
Robinson所解釋的，「『本體』這一哲學術語，對應的希臘文是
ousia，它的意思是『存在』，翻譯為拉丁語是substantia，它的
意思是『站在事物下面或作為事物基礎的事物』。因此，根據
這個通用的意義，在任何一個哲學體系中，本體就是跟據這一
體系所設定的實在之根基，或是其中最基本的東西」（Robinson
2014）。換言之，在這一傳統用法中，本體是構成世界的主要
物質。作為根基的實體，本體的特性被設想為「本體論上的基
礎」；而作為最基本的東西，本體被設想為獨立自存的永恆存
在。「存有的基礎性」（ontological basicness）和「永恆性」
（permanence）是一般「本體（substance）」概念的兩個判準。
而任何被稱之為本體之用的事物，則都只是非永恆的、非獨立
的存在。

　　為了弄清中國哲學中的體與用問題是否與西方哲學中的
本體（substance）與功能（function）問題相類似，我們可以

6　「新儒家」（New-Confucian）與「理學家」（Neo-Confucian）是不同的：
　　前者指20世紀的儒家，後者指11世紀至19世紀的儒家。

7　當代學者成中英在分析體、用概念時，認為「體」這個概念已經包含了其
　　「用」（成2002，152）。因此，這兩個術語是相互對應的，如果我們不包
　　括「用」的概念，就不能談論「體」的概念。

簡要地比較一下這兩組概念。據中國古代權威的字典編纂者許慎介紹，中文的「體」字本意是人的身體，其中包含12個身體部位，比如頭、胳膊、腿，等等。其引申意義包含「事物之全體」和「物質存在之形態」，兩者都適用於這一語境。「體」可以與「本」字——其意是「本源的」——連用，而形成與本哲學話題相關的概念：本體。「本體」意為「事物的本源狀態」、「事物的主要部分」或「物自體（thing-in-itself）」。「本體」通常被翻譯為「substance」，這是一個恰當的解釋。「用」通常被翻譯為「function」，這也是一個恰當的翻譯，因為它是「substance」這一術語的對應物。

　　然而，中國傳統中的體與用之間關係的問題，在西方傳統中並不存在，或者至少不是使用相同的術語。在自亞里斯多德以來的西方傳統中，「substance」這一範疇屬於個殊事物，而不屬於物質種類。「substance」被看作是存在於時空之中的個殊事物，而以此為基礎我們建立了物體之間分別性（individuation）和自我性（identity）的條件。亞里斯多德把首要本體（primary substance）看成是獨立的物體，它們是語句中的主詞而接受謂詞（predication）的描述，但絕不可能作為形容其他事物的謂詞。笛卡爾在處理心物問題時把物質本體和心靈本體區分開來。在他的用法中，本體是一個具有特定屬性的恆存實體，如思想之於心靈本體以及廣延性之於物質本體。洛克認為本體是一個不可知的「赤裸的基質（bare substratum）」，隱藏在個體對象的可感知的品質之下。休謨否定了本體的存在，而他把「本體」理解為一種恆存的、不可感知的事物——這些事物可以是變化的主體，是我們作再識別的基礎。休謨進

一步指出，由於本體是不可感知的，我們對它不會有任何概念。而康德繼休謨之後，把本體的概念看作是心靈對世界的主觀加料（subjective imposition）。在西哲把本體看作是恆存的個殊事物的語境中[8]，他們的「功能（function）」概念也是指個殊事物的功能。「功能」一詞的典型用法是來自亞里斯多德的說法：追問一個特定事物的功能是什麼，就是追問它的自然目的或目的論目標。任一事物都有其功能，亦即按其本性它最擅長的。因此，一個事物的功能也可以被看作是這個事物的決定性特徵或其本質。個殊事物的特定功能可以根據人為設計或為自然產物，但功能的存在是為了某種最終目的。例如，眼睛的功能是視覺，而耳朵的功能是聽覺。從目的論的觀點來看，一個事物的功能就是它相對於整個系統所能起的作用。事物的本體和功能之間的關係就是關於這個事物本質上能有什麼作用的問題。

相較之下，在中國傳統中，體、用之間關係則代表著完全不同的哲學關懷。唐代《易經》學者崔憬（生卒年不詳）對這兩個概念作了如下解釋：

> 凡天地萬物，皆有形質，就形質之中，有體有用。體者即形質也。用者即形質之妙用也。假令天地圖蓋方軫為體，以萬物資始資生為用，動物以形軀為體，以靈識為

8　不過例外的是，萊布尼茨的本體概念可能更多地是關於**物質**（stuff）的：他把單子（monads），即所有物質性事物簡單的，不可分割、不可擴展的單位，看成本體。本體的數量是無限的，正如單子的數量是無限的一樣。

用；植物以枝幹為體，以生性為用。（引自張1958/2005，38）

　　這種解釋可以代表中國哲學中體用關係的典型概念。「體」與「用」既適用於個殊事物，也適用於作為整體的宇宙。對任一事物而言，「體」是事物的基本情況，而「用」則是體的進一步發展或表現。在這一意義上，體與用都是整個過程的一部分。成中英認為，體用合一是中國哲學的精髓性命題，他認為這一點能夠避免西方哲學傳統中常見的二分法：

　　　在中國哲學史上，體用合一的原理得到了很好的維護和珍視。這就解釋了為什麼在中國哲學的歷史上沒有如笛卡爾式的心物二元論，或柏拉圖式的實在與表象二元論，或康德式的對事物的知識與理解與對物自體的理性直觀的基本二元論。（成2002，156）

　　儘管張載和王夫之都會接受上述意義的體用合一，但他們的觀點卻不盡相同。張載用「體」來表示氣的基本狀態或固有狀態。他討論了氣從無形的太虛狀態到具體事物的聚、散狀態的轉變。前者是氣之基本狀態，後者是在起作用中的氣之運行。而在王夫之的概念中，「體」一字具有集體性意義，而指涉作為終極的根本原理，或者我們可以說，「體」是萬事萬物的終極實在。在與「體」字連用的語境中，「用」字不表示任何特定事物的目的論功能，而是「體」的表現形式，換言之，「用」是終極實在的表象。因此王夫之哲學中的體用問題，相

當於西方哲學中的實在與表象、一與多、本體與現象的問題。
當王夫之主張「體用合一」，他所要表達的是，終極實在與現
象世界中的表象不是分離的。「體用合一」還具有更深一層的
內涵，即我們所經驗的世界正是終極實在的彰顯。因此，我們
的經驗世界和終極實在世界的存在方式之間沒有鴻溝。

在張載的概念中，太虛狀態下的氣滿足了本體的兩個標
準：存有的基礎性與永恆性。因此，我們可以把張載的「體」
翻譯為「substance」，並把太虛稱之為substance。張載認為以具
體事物形態存在的氣是太虛之「用」。張載從而將氣分為兩種
狀態：作為體的太虛和作為用的具體事物。王夫之想要挑戰的
正是這種體與用之間的嚴格劃分。在他看來，體、用之間是可
以互換的。氣既是體也是用，太虛與具體事物之域處於同樣的
存有層級，而且可以互為彼此之體。按照王夫之的說法，

> 凡言體用，初非二致。有是體則必有是用，有是用必固
> 有是體，是言體而用固在，言用而體固存矣。（王1974a，
> 7：473）

換言之，沒有具體事物的氣狀態（太虛），與產生具體
事物之後的氣狀態（我們的生活世界），只不過是氣的互換狀
態。張載本體論圖景所呈現的是沒有前者，後者就不可能存
在。然而，王夫之想要建立的則是沒有後者，前者也不可能存
在。通過將具體事物——王夫之稱之為「器9」——的世界提升

9　雖然在英文拼音中發音相同，「器」字與表示世界基本構成成分的「氣」

到與太虛一樣的存在層次，王夫之表達了對經驗世界實在性的堅持。他的形而上學可以與當代的常識實在論（commonsense realism）相比較：我們所經驗的世界以及其中所有的個殊事物是唯一的實在界。沒有任何先於經驗世界而空無一物的先驗狀態作為經驗世界之基礎。因此，他的「體用合一」並非是針對張載的一個微不足道的術語之爭，而是要更肯定在《論語》、《孟子》、《易經》中所顯現的「我們的世界是唯一的實在」這一古典儒學的堅決信念。

作為世界必然法則之理

跟張載一樣，王夫之也接受「理在氣中」的必然論，並採取了內在論的立場——理不過是氣的分布與發展的內在秩序。他把這種內在秩序描述為氣之「必然」，換言之，氣是不可能偏離這一法則的。在他看來，氣之法則很簡單，即是「一陰一陽」，《易經》曾將其定義為「道」。王夫之認為氣之理即是陰陽之間的持續逆轉。氣的發展以陰陽之間的永恆運動為前提。氣的兩種形式不斷地相互作用：此伸彼縮。然而，擴張永遠不會達到耗盡的地步，縮減也不會成為滅絕。通過詳細闡發《易經》的「一陰一陽之謂道」，王夫之認為，陰或陽的過度發展總會導向其回歸（regression）。因此，萬事萬物都存在「一陰一陽」之模式，而獨陰或獨陽是不可能存在的。任一事物都包含著不同分布形態的陰和陽。這種表現形態上的規律

完全不同。這個字的意思是器皿、容器或物件，等等。

性，正是氣所必然表現出來的，按照王夫之的說法，它根源於氣的固有狀態：「氣原是有理底」（王1974a，10：666）。氣出於永恆的運動之中，陰陽不斷地相互作用。按照王夫之的說法，「一氣升降其間相從而不已也」（王1967，37）。陰陽的流動是不斷變化的，但氣之全體則是固定在太極之中的。因此，當氣的一種形式伸時，另一種形式必縮。在一個既定對象中，甚至在整個宇宙狀態中，陰陽之間的平衡是可以暫時達到的。然而，由於氣的動態本性，這種平衡不可能永遠保持。氣的兩種形態間的週期性伸縮是不可避免的。王夫之認為，這種必然的交替和必然的伸縮即是理本身。在這個意義上，他把「理」稱為「必然者」。

在王夫之的必然論中，有些事情在物理上是不可能的。「一陰一陽」的規則的應用，既是歷時的——歷史前後的關係，也是共時的——同時期事件的關係；既是整體的，也是局部的。歷時地看，任何一種事物的狀態都不可能永遠持續下去——陰陽之間不斷地交替，導致事物的狀態必然會轉化為它們的對立面。王夫之把這種秩序與混沌間的循環觀運用於他的歷史哲學，而成立了「一治一亂」說。在人類歷史上，我們看到了最繁榮的王朝最終淪為混亂，而歷史上最殘暴的暴政也從未永遠存在。「一陰一陽」這一原理支配著人類世界，正如它支配著自然界一樣。「任何事態最終都會結束」只不過是事物的存在方式，但是在王夫之的觀點中並沒有宿命論的意味。

就同時共存的關係來看，世界上的每一種事態都必然包含其對立面，不過對立事態在整體範圍層面還是會保持均衡。「一陰一陽」這一原則在個別事物上的規定就是，沒有任何東

西是由單一的陽或單一的陰所組成的——所有的東西都必須同時包含陰和陽，儘管陰和陽在特定的事物上的分布是天然不同的。這一原理在人類身上得到了最好的證明——每個男性都有陰的特徵，而每個女性也有不同程度的陽的特徵。陰陽平衡之理在中醫中也有體現。在天然草藥和植物中發現了陰陽元素，通過服用從這些天然草藥中提取的中藥，可以增補人體的陽虛或陰虛。陰-陽同構對萬物的存在至關重要。因此，「一陰一陽」也是具體事物存在的主導原理。

在王夫之的解釋中，一陰一陽的規範原則是種「由下至上」的決定性，由微觀的事物構成元素（其中陰陽的成分）往上來決定宏觀的整體事件與物態。萬事萬物都是由氣構成的，而且每一種事態都是陰陽的排列組合狀態。因此，氣中之理也是萬事萬物之理。這一哲學的意蘊是將人類的行為和能動性投擲到氣的漩渦世界中。我們可以決定在特定情況下應該採取什麼最佳的行動方案，但是我們的行動能取得什麼樣的效果則在很大程度上取決於我們周圍的事物：局部環境以及更大環境中的過去情況以及同時發生的事情。他人如何行為處事以及他人採取什麼行動，都會影響到我們在個別情境中的行為所能產生的後果。因果關係絕不能僅僅看作是因果鏈從一個事件到下一個事件的線性發展。相反，它們應該被看作是每一個行動或每一個事件對世界陰陽分布的貢獻。我們的最大努力可以增強我們環境中陽的不足或抑制我們環境中陰的過盛，但是其他人的行為可以抵消我們的努力。最終來說，因為整個世界遵循著氣中之理，我們會遭遇許多個人努力無法逆轉的惡性發展。王夫之稱這樣的生命限度為人們的「命」。正如我們在這本書的導

論中關於王夫之的生平所介紹的，王夫之在他的一生中親身經歷了這一不可逆轉之命。

道器合一

　　王夫之並沒有簡單地用理學的「理」或「天理」概念來取代古典儒學的「道」概念。「道」這一概念在他的形而上學中仍然占據著重要的位置。在王夫之的用法中，「道」與「理」雖有時有重合之處，但概念卻略有不同。區分這兩個概念的一個方法是「道」代表氣運動的動態遞進秩序，而「理」代表氣的完成秩序或內在邏輯[10]。例如，在王夫之的闡述中，他接受了《易經》中的「一陰一陽之謂道」這一命題。按照弗朗索瓦・于連（Francois Jullien）的分析，「一-一」這一命題可能意味著陰和陽是不可分割的，或者陰和陽相互承接，沒有中斷。根據這一解讀，這一短語的意思是陰陽的相互依賴「以及／或者（and/or）」相互交替（于連1993，247）。如果「道」這一概念同時代表以上這兩種關係，那麼它不僅表示氣的內部分布秩序（理），而且還表示陰陽交替的動態秩序。

　　在王夫之的用法中，這兩個概念之間更為重要的區別在於，道具有「應然之事」的規範性內涵，而理似乎是指「實然」或「必然」。換言之，道是規範的，而理是描述的。理是

10　然而，這一區別並不適用於所有情況。在某些語境中，這兩個概念似乎是同義的，並且這兩個術語在這些語境是可以互換的。在其他一些語境中，「道」一字包含了「理」的內涵，但反之則不然。

物之自然，氣之自然[11]。萬事萬物都有其內在之理，氣的一切發展都有其內在的秩序。但道則是專屬於人類的。王夫之所謂的「應然之事」，不是本體論的必然性，也不是物理的必然性，而是規範的必要性。道規定了人類行為的規範。按照王夫之的說法：

> 今以一言蔽之曰：物直是無道。……若牛之耕，馬之乘，乃人所以用物之道。……物之有道，固人應事接物之道而已。是故道者，專以人而言也。（王1974a，2：70）

在這一段落中，王夫之清楚地闡明了朱熹在他的「萬物皆有理」這一理論中已經隱含的內容：只有人類才有能力做出道德判斷，並有做正確的事情的意向。朱熹把分殊之理看作是個殊事物之性，但王夫之想表明的是，只有人類才能幫助實現個殊事物之性。因此，他認為我們不應該把分殊之理等同於事物之性。朱熹的規範實在論把規範置於外在事物之中，這一形而上學的信念導致他對道德採取了格物窮理的理性主義進路：人們應該窮究事物之理，以弄清自己的道德本質（性），以及弄清如何恰當地處理事物。為了強調規範性原理只適用於人類，並只能由人類來實現，王夫之在這一語境中，用「道」來代替「理」。他說，「物不可謂無性，而不可謂有道。道者，人物

---

11 後文中我們會看到，這裡的「理」概念指的是事物之理。王夫之還有另一種「理」概念，即人性之理。在那一用法中，「理」和「道」的概念是可以互換的。

之辨，所謂人之所以異於禽獸也」（王1967，79）。在具體事物中，道的具體化——在各種事物和對象中的道——意味著人類對這類事物所承擔的不同的道德責任。正是在這裡，王夫之引入了他的道與具體事物關係之理論——他著名的「道器合一」說。

對物與器的關注是王夫之形而上學的一個重要面向。「器」是一個起源於《易經》的概念——《易經》將道設定為形而上的（meta-physical超越物理形式），而器則是形而下的（physical，具有物理形式的）。在第二章中，我們看到程朱學派將道置於超越的層面，將其看作是器世界之外且超越其上的存在。馮友蘭將程頤的形而上學描述為預設了一個「獨立存在於實際事物之外」的超越領域（馮1983，507）。道規定了器的應然存在方式；它具有先天的內容和永恆的價值。朱熹也把天理看作是高於器的，認為形而下之物是「渣滓」，是渾濁、低下的存在（朱1986，5：25）。王夫之理論的革命性就在於他拒絕分割形而上與形而下這兩個領域，並且特別強調器的價值。形而上的事物包含我們的概念、思想、價值、道德，以及最為重要的，事物之理——這些都不需要預設於一個獨立的超驗領域中。更進一步而言，世界不過是器之世界。王夫之把道看作是器之後驗的、已實現後的存在規範。道實現於器之中，無此類之器則無此類之道。因此，他反對程頤和朱熹的理永恆論。他認為道不能預先決定世界；相反地，道是隨著世界的進化而發展的：「天下惟器而已矣。道者器之道，器者不可謂之道之器也」（王1977b，5：25）。道的世界與器的世界合而為一。這就是王夫之的「道器合一」命題。

　　王夫之對理持同樣的觀點：「有即事以求理，無立理以限事」[12]（王1972，7：4001）。理是從具體事物的普遍規律或秩序中衍生出來的，它只存在於具體事物存在的範圍內。王夫之認為，道家和佛家的錯誤在於他們預設了道或理的本性，並以此來否定物質體的真實性及其功能。他認為要理解特定事物之理，我們必須首先仔細考察具體事物本身。我們不能從一個取代我們的經驗世界、凌駕於所有多變的現象之上的理開始。變化是真實的，而且我們這個瞬息萬變的世界是唯一的實在。具體的世界更勝於抽象的「普遍性（不管是道還是理）」之上。

　　王夫之的命題標誌著一個明顯的經驗性的轉向，在這一命題中，如果道只是器的後驗的、已實現後的存在規範，那麼形而上學（metaphysics[13]）——亦即對道或形而上者的研究——就不該是對某些抽象之理的超驗領域的研究。反之，形而上學應該從科學開始，或者至少它必須以對具體事物的經驗研究為基礎。要從事形而上學研究，就不能像程頤那樣依賴純粹的思辨，或者像王陽明那樣僅僅依賴心靈的反省。我們還必須致力於理解各種各類事物是如何運作和相互關聯的。從某種意義上來說，王夫之是在繼續朱熹已經開始但沒有完全發展的方向：亦即以格物來主導對太極的把握。由於我們的世界是唯一實在，研究實在的最好方法不過是理解世界中的具體事物。這一

12　我要感謝Kam-por Yu建議我加上這引文進一步討論：「有即事以求理，無立理以限事」。這一引文來自王夫之的《續春秋左氏傳博議》，1669。《船山遺書》卷7。

13　「Metaphysics」翻譯為中文即是形而上學——研究超越物質形態（physical form）存在的學問。

經驗性轉向，後來成為由戴震（1724-1777）等清代學者所提倡的實證主義之清代顯學。

　　為了消除存在有超驗和經驗兩個領域的誤解，王夫之解釋說，形而上者不是「無形」的存在；反之，它出現在形而下者形成之後（王1974a，5：1028）。我們稱其為「形而上」僅僅是因為它還沒有局限於現存的形式。他把「形而上者」與「形而下者」之間的區別分析為事物之「應然」與事物之「現實彰顯」的區別：

> 形而上者，當其未形而隱然有不可踰之天則，……形之既成而形可見。形之所可用以效其當然之能者，……於形之中而不顯。二者則所謂當然之道也，形而上者也。形而下，即形之已成乎物，而可見可循者也。形而上之道隱矣，乃必有其形，而後前乎所以成之者之良能著，後乎所以用之者之功效定，故謂之形而上而不離乎形，道與器不相離。（王1980，568）

　　在王夫之所列舉的「形而下者」的例子中，既包含著具體的物體（如車或容器），也包含著實際的人倫關係（如父子、君臣）。他進一步解釋到：「未有子而無父道，未有弟而無兄道，道之可有而無者多也，故無其器則無其道，誠然之言也」（王1967，5：25）。在他的世界觀中，隨著世界的發展和人類社會的進步，會有越來越多的事物會出現，也會有越來越多的道被實現。個殊具體事物的道，在事物發明之前或是人倫關係建立之前並不存在。個殊之道不過是各個事物應然之模式。個

殊化的道並不是一種「形而上」的神秘秩序，而是內存於每一
個物件和人類事務之中。按照王夫之的描述，器的世界是一個
日生日成、不斷創造中的（in creation）世界，而不是一個已經
完成的（in completion）世界。我們所經驗的世界，這個物質的
領域，就是王夫之所認為的唯一的存在。他徹頭徹尾是一個堅
定的常識實在論者。

　　王夫之強調了人類對創造個殊之道的貢獻：在人類世界
創造出器物或發展出人際關係之前，萬事萬物之道並沒有預先
存在。只有在人類發明了這些特定的東西，或者在人類社會中
進化了這些特定的人際關係之後，特定事物之道才會存在。然
而，通過合道於器，王夫之另外指出，對於每一件已經存在的
事物，都有其特定的應然存在方式。特定之道必須等待人類發
明特定之物，但它們並不是由人類隨意規定的。在這一方面，
王夫之也保留了程朱學派的規範實在論。

人類在自然世界中的角色

　　王夫之不僅對張載的氣論進行了闡述，而且對二程兄弟的
天理概念也進行了擴展。在王夫之對天理的使用中，理既有自
然主義的內涵（世界之實然），也有規範的內涵（指客觀的、
普遍的道德原理）。理是道德或善與自然實在的結合。

　　王夫之預設了一種獨立於人類概念系統、實在論意義上
的天理：「人以天之理為理，而天非以人之理為理也」（王
1977b，225）。世界有其自身的存在方式，這不是人類世界所
規定的。王夫之所謂「天」，既不是人格化的神秘存在，也不

是超驗性的本體論範疇。他區分了「天之天」與「人之天」，並為天之為天重申了一種客觀的、實在論的地位。天不是人類所定義或創造的，它也不能從本體論上化約為人類的思想或意識。天之天被看作是世界自身之實然，而人之天則可以理解為人類所知的世界。前者並不能為人類的認知所窮盡，因為人類的觀念常常只能呈現天之為天的部分面貌。例如，太陽和月亮以它們自己的秩序運行，但對人類來說，它們代表光明和黑暗，帶來了白晝和夜晚。人類的觀念為世界的存在方式增加了一個不同的維度——通常伴隨著價值的賦與。

　　在我們尋求關於世界的真理的認知過程中，人類所能發現的事物自然是有限的。按照王夫之的說法：

> 天之理數非人類所克備也。天地之廣大，風雷之變動，日月之運行，山澤之流峙，固有人所不可知而所不與謀者。（王1980，617）

　　然而，這些限制並不是永久固定的。隨著時間的推移，人類歷史的進步和知識的擴展，「昔之為天之天者，今之為人之天也。他日之為人之天者，今尚為天之天也」（王1974b，132）。人類努力地參與世界的形成、創造與理解；因此，在人類世界之外的天之天，隨著時間的推移，逐漸轉化為人類世界的一部分。換言之，王夫之承認人類知識和人類成就的局限性，但他並不認為這是天人之間不可逾越的障礙。他的「天」概念只是自然界之全體，在他看來，人類的知識能夠逐步接近認識這一全體之真理，而且人類的成就有助於完成天之創造。

從這一意義上說，氣的漸進式創造不是僅為自然化之氣的功能，也是人類的功效。是自然與文化——天與人，共同建構了這個動態的宇宙。沒有人類的貢獻，世界就不可能完整。正如王夫之所言，「天地之化、天地之德，本無垠鄂，唯人顯之」（王1974a，5：312）。

在這個「人之天」的語境下，王夫之引入了理的第二種內涵，賦予其與陰陽、五行相關的七種德性（virtue）[14]：

　　凡言理者有二：一則天地萬物已然之條理，一則健順五常（仁義禮智信）。天以命人而人受為性之至理。（王1974a，5：324）

這段話表明王夫之有意將自然秩序之理與人類世界終極的道德實現之理分開。我們可以說，前者代表實然，而後者代表應然。按照陳來的說法，前者是「物之理」而後者是「性之理」（陳2004，107）。通過這一「理」概念與「天理」概念之相結合，王夫之力圖將自然世界與人類世界聯繫起來，並將道德置於實在界的中心。

在王夫之的道德形而上學中，不僅氣被賦予一種價值之善，而且理也被提升到道的層次，與道的道德規範內涵相結合。他的世界觀呈現出一個和諧有序的宇宙，以生命的創造為自然之理，以具體存在的維持或創造為人類的使命。世界未被任何永恆的抽象形式所預先決定。在他看來，在人類的貢獻和

---

14 當「理」不僅代表實然，而且還代表應然時，它就是「道」的同義字。

努力之下，世界正在繼續進化、變化和進步，而變得更加豐富多彩。

小結

在這一章中，我們看到了王夫之對前人理論的繼承和改進。基於他對古典儒學文本（特別是《易經》和《四書》）的細緻閱讀以及他自己的思考，他從幾位宋代理學家那裡獲得了不同的見解。他最大的靈感來自張載——張載的氣一元論奠定了王夫之形而上學觀的核心。然而，他拒斥了張載對作為體的太虛與作為用的具體事物之間的二分。王夫之忠於我們的經驗世界——或者說，用他自己的術語，「器」的世界——認為這是唯一的實在。他的「道器合一」論延續了程朱學派的規範實在論，但他將規範性之理（或道）的根源置於人類世界內部。王夫之強調了人類在創造和改造自然世界中的作用。是以，人的行動主體性在氣的自然化世界中被賦予了至關重要的地位。

總而言之，王夫之建構了一個複雜的形而上體系，將朱熹所分離的理、氣兩個本體論範疇統合起來。在朱熹的本體論圖景中，氣是一種盲目的物質力量，需要理來規範。而王夫之的氣一元論是「有理的氣一元論（principled qi-monism）」——理內在於氣，因此氣必然是自我調節的。朱熹把理看作是氣的本體論基礎，或至少是邏輯基礎——是理使氣成為可能。而王夫之把氣看作是理的本體論基礎——是氣建立並完成了理。他的「理在氣中」的哲學是其人性與人心哲學的基礎。我們將在第七章回到王夫之，在那裡我們將解釋他的人性理論。

原始文獻

王夫之1972，《船山遺書全集》卷1-22，臺北：中國船山學會與自由出版社。

——1967，《張子正蒙注釋》，臺北：世界書局。

——1974a，《讀四書大全說》1665，臺北：河洛圖書出版社。

——1974b，《詩廣傳》，臺北：河洛圖書出版社。

——1977a（1673-1677），《禮記章句》，臺北：廣文書局。

——1977b（1655），《周易外傳》，臺北：河洛圖書出版社。

——1980（1685），《周易內傳》，《船山易傳》，臺北：夏學社。

——1996《四書訓義》1679，《船山全書》，長沙：岳麓書社。

英文選譯：

Chan, Wing-tsit (ed.) 1963. *A Sourcebook in Chinese Philosophy*. Princeton University Press. Chapter 36。陳榮捷，1963。《中國哲學文獻選編》，普林斯頓大學出版社，第36章。

第二部分 ——————————

人性、人心與人類道德的基礎

第五章

朱熹的內在道德實在論
「性即理」

引言

　　宋明理學家通常認為人性是天賦予人的，換言之，它是我
們與生俱來的。人類和其他生物的本性都來自天理。人類和其
他生物共具同樣的天理，而人類與其他生物的不同則取決於其
所稟之氣的差異。對每一個生物而言，其所稟之氣的清濁決定
其善或惡。在理學家這個普遍共識之基礎上，朱熹進一步主張
道德原理是實在的，是人性所固有的。這種道德原理的內化可
以描述為Kai Marchal（2013a）所說的「道德的內在性」（moral
inwardness），它意味著道德原理自身「超越任何社會結構，
與特定的行為和情境無關」（Marchal 2013b，192）。對朱熹
來說，人類所必須接受的，具有絕對而且客觀真理性的道德原
理，其實已經內在於我們——它內在於天賦予我們的本性之
中。朱熹的著名口號「性即理」界定了他對道德原理本身以及
我們實現這種道德原理的能力的實在論信念。這是朱熹版本的

道德實在論，它將客觀性與主體間共通性（the intersubjective）結合起來，兩者都內在於行動主體與生俱來的本性中——亦即行動主體的道德自我。正如Kai Marchal所指出的，「對朱熹而言，道德與內在的自我領域是一致的」（Marchal 2013b，199）。在本章中，我們將仔細研究朱熹哲學中的這一「內在道德實在論」。

何為「性」

在信廣來（Kwong-loi Shun）對中國早期文本中「性」（英文版按照標準的做法將其翻譯為「nature」）字用法的經典分析中，他指出「性」字來源於「生」字（生命、生長），它最初象徵著「生命進程的方向」（信1997，1-2）。在孟子——正是他的人性論界定了理學的主題——的用法中，「性」獲得了道德的維度。孟子認為「性」是一個物種的自然傾向，並極力捍衛人類具有內在道德傾向的觀點。用信廣來的話說，說x具有某些特別傾向作為x的「性」，即是說這些傾向是「x的構成部分」（信1997，8）。在這一意義上，「性」字可以被恰當地翻譯為「nature」。

儘管對人性的定義是宋明理學道德哲學的主要課題，但這一問題對當代倫理學家或心理學家來說可能不是一個切題的話題，因為它本質上是一個形而上學的問題。理學家普遍關注的是人類道德的形而上基礎，而非經驗基礎，他們信奉儒家經典著作《易經》、《孟子》，特別是《中庸》所宣導的道德形而上學。古代儒學的道德形而上學把人的存在與某種先天條件

（天之所賦）聯繫起來。宋明理學家全部接受了這一觀點，無一例外。在他們看來，人類不是通過社會制約才成為道德生物的，而是天生如此。當然，這樣的觀點應該是經驗上可實證，或至少是可否證的；然而，對理學家來說，這種關於人性的形而上事實是他們的首要原理——是他們接受為理所當然、無可爭議的客觀真理。朱熹尤其是把對於人性的這一形而上學信念的辯護和闡述作為他的哲學和教育學的主要關注點。

朱熹的人類道德本質觀是建立在他關於世界構成的形而上學基礎上的。在他看來，萬事萬物都是由氣構成的，而氣又是由理進一步調節的。要產生任何事物，氣的運作必須是功能性的，而且氣的構成必須達到最基本程度的平衡——它必須同時包含陰陽，而且這種結合不能是自我毀滅的。他解釋《易經》的著名口號「一陰一陽之謂道」為氣運行的規律。它所描述的事實是，一切事物都在陰陽之間有一個平衡的互動，任何事物要能繼續存在，都不可失去這種平衡。朱熹將這一理念概括為「物物具一太極」（朱2002，14：184）。

如果物物皆具一太極，那麼我們如何解釋人與禽獸、有生命之物與無生命之物間的差異呢？朱熹把這種差異歸因於氣的分布。氣構成了所有生物的身體層面，有些生物沒有其他生物那樣敏銳的感官；有些動物缺乏人類所具有的敏銳的智力。一個生物的身體構造會對它可能實現的境界造成限制；例如，有些動物根本不會推理，有些動物沒有語言能力。朱熹以螞蟻為例解釋了這種物理限制。儘管螞蟻是自然的一部分，與人類共用著自然的法則，但牠們是如此微小，以致牠們除了權力與勞動的分工外，無法表現任何結構（朱2002，14：185）。

當一個學生問人們的「天命之性」在完備性上是否有程度的差異時，朱熹拿太陽和月亮的光輝作了個類比：

> [天命之性] 非有偏全。謂如日月之光，若在露地，則盡見之；若在蔀屋之下，有所蔽塞，有見有不見。昏濁者是氣昏濁了，故自蔽塞，如在蔀屋之下。然在人則蔽塞有可通之理，至於禽獸，亦是此性，只被他形體所拘，生得蔽隔之甚，無可通處。（朱2002，14：185）

從這一回答中我們可以看出，朱熹認為人類在身體構造方面與其他生物有區別，而這區別進一步導致了他們在心理構成上的差異。然而，儘管人類和非人類生物因其身體結構的限制而具有不同的稟賦，但它們都被賦予了同一種理。朱熹曾經另用「杓水」之喻來解釋人、物在分殊之理上的同與異：

> 人物之生，天賦之以此理，未嘗不同，但人物之稟受自有異耳。如一江水，你將杓去取，只得一杓；將碗去取，只得一碗；至於一桶一缸，各自隨器量不同，故理亦隨以異。（朱2002，14：185）

這一解釋再次表明，生物精神能力層面的質的差異是由其物理構造的差異所造成的。

從朱熹的諸多論述中我們可以看出，他對人與其他生物之性是相同還是不同存在著矛盾的看法。一方面，他想要斷言世界上的每一事物都分有太極；另一方面，他也不想否認人性的

獨特性。然而，一旦我們理解了朱熹所說的「性」字的含義，
這種表面上的不一致就可以得到解決。

　　首先，朱熹將事物的分殊之理與它的功能相結合，如本例
所示：「舟只可行之於水，車只可行之於陸」（朱2002，14：
189）。基於其特定的結構，每一事物都有其特定的運作和可用
性。我們也可以把對事物之性的功能性分析擴展到人性之上：
說我們有某種本質，就是說我們被賦予了某種由「人之理」所
界定的特殊功能，來履行作為人的角色。不過，在談到以人性
所例證的人之理時，「理」一字帶了規範性的意義，而規範我
們應當如何做。按照朱熹的說法，「『天命之謂性』，命，便
是告箚之類；性，便是合當做底職事。如主簿銷注，縣尉巡
捕」（朱2002，14：192）。換句話說，「人之性」其實是我
們應該完成的「合當做底職事」，因此，它代表了我們的規範
目標和我們的終極狀態。不能否認，朱熹確實說過人性是我們
與生俱來的，但這僅僅意味著我們作為人類生來就具有一種規
範性的責任。因此，朱熹關於「性」的觀點是「實然」與「應
然」的融合：一物之性就是它為了與其名相稱而應該履行的功
能；一人之性是他／她為了被看作是人而應該去執行的規範性
職責。由於人與其他生物具有不同的功能和規範性職責，人與
物有不同的理，因此不能歸於同等之性。然而，就人與物都具
有各自的理和規範性角色而言，他們都被賦予了同樣的天理。
我們可以用當代的視角來看待朱熹的觀點：太陽底下的一切事
物在整個宇宙規劃中都有其恰當的角色。

　　按照朱熹的說法，「性中所有道理，只是仁義禮智」（朱
2002，14：192）。在這段話以及其他地方，朱熹把人性的內容

定義為四德，而不是孟子所主張的作為四德之根或芽的四端：惻隱、羞惡、辭讓、是非之心。當孟子宣稱人性本善時，他指的是人的自然道德情操，或者如信廣來所說的，人的「導至道德理想的情感傾向」（信1997，14）。然而，當朱熹聲稱接受孟子的人性觀時，他卻把這一觀點修改為對於我們的規範性目標了。換言之，對孟子來說，人之性在於我們的自然的道德情操[1]；而對朱熹來說，人之性在於我們作為人類一成員的道德使命。就這一點而言，朱熹把在孟子的用法中關於人之「性」描述性意義轉化為規範性意義。然而，朱熹對人性的理解仍然可以追溯到孟子。在《孟子》中，「性」字有時也用作動詞。按照信廣來的說法，「性」字在孟子那裡的動詞用法，「關係於讓某些東西真正地成為自己的一部分」（信1997，9）。這種用法指的是人們為能真正擁有自己之「性」所付出的努力。孟子在稱讚聖人堯舜時，稱他們能「性之」（作為動詞）自己的自然傾向。這裡我們看到，即使在孟子的思想中，人性的概念也已經表達人的思維和行為的規範了。「成性」這樣一個規範性目標——去擁有自己之性，或忠於自己之性 ——界定了我們的道德資格，沒有它，我們就不具備「人」的資格。

在孟子的傳承中，人與其他動物的區別不僅體現在生物分類學（或氣的構成）上，還體現在道德分類學上。「人類」構成了一種道德類型，而這種道德類型的標準正是「人性」。就

---

[1] 按照信廣來的說法，孟子把「性」「看作由心的倫理傾向發展構成的，或至少將其作為中心組成部分」（信1997，10）。信廣來這裡的「心」指的是孟子稱之為「四端」的四種道德情操。

如信廣來指出的，「人」這一概念在《孟子》那裡表示的並不是一種生物類型，而是一種以人類的文化能力為特徵的規範類型：

> 人作為一個物種的區別不在於他們的生物構成，而在於他們具有某種文化成就的能力。例如，有些文本描述一個否認社會之（君臣父子）差別（3B：9）或（戕賊資質）沒有充分利用自己的能力（6A：8），稱他們為是禽獸也，或是近乎禽獸也。因此，在《孟子》和其他早期文本中，「人」之所以被視為與低等動物不同的物種，是因為人具有文化成就的能力，比如人類能成立社會階級，並能遵守維持這種階級差異的規範。（信1997，12）

如果「人」一字指涉的是一種規範類型，那麼所謂「人之性」就不是我們與生俱來的狀態，而是作為一種文化或道德類型的規範來主導人類。在孟子把「人」界定為規範性種類的基礎上，朱熹明確地提出了「性」的規範意義：「性即理也。當然之理，無有不善者」（朱2002，14：196）。他在這裡主張的是，一個特定事物之性就是它應該（當然）成為的模式。人之性善，不是說我們可以保證不做壞事，而是因為我們都「應該」成為善的。正如朱熹所認可的《中庸》所定義的那樣，這種「應然」來自天命：「天命之謂性；率性之謂道。」換言之，「性」是我們與生俱來的義務，或說是我們在宇宙中被賦予的角色。雖然這種「應然」的規範性的起源是客觀的、外在的，但它同時也內在於我們的存在之中。對與錯的標準根植於

我們的本性之中，但它不是我們人類發明的，也不是我們建構的。朱熹的道德實在論肯定了道德原則的實在性，不過他又同時界定道德原則內在於人性。因此，它可以被稱之為「內在道德實在論」。

善與惡的根源

對宋明理學家而言，「惡」為何存在的問題對孟子的樂觀人性論構成了真正的威脅，必須予以正視。朱熹認真地對待了這一挑戰。朱熹完全接受孟子的人性觀，但他也批評孟子的人性觀缺少一個重要的層面：氣的構成。正如信廣來所言，「朱熹接受了二程兄弟關於看待性的兩種方式的區分──本然之性和氣質之性──認為前者是完全的善，而後者則有成為不善的可能性」（信2010，178）。信廣來把這種區分稱之為「看待性的兩種方式」，但它們實際上是兩種性，並具有不同的來源──理與氣。二程兄弟的「二性」的思想來源於張載。張載認為，我們既具有「天地之性」，也有「氣質之性」[2]。前者是孟子所說的人人共具的道德本質；後者是我們在人身上觀察到的道德差異之原因。二程兄弟曾經評論到，（孟子）論性而不論氣是不完備的。他們認為張載的氣質之性的思想完成了這一圖景。人與人之間氣的構成的不同，說明了為什麼有些人天生比別人善良或聰明，或者為什麼有些人意志薄弱，缺乏道德決

---

2 「二性」這一暗示並非源自張載，但追循其歷史來源是一個複雜的問題，超出了本書的範圍。第八章將對張載的相關概念進行詳盡討論。

心。換言之，人與人之間善惡的差異，部分是源於我們與生俱來的生理傾向和心理特質[3]。這些哲學家都用我們生來不同的氣之構成來解釋人類惡的存在。這種對人類存在根基之氣層面的強調，就是把善與惡的根源歸於我們出生時的情況。所以如果人類的道德成就不完全是社會制約的結果，那麼人類的不道德也同樣不是社會制約的結果。按照朱熹的說法：

> 孟子之論，盡是說性善。至有不善，說是陷溺，是說其初無不善，後來方有不善耳。若如此，卻似「論性不論氣」，有些不備。卻得二程說出氣質來接一接，便接得有首尾，一齊圓備了。（朱2002，14：193）

在這一段落中，朱熹解釋當談論人性時，不能不考慮每一個人的生理和心理傾向。這些傾向構成了張載所說的「氣質之性」。朱熹用一個比喻來說明張載的「二性」思想：「天命之性，若無氣質，卻無安頓處。且如一勺水，非有物盛之，則水無歸著」（朱2002，14：195）。在這一比喻中，朱熹把這兩種性（氣質之性與天地之性）看作是容器與其所盛之物：我們的道德本質需要在我們的生理構成（比如我們的性情、智力或其他人格特徵）中實現。由於氣是所有存在的實際構成成分，所以氣在構成上的差異性也正是我們的道德差異以及我們在能

3　在這裡我們必須提醒讀者，根據信廣來的看法，「儒家思想家並沒有在我們所說的人的心理和生理方面做出明顯的區分，因此，說到心理，已經超出了他們自己表達觀點的方式」（信2010，177）。

力、智力、身體結構等各方面有差異的原因。正如水瓢的大小和容積不同所盛的水量也不同，我們在具體的氣質構成上的不同，也導致我們的道德本質有不同程度的歧異。

孟子當然也意識到惡的問題，但他把它原因歸結於外在的影響（6A：6）、環境的逼迫（6A：2）、先天善端的發展不足（6A：6）、心之不思（6A：6）、惡行累積而導致原來的善良本性被破壞（6A：8）、失其本心而未能尋回（6A：10、6A：11）、自我放縱（2A：6）等等。孟子對不道德的根源的解釋與這些理學家的主要不同之處在於，孟子在尋找外界影響或後天的人為因素，而這些理學家則將其歸因於我們與生俱來的差異。即使氣質之性不是來自普遍的善之理，亦即不是「天命」，但它仍是我們與生俱來的。換言之，氣質之性在一定程度上超出了我們的控制範圍。

在關於程顥將「性」定義為「生之謂性」，朱熹評論到：

> 天之付與萬物者謂之「命」，物之稟受於天者謂之性。……性命，形而上者也；氣，則形而下者也。形而上者，以理渾然，無有不善；形而下者，則紛紜雜揉，善惡有所分矣。（朱2002，23：3276）

在這段話中我們看到，朱熹把我們心理和道德構成的先驗和後驗層面區分開來。先驗的層面就是他所說的「性」，是純粹至善的。然而，在後驗層面，我們的道德成分是不均等的。按照朱熹的說法，「人之性皆善。然而有生下來善底，有生下來便惡底，此是氣稟不同」（朱2002，14：198）。有些人生來

就有更明顯的變壞的傾向。例如，有些人容易憤怒和暴力，而有些人意志薄弱，優柔寡斷。這些都是我們的性格缺陷，生來就有。這就是為什麼即使所有的人都具有相同的天賦，每個人都具有成為一個完備的道德行動主體的潛能，但成功的程度則各有不同。因此，朱熹對人類惡存在的回答很簡單：它就是我們心理構成的一個自然事實。孟子的觀點來自於孔子：「性相近也，習相遠也」（《論語》17：2）。孔孟二人都把人類惡的根源歸結於外來的影響和後天的人為因素。而朱熹在人性中加入善與惡的先天差異，實際上是背離了儒家傳統的「人性具有普遍善」教義。

如果氣質是我們中一些人更容易成為壞人的原因，那麼我們能做些什麼來改變我們既定的狀態呢？在這個關懷下，我們轉向朱熹的道德心理學。

朱熹關於情感的道德心理學

在氣質之性的層面上，朱熹強調的是我們的感覺和情感。他信奉張載的「心統性情」的學說。按照朱熹的說法，「蓋性即心之理，情即性之用。……橫渠『心統性情』語極好」（朱2002，14：227）。在朱熹的道德心理學中，人心對我們的道德成就以及道德失敗負有完全的責任，他認為心有時可能是「不善」的（朱2002，14：228）。然而，如果心同時包含性與情，而性是純粹至善的，那麼可能引導我們的心偏離善的部分一定是感覺和情感。

朱熹對人的感覺和情感持著一種謹慎防備的態度。在他

心目中，甚至被孟子推崇為「性善」之證明的「四端」，以及仁、義、禮、智等道德情操，也都不是完全沒有問題的，因為它們也可能導致錯誤的行為。正如朱熹所言，「若惻隱多，便流為姑息柔懦；若羞惡多，便有羞惡其所不當羞惡者」（朱2002，14：193）。換句話說，我們的情感，即便是所謂的道德情操，如四端，也可能偏離規範，促使我們犯道德上的錯誤。

朱熹將我們的心區分為兩個維度：一個維度與道相一致，被稱之為「道心」；另一維度則被稱為「人心」。這一區分源於《尚書》的「人心惟危，道心惟微」。朱熹把道心看作是心對理的認知理解，而把人心則定位在人的情、欲層面。然而，他一再強調他的「一心」說：道心、人心的區分僅僅是基於心的意向目標，而不是意味著我們真的有一個分裂的心。他說，「此心之靈，其**覺**於理者，道心也；其**覺**於欲者，人心也」（朱1986，4：1487，黑體為作者所加）。這一評論表明，上述區分僅僅是基於人心之「覺」的意向目標。在回答一個學生關於這一區分的提問時，朱熹解釋到，「只是這一個心，知覺從耳目之欲上去，便是人心；知覺從義理上去，便是道心」（朱2002，16：2663）。在他的評價中，最高道德行動主體——聖人——與一般人的區別僅僅在於，聖人只保有道心，而一般人往往被他們的激情和欲望所支配。人心雖然不單純是惡的，但容易受誘惑而走向歧途；因此，它的狀態是「危（不穩定的）」。換句話說，我們不能讓情感和欲望自由支配自身，因為它們不能被信任。

對朱熹而言，「惡」是情感失衡的結果。作為生物的和道德的存在，我們有我們的自然情感和先天的道德情操。「發

而中節亦是善，不中節便是惡」（朱2002，14：363）。中文短語「中節」字義是「合乎禮儀」、「合乎節拍」（在音樂領域）、「風調雨順」、「有正確的衡量標準」，等等。換言之，事物是否「中節」有一個外在的、客觀的標準。如何為我們的情感和欲望的「中節」確定一個客觀標準當然不是一件容易的事。朱熹的答案是向聖人的精神狀態看齊。聖人的情感和行為總是「中節」的。因此，聖人在特定情境中的感受和反應成為我們所有人的外在標準。因此，我們需要向聖人學習。

朱熹將欲望與情感聯繫起來，並用水的隱喻來解釋二者的關係：「欲是情發出來底。心如水，性猶水之靜，情則水之流，欲則水之波瀾，但波瀾有好底，有不好底」（朱2002，14：229）。儘管朱熹承認某些欲望可能是好的，比如道德行動主體實現仁的欲望，但總體上他認為人的欲望與天理是不相容的：「人之一心，天理存，則人欲亡；人欲勝，則天理滅。未有天理人欲夾雜者」（朱2002，14：388）。因此，在人們的內心，善與惡，天理與人欲之間，有著一場持久的鬥爭：「此勝則彼退，彼勝則此退，無中立不進退之理」（朱2002，14：389）。人們具有被自己的欲望引入歧途的危險，故不可放任自己的欲望，而應該不斷學習：「未知學問，此心渾為人欲。既知學問，則天理自然發見，而人欲漸漸消去者，固是好矣。然克得一層，又有一層。大者固不可有，而纖微尤要密察」（朱2002，14：390）。終極來說，學習過程的目標是「革盡人欲，復盡天理」（朱2002，14：390）。一個人對是與非、真理與道德瞭解得越多，他的欲望就會越少。沒有欲望的干擾，人自然會轉向正確的道路。換句話說，要實現道德，必須依靠向聖人

學習來抑制自心的欲望。

　　然而，如果惡源於心靈的情感表現和物質欲望，那麼人心就不再是道德的充分基礎。正如艾文賀（Philip J. Ivanhoe）所指出的，在朱熹的人性理論中，我們不能保證能在道德上成功，我們也不能完全相信人心在實現道德稟性方面的能力：

> 由於我們原初的、純潔的本性仍然陷在氣裡，無論我們多麼努力或多麼長久地進行自我修養，我們永遠無法完全擺脫人心的限制。因此，我們的道德地位仍然處於「危」的狀態，而「容易犯錯」。朱熹哲學的這一面向使他以一種高度不信任的態度來看待人心，並指望「道心」作為絕對的標準與嚮導。（Ivanhoe 2009，39）

　　我們可以得出這樣的結論：儘管朱熹肯定了人性本善，但他對個人道德善的實現並不樂觀。我們擁有一個純粹至善的道德本質，但這一先天的道德基礎坎陷於後天的氣質（它表現在我們的人格、性格、情感和欲望上）之中。氣質之性阻礙了天賦的道德本質在個人的心靈中的完全實現。為了要抗拒由我們氣質之性所導致的道德雜質或道德失敗，我們需要求助於「心」來修身養性。

人心在道德修養修養中的作用

　　前面的討論告訴我們，對於朱熹來說，我們與生俱來的本性並不能使我們的道德成就成為可能。換句話說，我們的善

良本性對我們的道德來說在因果性上是不足的。即便我們有一個內在的道德本質，它定義了我們是什麼，我們應當成為什麼；但一旦出生，我們的氣質之性立即就主導了我們的日常行為。要恢復我們本性賦予我們的道德地位，我們就需要努力糾正任何偏離了我們性之理的情感和欲望。在第三章中，我們考察了朱熹的理氣之辨，指出朱熹的理與氣之運行在因果上是分離的。在關於人性的討論中，我們也看到了善良的本性在因果上是無功效的。當有人向朱熹問到：「天地之性既善，則氣稟之性如何不善？」朱熹的回答是，雖然理無不善，但不同的人有不同的氣稟，「且氣強而理弱，理管攝他不得」（朱2002，14：200）。由此可見，對朱熹而言，人性固有之理不能作為道德的基礎。即便它本身是善的，它也不能為我們的善負責。

在前面朱熹關於「性」與「工作職能」的類比中，我們已經看到，對他而言，人性是天之所賦，但它本身在履行規範職責方面是無效的；正如主簿有應該保持記錄的職責並不能擔保主簿真的會去記錄費用一樣，人性本身也並不能促使我們履行與作為與身為人有關的規範性義務。真正使人性彰顯於人之存在的其實是人心。朱熹將人性比作官員的「職責」，而把人心比作「官員」（朱2002，14：192）。這表明朱熹把「心」作為我們的能動性之所在。沒有人心，人性自身不足以促成我們的道德實現。朱熹說，「無個心，卻將性在甚處」（朱2002，14：192）。這句話清楚地表明在朱熹的人性論中，性是被動的既與狀態，而心才具有主動的能動性。對我們的道德實現而言，人性可以看作是存有的基礎，但真正具有因果效力的是人心。正如朱熹所明確宣明的，一切都是心之所為：

> 《中庸》說「天命之謂性」，即此心也；「率性之謂道」，亦此心也；「修道之謂教」，亦此心也……致知，即心知也；格物，即心格也；克己，即心克也。（朱2002，14：362）

然而，我們也解釋過「心統性情」，心包含人性和人的情感狀態——包括情感和欲望。如果性是無因果效力的，而情是惡的根源，那麼人心就必須有其他功能來負責成就人類道德。朱熹認為這就是「志」。在他看來，志是「心之帥」，它為心指明方向（朱2002，14：358）。志和欲都是意向性的——它們都涉及外在世界的物體或事件，但志和欲的不同之處在於欲是由外在事物被動地觸發的，而志則是心之採取主動而意有所作為。

按照朱熹的說法，「立志要如飢渴之於飲食，才有悠悠，便是志不立」（朱2002，14：282）。換言之，人們想要做好人，就必須有熱切、認真、坦白的決心。這一意圖必須始終如一，朱熹稱之為「不失本心」或「求放心」（朱2002，14：282）。決心和方向來自個人的努力，因此，道德的實現並不能由我們既定的本性而得到普遍的保證。

朱熹認為，聖人不過是「做得人當為底事盡」（朱2002，14：280）。也就是說，聖人是完成了人的道德地位，實現了人之本性的人。由於成為「聖人」只不過是成為典範意義上的「人」，每個人都應該有向聖人學習之志，並把「成聖」作為自己的責任。道德修養開始於這一步：讓心朝向成聖的正確方向。然而，如果人們不能不斷地控制自己的情感和欲望，以至

消除人類的欲望，就不可能實現這一目標。朱熹的名言「革盡人欲，復歸天理」常常被批判為煽動了宋明社會的過度道德化和壓抑情欲的文化。在第七章，我們將看到王夫之嚴厲地抨擊宋明理學對人欲的貶低和壓抑。

小結

在這一章中，我們看到朱熹相信人類具有天賦的道德本質。這是基於他對人類道德實在的形而上學信念。在他看來，世界的存在方式與人類的存在方式之間存在著一種演繹性關聯：「蓋天地之心，其德有四，曰元亨利貞……故人之為心，其德亦有四，曰仁義禮智」（朱2002，23：3297）。朱熹全面地接受了古代儒家的道德形而上學，並在此基礎上發展了他自己的、我們稱之為「內在道德實在論」的人性論。

在朱熹的內在道德實在論中，道德事實獨立於人的意見，道德真理被視為自然真理。人在宇宙中承擔著特殊的規範性角色，人的規範性職責被定義為人之性。然而，最終來說，儘管朱熹主張人具有道德本質，並認為人的存在內在地具有客觀的道德原理，但他對人的道德成功之信念，是建立在個人努力之上，而不是在先天的道德本性之上。他對人類情感和欲望的蔑視態度使他的道德心理學成為一種反情感主義（anti-sentimentalist）的宣言。

在第十章，我們將考察朱熹關於道德修養的詳細方案。

原始文獻

朱熹1986，《朱子語類》，8卷，北京：中華書局。

朱熹2002，《朱子全書》，27卷，上海：上海古籍出版社、合肥：安徽教育出版社。

英文選譯

Chan, Wing-tsit (trans.) 1963. *A Sourcebook in Chinese Philosophy*. Princeton, NJ: Princeton University Press. 4th printing, Chapter 34.陳榮捷譯，1963。《中國哲學文獻選編》，普林斯頓，新澤西：普林斯頓大學出版社，第34章。

——1967. *Reflections on Things at Hand* (compiled by Zhu Xi). New York: Columbia University Press. 陳榮捷譯，1967。《近思錄》（朱熹編著）。紐約：哥倫比亞大學出版社，

Bruce, Joseph Percy (trans.) 1922. *The Philosophy of Human Nature*, by Chu Hsi, Translated from the Chinese (Classic Reprint). London: Forgotten Books, 2013. Bruce, Joseph Percy譯，1922。《朱熹的人性哲學》，倫敦：Forgotten Books出版社。

Gardner, Daniel K. (trans.) 1990. *Learning to Be a Sage: Selections from the Conversation of Mater Chu, Arranged Topically*. Berkeley, CA: University of California Press. Gardner, Daniel K. 譯，1990。《學以成聖：朱子語錄選》（按主題編輯）。加州，伯克利：加利福利亞大學出版社。

第六章

陸象山和王陽明的 「心即理」學說

引言

　　陸象山和王陽明的學說通常被合稱為陸王學派，以區別於程頤和朱熹的程朱學派。陸象山和王陽明排斥程朱學派「性即理」的主張，而宣稱「心即理」。作為一種形而上學主張，「心即理」這一命題很容易被解釋為「心是終極實在」，從而使人們聯想到英哲巴克萊（Berkeley）的唯心論。正如艾文賀（Philip J. Ivanhoe）所言，「當代學者中不乏有人認為陸象山的唯心論否定了獨立於心靈的世界之存在」（Ivanhoe 2009，34）。在經典的《中國哲學資料選編》中，陳榮捷也將王陽明的觀點等同於「生動的唯心論（dynamic idealism）」（陳1963，655／陳2018，547）。然而，Ivanhoe正確地指出，陸象山的主張「並未以任何方式否定獨立於心靈的世界之存在，他也確實從未懷疑或質疑物質世界之存在」（Ivanhoe 2009，34）。在以唯心論是對陸王之「心即理」的錯誤解為前提之

下，本章將對陸象山和王陽明的觀點做一個不同的分析，將其看作是一種人文主義的道德實在論和實用主義的形而上學（pragmatist metaphysics）。

正如本書導論部分所解釋的，程朱學派和陸王學派爭論的焦點在於要把理置於人性還是人心。前者被稱之為「性學」，後者則被稱之為「心學」。在這場爭論中，學者們一直把焦點放在性與心的對抗上，但這場爭論的性質並未被澄清。在本章中，我們把朱熹的「性即理」與陸王的「心即理」之間的區別，看作為主要是關於人類道德根源的分歧意見。對朱熹而言，道德是超越性的，獨立於人類的概念系統；但對陸象山和王陽明而言，道德是人心的特權。借用實用主義形而上學的描述，我們也可以說，在這種世界觀中，「道德是一種人類現象，它是在人類世界中從人類生活中產生的，而不是任何預先存在的道德『自身』，或是有如從上遞下的指令」（Pihlström 2005，33）。朱熹要求我們去「格物窮理」，因為理是外在於我們的；而陸象山和王陽明則主張求理於我們自己的內心。換言之，陸象山和王陽明所要建立的觀點是道德並不是通過某種天命而為我們預先建立的。個人之立志為聖，決定了他的價值體系，而每個人自我設定的價值會導致其傾向於以某種特定的方式去尋求「理」。各個道德主體的特定道德信念（畢竟，在王陽明看來，我們原本都是聖人）共同構成了一個公共的道德實在，由我們共享的情操和關切來界定。這是我們人類所共同參與的道德實在。道德事實是由我們人類所建立的，並且是我們人類可以當下感知到，而不是存在於任何先驗的領域。為了在上述意義上建立道德的客觀主義，陸象山和王陽明必須能夠

證明我們在道德意識、道德情操和道德判斷上確實具有共同的主體間共通性。在本章中我們將看到，對這兩位哲學家而言，客觀性是如何表現在人與人的主體間共通性中。

「心即理」與「理具於心」

陸象山的著名口號「心即理」（11：5b-6a）受到各種不同的解讀，特別是在心與理的關係方面。陳榮捷把陸象山的觀點稱為「唯心論」（陳1963，573），而陳來不同意這種解釋，並指出陸象山「並不認為天地之理是人心所生」（陳2005，151-152）。牟宗三認為，這一命題表達了康德式的自主性概念：意志為自我設定個人必須遵守的道德法則（牟1979，10-11）。Ivanhoe在陸象山的努力背後看到了一種黑格爾主義精神：尋找世界的統一，亦即一個「不僅能解釋而且能認證一個涵括社會、政治以及個人面向的普遍方案」（Ivanhoe 2010，254）。這些形形色色的解釋可顯示我們很難理解陸象山在宣稱心「即」理時的真實意圖。

中文的「即」字，雖然一般翻譯為「is（是）」，但其字義也包括「being close by（接近）」或「inseparable（不可分割）」。所有這些字面解釋都不能給我們一個明確的指示，應該如何去正確地理解心與理之間的關係。不過，從陸象山的文本分析中我們可以看到，「心即理」所表達的是心與理之間不可分割性，而不是同一性。陸象山說「蓋心，一心也；理，一理也。……此心此理，不容有二」（1：3b-4a，陳2018，487）。陸象山主張心即理，但這並不代表他認為宇宙法則是心

靈的構造並依賴心靈而存在。按照陸象山的說法，「宇宙間自有實理」（陳2018，491）；更進一步而言，「此理乃宇宙之所固有」（陳2018，490）。換言之，當他斷言「宇宙即是吾心，吾心即是宇宙」時（陸1981，483），他並沒有否認宇宙或宇宙之理獨立於心靈而存在。

　　陸象山認同孟子的四端說，並主張仁、義、禮、智等道德德性是人心之理。他說，「敬，此理也，義，亦此理也；內此理也，外亦此理也……故曰『萬物皆備於我』」（陳2018，487）。從這句話中我們可以看出，「理」字在陸象山的概念中與在朱熹和張載那裡不同——朱熹和張載的「理」既指心中之理，也指氣中之理。陸象山的「理」概念既不是指宇宙模式（在朱熹的意義上），也不是指氣化運行之秩序（在張載的意義上）。在陸象山的論述中，「理」概念具有規範的意義，而且僅僅表示道德原理。換言之，陸象山的「心即理」的命題只是斷言支配宇宙的道德原理已經包含在人心之中。更進一步而言，道德原理是普遍存在於人心之中的：「天之所以與我者，即此心也。人皆有是心，心皆具是理」（陳2018，491）。陸象山有一個特殊的關切——在他的哲學中，只有與人的行為和道德有關的東西才是重要的。

　　王陽明受到陸象山思想的啟發，而發展了一個頗具影響的宋明理學的心學學派，與主要由朱熹所宣導的性學學派平行發展。在陸象山「道德原理具於心靈之中」這一觀念的基礎上，王陽明主張一切事、一切理皆在心靈之中。他的關懷超越了陸象山的道德追求，而發展成為一種對整體實在的「主觀主義」。按照王陽明的說法，「夫物理不外於吾心，外吾心而求

物理，無物理矣」（陳2009，99[1]）。當他的朋友問到南鎮深山中的花樹看起來是獨立於人的心靈而存在的：「天下無心外之物，如此花樹，在深山中自開自落，與我心亦何相關？」陽明回答：

你未看此花時，此花與汝心同歸於寂；你來看此花時，則此花顏色一時明白起來。便知此花不在你的心外。（王1994，234）

這一引文給人一種巴克萊式唯心論的印象。然而，若將王陽明的這一評論解讀為一種唯心論宣言，卻是一種誤讀。王陽明並不是在否認深山之花先於人類的感知而存在；反之，他只是聲稱它們的屬性是通過人類感知變得生動的——我們將物體的屬性賦予它們，因為物體正是基於生物的感知才獲得了可感知的屬性。王陽明並不是在宣稱如巴克萊所說的「存在即是被感知（to be is to be perceived）」，而是在說「擁有屬性即是被感知（to have properties is to be perceived）」。每個物體的存在的確不依賴於心靈，然而，物體的屬性則依賴於心靈的感知，因為它們的定義，或甚至它們的形成本身，都是在與人類感官的關係中成立的。例如，「可見的」即是人的肉眼可以看到；「可聽的」即是人的耳朵可以聽到。王陽明將顏色歸入這種基於感知的屬性範疇。這一歸類法可以與英哲洛克（John Locke）

---

1 英文版引文出自Ivanhoe 2009，110，這裡的中文版引文出自陳榮捷：《王陽明傳習詳注集評》，上海：華東師大出版社，2009。——譯者注

相媲美。洛克將物體的屬性分為第一性質（primary quality）和第二性質（secondary quality）。第一性質被洛克認為是真正存在於物體本身，而第二性質則是物體與心靈相互作用的結果。洛克把顏色歸屬於第二性質的範圍。不過，對王陽明而言，所有的屬性都應該屬於第二性質，因為他聲稱沒有任何事物和事態是外在於心靈的。

王陽明之所以說人心構成了實在的基礎，所表明的是，要是沒有人心的認知，世界將不再有任何範疇與區分。按照王陽明的說法：

> 充天塞地中間，只有這個靈明。人只為形體自間隔了。我的靈明，便是天、地、鬼、神的主宰。天沒有我的靈明，誰去仰他高？地沒有我的靈明，誰去俯他深？鬼、神沒有我的靈明，誰去辨他吉、凶、災、祥？（王1994，272）

這段話從主觀感知者的感知和概念來定義世界的本質和分類。按照Ivanhoe的說法，王陽明的「心即理」命題主張的是心「本身就是構成、規範以及賦予現象世界以意義的理」（Ivanhoe 2009，112）。如果我們把這一語境中的「理」解釋為「模式」，我們也可以把王陽明的觀點看作是主張「模式內在於心靈」。理內在於心，因為是人心賦予世界以模式或結構。在人類的感知和知性化之外的赤裸裸的世界並不存在意義，而且不是僅僅「對我們不存在意義」，而是本來就不存在意義。

　　王陽明的形而上學並不是像唯識宗那種把一切存在都化約為心靈之認知的唯心論。對他而言，世界真實地、客觀地存在於心靈之外；只有萬物的類型與功能是依賴於心靈的認知。按照他的說法，「天、地、鬼、神、萬物，離卻我的靈明，便沒有天、地、鬼、神、萬物了。我的靈明，離卻天、地、鬼、神、萬物，亦沒有我的靈明。如此，便是一氣流通的，如何與他間隔得？」（王1994，272）。換言之，世界與心靈之間互為基礎、相互依賴。世界和心靈都是由氣構成的；氣是實在的，所以外在世界和行動主體都是實在的。按照David W. Tien的說法，「與許多現代對王陽明形而上學的解釋相反，王並不是巴克萊式的本體論唯心論的追隨者，那種唯心論主張物質存在只是心靈的表象或表達⋯⋯以理學的哲學術語而言，王陽明是個理—氣的實在論者，他認為心靈之外存在著一個世界，理確實存在於外在世界中，而且氣也外在於心靈而實有」（Tien 2010，299）。由於世界和感知主體都是實在的，所以世界本身並不依於心靈來存在，儘管所有事物的性質和類型都是依賴於心靈來建立的。

　　借用當代哲學家普特南（Hilary Putnam）的一句名言，我們可以把王陽明的觀點解釋為「心靈與世界共同構成了心靈與世界（the mind and the world jointly make up the mind and the world）」。普特南對自己立場的進一步澄清更適用於王陽明的形而上學：「宇宙構造著宇宙，而人的心靈集體地在構造中起著特殊的作用」[2]（普特南1981，p. xi）。從這個詮釋角度

2　英文原文是："the universe makes up the universe—with minds—

來看，王陽明的世界觀仍然是一種實在論。它並不違背常識性實在論，因為他不會否認常識性的物體，如樹和花，確實存在於心靈之外。然而，它反對任何形式的形而上學實在論（metaphysical realism），這是因為，王陽明拒絕承認有任何存在於超驗領域的、人類經驗所無法進入的存在（如朱熹的理）。對陸象山和王陽明而言，在人類經驗之外，沒有什麼所謂的「實在」，因為我們的心靈（感知和概念）共同促成世界的結構。

人文主義的道德實在論

在當代的術語中，我們可以說陸象山和王陽明所建立的是一種道德實在論。道德實在論是關於道德事實和道德屬性的本體論和知識論地位的理論。最主要的一點是，道德實在論是對這些道德屬性和事實作出本體論上的肯定。在其通用形式上，道德實在論與一般的實在論[3]共有兩個基本主張：1）存在性：道德事實與道德屬性的存在是客觀的；2）獨立性：道德真理的真實性是獨立於任何人的信仰、道德信念、概念或觀點的。

陸象山和王陽明都堅定接受道德實在論，他們的道德實在論更進一步融合了道德普遍主義和道德客觀主義。道德普遍

---

collectively——playing a special role in the making up"——作者添注。

3　按照Alexander Miller（2010）的說法，一般實在論的共同論點是：事物a、b、c等等存在，而它們的存在以及它們具有F、G和H等等屬性（除了我們日常生活中有時遇到的那種經驗依賴性之外）都獨立於任何人的信仰、語言習俗，以及概念架構等等。

主義的主旨是道德原理對於處於相似情境中的個人有普遍適用性，而且對與錯、善與惡的標準無關於個人或社會文化的評價。道德客觀主義雖然與道德普遍主義有著密切的聯繫，但它提出了道德真理具有客觀性的具體主張：一種道德信念或道德主張的真實性不是通過個人的認同，或甚至普遍的共識，而成立的。客觀性是獨立於人們意見的，因為真理不依賴於任何人的意見或道德觀點。此外，客觀性這一概念不能簡單地歸結為人與人之間的主體共通性，因為它不是僅僅建立在大眾共識的基礎上，不管這種共識有多麼普遍。即便有一群具有完美思考過程的理性認知者，他們不會、也沒有能力，來決定或來專制地界定道德真理。道德事實是屬於世界的事實，而他們最多可以被稱之為對道德事實的「完美觀察者」。換句話說，在道德客觀主義中，道德事實不是由人類建立或建構的，儘管它們可以被道德事實的完美認知者（比如聖人）來發現和陳述。

　　根據Sayer-McCord的區分，「如果真理的條件主要是參考個人的標準，那就是『主觀主義』；如果主要是參考了群體的能力、約定成俗或是公認的作為，就是『主體共通主義』；如果無須參考任何人（包括他們的能力、作風或公俗），那就是『客觀主義』」（Sayer-McCord 1988，14）。根據這一標準，由於陸、王對天理的存在確信不疑，就有資格列入「客觀主義」。按照陸象山的說法，「此理在宇宙間，固不以人之明不明、行不行而加損」（《與朱元晦二》，陸1980，26[4]）。這句

4　英文本的引言出處是Ivanhoe 2009，61-62。中文版引自陸九淵：《陸九淵集》，鍾哲點校，中華書局，1980。——譯者注。

話清楚地表明，對陸象山而言，雖然理在心中，但它並不是由人心所發明或制定的。理的存在是我們的道德實在性的客觀事實，個人的意見不能決定它的內容或性質。在陸王的道德實在論中，「客觀性」等同「獨立於意見性」，因為真理並不依賴於個人的意見或道德觀點。

　　然而，陸象山和王陽明的道德實在論也致力於以人的視角來看待道德真理。他們的「心即理」或「理具於心」的命題將人類的道德概念提升到了先驗的層面。我們共同的道德圖景之所以具有客觀價值，並不是通過大眾偶然的共識；正相反的是，我們擁有相同的道德圖景，正是因為我們的心靈天生具有這種獲取客觀道德真理（天理或道）的特殊能力。客觀性確實並不依賴於單純的道德主體之間的共通性，但是一些主體間共通的道德概念之所以能夠掌握到真理，正是因為它們源於人類與生俱來的道德意識。道德原理內在於人的心靈之中，因此，人類天生具有一種道德感知能力，能夠立即正確地感知道德真理。換言之，在陸象山和王陽明看來，人的主體間共通的道德知覺能夠保證客觀的道德真理，因為他們相信人的心靈具有當下認識客觀道德真理的神奇能力。陸王學派所宣導的不是人的心靈能夠「集體地決定」道德真理，而是個人的心靈能夠「獨立地感知」道德真理。道德真理的客觀性不在於我們共有的觀點，而在於我們共有的道德「感知能力」。如果我們心靈中所擁有的是道德感知，那麼被感知的物事就並不依賴於或決定於我們的心靈。我們道德知覺的對象是天理，而天理屬於世界的客觀結構。同時，即使沒有其他任何人存在，一個人仍然可以

自信能夠正確地感知道德真理[5]，因為每個人都被賦予了這種道德感知能力。在上述的觀點中，客觀主義、主體共通主義和主觀主義奇妙地融合在一起了。

即使陸王的觀點帶有強烈的主體共通主義或主觀主義色彩，但它無疑是種道德實在論[6]。David Wong（1986）對道德實在論的幾種可能主張進行了如下分析，有助於我們對照理解陸王的道德實在論：

1）道德事實的真值獨立於人類的認知能力和概念架構而存在（obtain）[7]。

2）道德事實的真值獨立於我們識別它們存在的能力而存在。

3）道德陳述的真假與我們辨別它是真是假的能力無關。

4）道德陳述的真假取決於它與世界的對應關係（或者粗略地說，它的真假取決於它的語句結構，語句結構的單元與世界的單位之間的對照關係，以及世界本身的性質）（Wong1986，95）。

陸象山和王陽明可能會拒絕接受 #1：對他們來說，道德事實不是獨立於人的心靈而存在的。即使個人也許會對道德真理的把握有認知上的失敗，但是道德真理不可能完全獨立於人類的概念系統而存在。「善」與「惡」是人類的概念，它們最終與人類世界的各種狀態有關。正如陳來這樣解釋王陽明的「心

5　在本章的後面部分，我們還將解釋他們如何解釋認知錯誤的發生。

6　正如Sayer-McCord所言，「實在論並不是客觀主義者的特權」（Sayer-McCord 1988，16）。

7　obtain在這裡相當於to exist。——譯者注

即理」：人心為世界提供了結構與組織，「使事物呈現出道德秩序」（陳1991，32）。對陸象山和王陽明而言，道德實在即是人類的實在。

另一方面，陸象山和王陽明對主張 #2則不會有異議，因為他們承認我們在認識道德事實的能力上可能會有錯誤和不足。基於同樣的理由，他們也會接受主張 #3對於道德真理獨立於人們意見的肯定。然而，他們可能會拒絕主張 #4，因為「對應」的概念本身已經假定了一個行動主體／客體的二分法，這是他們不能接受的。如果道德世界是由世界和人的心靈共同構成的，那麼我們就不可能在人類心靈之外去探究道德世界的真相。

在陸象山的概念中，道德客觀性是建立在「人之生（actual forms of life）[8]」（陸1981，379）之上的，因為在人類存在之外，沒有道德，沒有價值，因此也就沒有道德客觀性。陸象山說得很清楚：「理之所在，固不外乎人也」（陸1981，379）。有人可能會問，如果我們人類對道德實在性的成立做出如此的貢獻，那麼這種道德實在性是否仍然像外在世界那樣客觀？其實，無論是陸象山還是王陽明，都認為道德實在是外在世界的核心。世界上的一切事物都需要我們正確地對待，而我們對事物之理的理解則主要來自於我們內心的反思。因此，在我們與外在世界的日常接觸中，我們已經被嵌入到所有理的道德實在性之中了。所有事態的共同之理構成了道——世界上的最高道德真理。按照陸象山的說法，「道者，天下萬世之公理，而斯人之所共由者也」（《論語說》，陸1981，263）。換言之，道

8　這一英文翻譯見Ivanhoe 2009，51。

與理不是我們的構造產品。它們才是道德真理的客觀基礎。

陸象山的觀點是一種明確的道德客觀主義——道德事實是可與他人分享的事實；它們具有客觀真理性，而且其有效性不受個人意見的制約。儘管如此，他還是會同意普特南的觀點：道德真理不能脫離人類的關切，而這些關切是普遍存在的。按照普特南的說法，「我自己堅持『有對與錯的道德判斷，以及有更好與更壞的道德觀點』這一立場的基本原因……只是因為這是我們——這個『我們』中包含我自己——討論和思考的模式，也是我們打算繼續討論和思考的模式」（普特南1992，135）。這一態度同樣體現在陸象山的如下評論中：

> 宇宙便是吾心，吾心便是宇宙。千萬世之前有聖人出焉，同此心，同此理也；千萬世之後，有聖人出焉，同此心，同此理也。東、西、南、北海，有聖人出焉，同此心，同此理也。（22：5a，陳2018，491）

更進一步，對陸象山而言，客觀道德真理的普遍性是來自於人心內在道德認知的普遍性：

> 心只是一個心，某之心，吾友之心，上而千百載聖賢之心，下而千百載復有一聖賢，其心亦只如此。（陳2018，496）

由於陸象山宣稱宇宙之理不過是人心中的道德原理，那麼我們就應該把他的形而上學主張看作是對「倫理性實在」的一

種陳述，或者借用Sami Pihlström的術語，「我們對世界的道德『圖像（image）』」（Pihlström 2005，10）。倫理性實在當然不僅僅關乎個人行為或人際關係。在陸象山的「心即理」命題中，我們與世界互動的方式，以及我們處理外界事物的方式，已經嵌入到我們的倫理體系中了。換言之，我們對世界及其萬物的概念化反映了我們對世界的評價和處理世界的方式。事物之理不過是人心的道德原理。因此，我們可以把實在自身簡單地看作「充滿價值的實在（reality of values）」；實在界就是我們的倫理實在。如果我們把「倫理」看作是「關乎以特定的方式看待世界，以及對世界和人生有某種特定的態度」（Pihlström 2005，11），那麼，「倫理」就是我們存在的先決條件。作為人類，由於我們的自我形象、我們的文化傾向和我們的人文關懷，我們本質上不可避免地是道德生物。我們必須選擇以某種方式對世界上的事物和事件做出反應，而不只是被動地接受和回應。我們與世界的互動反映了我們的價值系統與個人抉擇。對於陸象山來說，我們執著於以符合理的方式來對待世界及其物件，就正是我們對道德實在的執著——規範性原理是事物本身固有的，而我們在道德上有義務遵從這些理。同時，任何人都具有認識同樣規範性原理的道德感知能力。人類屬於同一種「道德物種」，是以我們必然具有相同的道德執著和道德見解。

　　按照陸象山的理解，事物的客觀之理只不過是人類應該對待或處理事物的方式。這樣一來，我們的道德知識已經是我們關於世界的事實性知識的一部分。我們可以把這種觀點理解為一種「實用主義」：世界上的事物存在於它們與人類事務的

相互關係中；理解事物之理就是知道如何正確地處理和利用它們。這解釋了陸象山為何會有如下的主張：「宇宙內事乃己分內事，己分內事乃宇宙內事」（陸1980，483）。對於陸象山來說，這種客觀性也有賴於主觀性，因為要知道如何正確地處理事物，首先要把握自己固有的道德原理：「人心至靈，此理至明。人皆有是心，心皆具是理」（陳2018，491）。

更進一步而言，主體性同時也是主體間共通性，因為在適當的條件下，每個人都會有相同的感知和判斷。陸象山所說的「適當的條件」是指我們不受物欲干擾時所具有的明晰的洞察力：

> 義理之在人心，實天之所與，而不可泯滅焉者也。彼其受蔽於物，而至於悖理違義，蓋亦弗思焉耳。誠能反而思之，則是非取捨，蓋有隱然而動，判然而明，決然而無疑者矣。（陳2018，491-492）

換言之，人類的道德感知中沒有不可逾越的等級制度，普通人的道德感知和聖人的一樣好。人們不需要通過訓練來掌握道德原理——每個人所需要做的只是打開自己的心靈之眼：「道理只是眼前。道理雖見到聖人天地，亦只是眼前道理」（陳2018，492）。「只是眼前」這一描述表明，陸象山是用一種感知的模式來理解道德知識。陸象山主張這種道德知識是內在於我們的：「此理本天所以與我，非由外鑠」（陳2018，487）我們生來就具有關於理的道德知識；因此，欲知此理，我們需要專注於心靈，而不是外在的領域。陸象山由此把對道德

真理的追求轉向內在。人們需要從自己內心之中發現憑直覺就能判斷的善與惡。王陽明後來把陸象山的觀點發展為一種完整的有關我們「良知」的理論。

但是，怎麼可能說所有聖人都有同樣的道德判斷，或者說他們都以同樣的方式感知對與錯？更進一步而言，如果我們依靠自己的心靈來做出道德判斷，那麼我們如何客觀地驗證我們判斷的真理性呢？對王陽明而言，陸象山的道德普遍性思想具有很強的啟發性，是以他試圖為陸象山關於道德思維普遍性的信念建立一個先驗的心理基礎。承續著陸象山的「普遍我」學說，王陽明也肯定了行動主體與生俱來的「靈明」的普遍性。他的「主體我」即是「普遍我」，在這一方面，聖凡皆同。前面我們已經解釋過，對陸象山和王陽明而言，主體間共通性是進一步建立在客觀性（天理或道）基礎之上的。普遍的道德原理是客觀真理，它不是由人的共識所界定的，而是體現在人類的主體間共通性之上。王陽明解釋說，人類的主體間共通性本身具有客觀價值，因為它根植於我們與生俱來的道德能力。對王陽明而言，道德是行動主體對外界事物當下的、直覺的反應。道德知識是一種道德感知，它以客觀道德實在作為自己的感知對象。我們所有人生來具有同樣的道德意識，亦即王陽明所說的良知，所以我們都能感知到同樣的道德真理。

按照陳來的說法，當王陽明提出「心外無理」的觀點時，他只是在主張「心外無善」。對王陽明而言，善不是指快樂或滿足，也不是指外在行為的規範性。相反，善指的是「道德主體的道德動機與道德意識」（陳1991，30-31）。換言之，善來自於行動主體的心理狀態，而不是他的行為是否符合外部規

範。王陽明對道德實在性的肯定，並未排除人類對建構這一道德實在性的貢獻。道德實在是人類世界的實在，它由我們對道德意圖的普遍推崇所界定。正如王陽明所言，「至善只是此心純乎天理之極便是」（王1994，8）。

正如陸象山一樣，王陽明對天理的追尋，本質上也是一種道德的探究。根據Sami Pihlström所言，道德探究不同於科學探究之處在於，「在任何一項正常的研究，其所問的問題的正確答案在某種意義上應該是『在那裡』等著研究人員（我們）去發現；但這不是道德問題或『道德探究』的情況」（Pihlström 2005，29）。道德探究不能脫離探究者本身，因為「道德探究……是種對個人自身生活的考察研究」，而「在這個考察過程中產生的問題，通常不會在個人於生活當中採取的種種行為之前先找到答案」（Pihlström 2005，29）。換言之，當涉及到道德實在時，我們所陳述或研究的實在，不過是對我們而言的實在，由對人類世界而言為善的事物所界定。

總結言之，陸象山和王陽明哲學中的人文主義道德實在論，就體現為他們的「心即理」之主張。道德實在並不外在於人類世界，道德真理也不能完全獨立於人的心靈。他們的觀點類似於普特南Putnam所主張的那種道德實在論——實用主義的道德實在論。根據Pihlström的解釋，在實用主義道德實在論的觀點中：

> 道德價值，或者是任何人們（以個人身分）在倫理層面致力於的事物，都可以被認為是人類世界中的「實在」，……但由於這種倫理維度之實在的獨特性質，這

裡無須，甚至也不能，援引任何「形而上學實在論」[9]所強調的那種「獨立性」。實用主義的道德實在論可以接受道德價值和道德義務在某種程度上是實在的、客觀的（也就是說，它們不是主觀的，或是任何方式的「相對主義」的），儘管就木枝、石頭和電子是「客觀」的意義上，道德價值和道德義務當然不是客觀的。（Pihlström 2005，32）

從這個實用主義的轉向出發，我們將把陸象山和王陽明的形而上學建構為一種實用主義的形而上學。

實用主義形而上學

我們已經說明，陸象山在主流的程朱學派之外開闢出了一條新的道德探究之路。基於各自的世界觀和哲學關切，陸象山注重內在省察，而朱熹注重外在研究。前者試圖從人們的內心尋求真理；後者則從對世界及其對象的研究中尋求真理。與朱熹不同的是，陸象山主張在自己內心進行探索，而不是考察外在領域或窮格個殊事物之理。朱熹與陸象山在學習目的和主要的學習目標上的分歧在1175年著名的鵝湖之會中達到高潮[10]。朱

9　所謂「形而上學實在論（metaphysical realism）」，是普特南所批評的一種把實在放置於超驗領域，為人類無法認知、無法體驗的形上界，如老子的「道」，柏拉圖的「理念世界」，或是康德的「物自體」。──作者添注。

10　對「鵝湖之會」更詳細的解釋請參見秦1974、黃1987。

熹批評陸象山的方法論空洞虛幻，而陸象山則指責朱熹的方法論支離、漫無目的（陳2018，494）。朱熹寫到，「陸子靜專以尊德性誨人，故游其門者，多踐履之事。然於道問學處欠了」（陳2018，493）。陸象山在反駁中寫到：「既不知尊德性，焉有所謂道問學」（陳2018，493）。他在鵝湖之會時作了一首詩，在詩中他把朱熹的方法論與他自己的方法論進行了這一貶損的比較：「易簡工夫終久大，支離事業竟浮沉。欲知自下升高處，真偽先須辨古今」（陳2018，494）。

　　為了弄清陸象山和朱熹的形而上學之不同取向，我們訴諸於當代「實用主義形而上學」理論。在這樣的解讀下，陸象山所強調的事物的存在與我們對事物的處理之間的緊密聯繫，可以變得更加易懂。實用主義形而上學的觀點是「形而上學的問題應該用實用主義的方法來處理」，通過這一主張，支持實用主義形而上學的哲學家所強調的是：要解決形而上學的問題，我們應該要「透過我們人類如何應對我們生活於其中之世界的實踐」來思考（Pihlström 2009，2）。按照實用主義形而上學的當代衛護者Sami Pihlström的說法，如何理解人類的存在是「實用主義形而上學中最深刻的問題」（Pihlström 2009，14）。「實在」就是人類的實在，而不是其他什麼不可知的領域；而且，既然人類的存在之中不可避免地滲透著人的價值和規範性，那麼人類的實在就建立在人類的價值視角和倫理關懷之上。Pihlström指出：

　　　　想像一塊深埋在海底的石頭。從任何合理的意義上說，它對我們幾乎沒有價值。然而，將一顆石頭確定為一顆石

頭（而不是一堆分子）的可能性本身就意味著一個價值信念的完整體系。這個全面的「與人類相關價值」概念體系，一個全面的關於「人類幸福」的概念——借用普特南（1981）的亞里斯多德式的術語——就必須先被確定，以便於我們可以說石頭與非石頭的區分是有意義的，以及我們如何在其時空特定的情境（譬如海洋中還是海底）中安頓它們。（Pihlström 2009，146）

從上述觀點我們可以看到，在我們對「實在」理解的努力中，形而上學、知識論和倫理學是相互交織的人類探索。正如Pihlström所言，「當我們探討形而上學、知識論或倫理學的（或任何其他的）問題時，我們從事的是相同的基礎工作，亦即去理解我們人類在人類世界中的生存」。Pihlström主張，最重要的是，「形而上學-倫理學的糾結不清……正是實用主義形而上學的關鍵」（Pihlström 2009，viii）。倫理學是形而上學的基礎，而不是以形而上學作倫理學的基礎。由於我們作為充滿價值的（value-laden）生物，「總是在，或至少是不自覺地在，不斷地做出道德抉擇，參與道德評估，而我們對實在的範疇歸類，已經是出自我們負有倫理理想和倫理預設的角度或立場」，那麼，「難道我們不應該堅持『實在』本身對我們來說，已是不可避免地充滿價值的嗎？」（Pihlström 2009，91）

從實用主義形而上學的角度，我們現在可以理解為什麼陸象山和王陽明的形而上學強調「主體我」和主體性了。實用主義形而上學家把實在看作是「自我與世界的融合：沒有任何所謂的世界自身，獨立於我們人類以主觀的、具有特定觀點的參

與；同時，我們的主體性，我們的自我，或其他任何可以視為自我的事物，也不是獨立於世界之外的。自我在世界中不是僅僅作為對象而等著被發現；反之，自我是習慣性、而且主動參與性地嵌入世界之中的」（Pihlström 2009，13）。換言之，世界之所以有意義是因為我們參與其中；同時，我們的存在也只有在我們與世界互動的背景下才有意義。

對陸象山而言，「本無欠缺，不必他求，在乎自立而已」（34：10b；陳2018，493）。人生的智慧就在於「自知之明」。要把智慧運用到生活中，就要靠學習；而我們應該是為了要改進自我而學習。如果我們只知道世界上事物的蛛絲細節而不知道如何去處理它們，那麼這種知識就是空洞的、沒有意義的——不僅對我們來說如此，而且絕對如此，因為所有關於世界的知識歸根結柢就是關於我們如何處理世界上事物的知識。

按照實用主義形而上學的觀點，沒有所謂「世界的自身（world-in-itself）」：「這個世界……依賴於我們，或者說是由我們構建的。不過這種建構不是在因果的、經驗的，或事實的意義上，而是在形式的或先驗的意義上」（Pihlström 2009，89）。Pihlström 將世界對我們的依賴解釋為我們賦予世界的（種種）形式，「在這些形式下，世界或者已經是，或者可以成為，我們探究和參與的可能對象」（Pihlström 2009，89）。如果我們將陸王所說的「理」理解為我們賦予世界的「形式」，那麼他們的「理具於心」的論斷就很好理解了。我們賦予世界形式，並使事物變得可理解——使它們符合那些我們組織世界之存在的理。我們不能把「實在」理解為是站在我們之外、等著我們去探究的東西。正如Pihlström所言，「我們對事

物分類可能性的研究是形而上學的；然而，我們所研究的（形而上學）可能性並不是獨立於我們而存在於『那裡（外界）』的」（Pihlström 2009，91）。借用陸王的術語，我們可以說，理不在世界之外，理在我們之中。「心即理」這一口號，簡單地說，意味著理與我們的心靈是分不開的，理具於心中。

　　從實用主義形而上學的視角，我們也可以看到王陽明為什麼會主張事物之理只不過是我們如何恰當地處理事物。世界已經融入到我們的「意」之中。按照王陽明的說法，「身之主宰便是心；心之所發便是意；意之本體便是知；意之所在便是物」（王1994，15）。在這個關於心、意、知、物之間關係難解的評論中，王陽明把外在事物看作是我們向外的意向性行為。他解釋說，如果我們下決心侍奉父母，則侍奉父母便是一物；如果我們下決心仁愛人民，則仁愛人民便是一物。正如王陽明所言，「有是意，即有是物，無是意，即無是物。物非意之用乎？」（王1994，117）換言之，我們的意向領域構成了我們的行動領域，而我們的世界只不過是我們的行動領域。我們的世界並不在我們的行動之外。這可能就是王陽明特殊的實用主義形而上學。

　　根據一般的理學觀點，我們對實在進行分類，將個殊事物分成了不同的種類，而每種類型的事物都有其理。但是，對於陸象山和王陽明來說，事物是由我們（by us）且為我們（for us）而被分類的。這種態度反映了一種實用主義傾向：事物類型的劃分不是「現成的（ready-made）」；相反地，它是根據人類的道德關切和實際需要而進行的。按照Ivanhoe的說法，「這類教導並不是要呈現某種泛心論（panpsychism），而應該

被正確地視為一種讓人們重新認識到參與並且反思他們日常生活中所遇到的**實際現象**之重要性的企圖。這些引文並不是要攻擊物質性事物的本體論地位，而是在呼籲我們注意如何理解和回應世界上林林總總的現象」（Ivanhoe 2009，109；黑體是原有的）。我們對世界的理解和反應對我們來說是唯一重要的實在。所謂的實在，不過是一種由人類組織歸類，但非人為建構的實在。

小結

　　陸象山和王陽明都把主體我看作普遍我；因此，對他們而言，主體性就等同於客觀性。決定世界結構和類型的不是個人的特殊興趣或經歷；反之，世界之理本來就反映了人性的普世關懷。道德客觀性是建立在我們共同的人類關懷之上的。與朱熹不同的是，在陸王看來，有關道德規範或天理的超驗體系並不存在。世界上的個人和事物都是整個存在系統的要素。世界之理是在人與世界的互動之中確立的。

　　對陸象山和王陽明而言，倫理學與形而上學是密不可分的。倫理學與形而上學在哲學上的糾結，表現在陸王之把事實與價值（fact and value）的統一視為理所當然。事物之理——那些我們所能客觀地研究的——被嵌入到我們的經驗和實踐之中。我們對世界存在方式的研究不能脫離對我們與世界的應然互動方式的追問。就此而言，我們可以說道德問題本質上涉及到我們的知識論和形而上學。這也是實用主義形而上學的一個主題：「當我們說到需要道德事實來使形而上學的真理成

為真理時，我們已經使用了一個形而上學的概念，即造真理性（truthmaking）。由於這概念與人類的經驗和實踐糾纏在一起，我們可能無法獨立於倫理的考量而用實用主義的方式來說明這個概念」（Pihlström 2009，104）。我們生活的世界正是我們與之互動的世界。我們對世界之真理的智性追求，不能脫離我們對「與世界互動之正確方式」的道德追求。然而，要想在道德追求上取得成功，我們不能向外尋求答案。答案一定在我們自己的心裡。因此，心即是理。

　　普特南對自己的哲學體系開玩笑地寫到，「如果我敢於成為一個形而上學家，我想我會創造一個只存有義務的體系。在我要創造的圖景中，形而上學的根本將是我們**應該做的**（應該說，應該想的）。在我把自己想像成一個形而上的超級英雄的幻想中，所有的『事實』都會溶入『價值』之中」。然而，普特南即刻承認，「唉，可惜我無法如此大膽」（Putnam 1990，115；黑體是原有的）。在本章中，我們已經看到了陸象山和王陽明確實是如此「大膽」地建立了一種形而上的觀點，把世界的事實轉化為我們對它們的「義務」。Pihlström 認為實用主義形而上學應該是一種「具有倫理基礎」的形而上學。同時，「這一倫理基礎也是形而上的，因為倫理學正是有關人為組織之實在的形而上學；反之亦然，每一個價值都展現在事實中，而每一個事實都已經具備了價值」（Pihlström 2009，116）。他這種對實用主義形而上學未來的希望，也可以應用到陸象山和王陽明的「心即理」的命題中。我們可以把陸象山看作是開路先鋒，把（程朱）那種外向的知識調查態度轉變成一種自覺性追尋指導我們與世界互動之行動原理的內向反思。王陽明擁抱

這一方向作為認識世界的正確道路。從這個意義上講，陸王的形而上學既不是一種把價值與現實相混淆的混亂世界觀，也不是主觀主義或唯心論。正相反，它是一種以倫理學為基礎的、最純粹形式的形而上學。

原始文獻：

陸象山1981，《陸九淵集》，臺北：里仁書局。

王陽明1975，《王陽明全集》，臺北：正中書局。

王陽明1994，《傳習錄》。臺北：臺灣商務印書館。

英文選譯：

Chan, Wing-tsit (ed.) 1963. *A Sourcebook in Chinese Philosophy.* Princeton University Press. Chapter 36。陳榮捷，1963。《中國哲學文獻選編》，普林斯頓大學出版社，第33、35章。

Ivanhoe, Philip J. 2009. *Readings from the Lu-Wang School of Neo-Confucianism.* Indianapolis, IN: Hackett Publishing Company。艾文賀2009，《理學陸王學派讀本》，印第安那，印第安那波利斯：Hackett出版公司。

第七章

王夫之的人性日生論及其道德心理學

引言

與其他的宋明理學家一樣，王夫之的人性論本質上也是一種孟子式觀點：性善論。孟子認為四端包含在人性之中。「端」的內涵是一種開始狀態，需要發展。王夫之進一步將整個「性」定義為人類存在之開發性的進展狀態。換言之，王夫之把我們所說的「性」看作是人的道德和智力的潛能。他說，「原於天而順乎道，凝於形氣，而五常百行之理**無不可知，無不可能，於此言之則謂之性**」（王1967，16；黑體是作者所加）。這句話表明他把人性看作是我們存在的一種充滿潛能的狀態，而不是為人出生時所賦予和被決定的。

在第五章我們看到，朱熹把人性看作天之所命。我們都被賦予了與生俱來的道德本質，但它卻可能被我們後天的氣稟所阻礙。這一觀點可以按照存在主義哲學家沙特（Jean-Paul Sartre）的區分而歸為「本質先於存在（essence precedes

existence）」的陣營。按照沙特的說法，這樣的觀點隨處可見：
「人具有人性；這種『人性』──即人之為人的概念──存在
於所有的人身上，這意味著每個人都是一個普遍概念『人』
的個殊例子」（沙特2007，22）。沙特本人提倡他自己的存
在主義，按照這一學說，「存在先於本質（existence precedes
essence）」：「首先有個人存在：他具體化了世界，面對自
己，只有在此之後個人才定義了自己……他會有怎樣的存在是
後來的事，最終一個人如何完全是他所塑照的自我」（沙特
2007，22）。在本章中，我們會看到王夫之的人性論是如何體
現這種存在主義精神的。王夫之的人性日生論掌握到了人在出
生時的未定性以及人在存在過程中的不斷進步。然而，這並不
是說王夫之否認我們有與生俱來的道德品質。他同時也相信我
們擁有一個道德的本質，而且認為人類本質上是道德的生物。
在本章我們將分析他如何在人性本善這一背景前提下，為他的
人性日生論進行辯護。

性日生而日成

　　根據程朱學派的說法，人類和其他生物之性都源自天理，
是同樣的天理使不同生物之性成為可能。因此，人類和其他生
物擁有相同之性。人類之所以不同於其他生物，是因為其氣稟
各不相同。每一存在中氣的純或雜促成不同生命中的善或惡。
相對於這個看法，王夫之否定了人與其他生物之性相同這一理
論。他認為每種生物之性都是由構成其生命的物質決定的。人
與動物是由不同的氣組成的，因此，他們必然有不同之性。按

照他的說法：

> 人有其氣，斯有其性；犬牛既有其氣，亦有其性。人之凝氣也善，故其成性也善；犬牛之凝氣也不善，故其成性也不善。（王1974a，10：662）

植物之性包括生長和衰朽；動物之性包括知覺和運動，而人之性則另外包含道德傾向。人類生來就是道德生物，因為人類是由「善」的氣結聚而成的。我們已經在第四章介紹了王夫之的「氣善論」，現在我們來看看它是如何應用於人性論的。王夫之解釋說，人類與其他生物之間的根本差異在於陰陽之變與合。人類中善的存在是氣的自然分布的結果：「有變有合，而不能皆善」（王1974a，10：660）。換言之，氣在生物個體中的分布會因陰陽運動或構成之差異而有所不同，人與其他動物的分別是一個自然事實。植根於氣稟之不同，不同生物中間自然存在精神素質和身體屬性之差異。儘管同一種類中還是有個別變異，但是每一物種都有其根源於氣稟的自然潛能和限制。

我們可以把王夫之的觀點稱之為「自然稟賦主義（natural constitutionism）」。在王夫之的「自然稟賦主義」中，人類和其他動物在本質上是截然不同的物種，因為前者有能力成為善的，而後者則沒有。從他的自然稟賦主義引申而言，人類的道德性有其生物學或生理學的基礎。人類有一種道德本質使他們有別於其他動物。在這一點上，當代動物道德心理學家弗蘭斯·德·瓦爾（Frans de Waal）自然將不同意王夫之的觀點。然而，王夫之的觀點對動物道德的貶損可能並不像表面上那樣負

面。按照他的說法，「天道不遺於禽獸，而人道則為人之獨」（王1974c；〈內篇〉第5章）。這就是說，即便其他動物可能也有道德情操這類生物稟賦，例如德・瓦爾提出在動物行為中有明確表現的移情同感（empathy），但只有人類才能制定明確的道德原理（人之道）、培養道德德性，並有意願去努力成為道德行動主體。道德依賴於有意識的努力，而只有人類才有能力有意識地去修養道德。正如孟子用他的術語告訴我們的：擁有這種道德情操只是德性的之「端」。其他動物也可能有這種端芽，如德・瓦爾和其他動物心理學家所觀察到的那樣；然而，只有人類才有能力使得這種端芽開花結果。

如果人性源於氣，那麼人性的內容是什麼呢？對王夫之而言，人之性即氣之理。人的身體構成不過是氣之結聚，而理則是氣之條理，它必然包含在氣所結聚之物中。因此，人類必然天生具有理。按照王夫之的說法，理為人性之所固有：「夫性即理也。理者，理乎氣而為氣之理也，是豈於氣之外別有一理以遊行於氣中者乎？」（王1974a，10：684）因此，理必然內在於氣。不過，在談到被等同於人之性的氣之理這個語境中，王夫之為理的內涵增加了道德維度。因此，將王夫之的「性」理解為「道德本質」而不是寬泛地理解為「本性」，可能更為恰當。

然而，由於人性是由氣構成的，而氣是不斷變化的，因此人性也不可能存於固定的狀態。王夫之由此創立了他最具獨創性的「性日生而日成」的學說。他聲稱「性」不是僅為人與生俱來的，它也是貫穿於人的一生而發展的：「天之與人者，氣無間斷，則理亦無間斷。故命不息而性日生」（王1974a，10：

685）。對他而言，「日生」同時也是走向完善的過程：「夫性者，生理也，日生則日成也。」他進一步反問到，如果人性是一個自然事實，那麼「天命者，豈但初生之頃命之哉？」（王1975，3：55）當代學者蕭萐父和許蘇民解釋說，王夫之所說的「天命」只是氣的轉化的自然過程（蕭和許2002，295）。因此，王夫之的「天命」觀點不應該被解釋為宣揚某種上天神聖的命令。隨著我們不斷與自然環境互動，接受氣的滲透，我們的自然屬性和道德本質每天都在發展和趨於完善。然而，我們本性的更新與完善是取決於我們在生活中的個人努力。我們可能有某種天生的理解力，但它不會限制我們的智力，因為我們學得越多，就越明智；我們可能天生就有某些天賦，但如果不加以培養，我們的天賦就不會變成真正的能力。只有在我們死的那一刻，我們才會停止進步和改善。換句話說，只有在我們存在的盡頭，我們的「性」才會完成。

　　王夫之把每天的自我改善看作是我們固有的道德義務。按照他的說法，「天日命於人，而人日受命於天。故曰性者生也，日生而日成之也」（王1975，3：55）。天在人出生時賦予他們的被稱之為「命」，因為在人在出生之初無法掌控自己的稟賦。人初生之性來自於天，一切都是純淨質樸的。出生後，人們獲得了對自己生命的控制，並可以獲取或利用自己的稟賦。王夫之強調說，人對稟賦之所取、所用取決於其日常之時習踐行，而在這個過程中，人原本純粹的本性受到改造。不過，王夫之仍舊稱這個受到改造而不純之性為「天命」，他說：「乃其所取者與所用者，非他取別用，而於二殊五實之外亦無所取用，一稟受於天地之施生，則又可不謂之命哉？」

（王1975，5：56）換言之，我們有義務（天之命）去發展我們在出生時擁有的天賦之性，使之完善完成。我們的日常行為構成了我們的本質的一部分，我們的思想與行為使我們日益成熟。因此，不僅天命日新，而且人亦負有日新其德、日成其性的責任。這就是王夫之的「性日生而日成」說所要傳達的旨意。

按照當代學者周兵的說法，王夫之的「性日生而日成」說可以進一步分解為兩個命題：「性日生」指的是先天之性，「性日成」指的是後天之性（周2006，171）。王夫之確實區分了先天之性和後天之性，並將二者都包含在人性之中：「先天之性天成之，後天之性習成之」（王1974a，8：570）。我們可以說，王夫之所說的「先天之性」是氣的根本之理，他將其定義為人的道德本質，如仁、義、禮、智。而他所說的「後天之性」，則是個人最終所擁有的本質。道德的本質是與生俱來的；個人的本質則是我們通過一生反覆實踐各種思想和不斷踐習各種行為而達成的。就前者而言，本質先於存在；就後者而言，我們則須說，存在完成了本質（existence completes essence）。這種觀點將人類從決定論中解放出來，從而可以去尋求個人潛能的實現，並且進而定義自己的本質。

王夫之將先天之性和後天之性都包含在人的「本質」之中，這表明在他看法中，先天的本性與後天的培養之間沒有截然的兩分。在我們生命的任何時刻，我們都可以改變我們的本性，使其變得更好或更糟。由於王夫之認為人性是在日常的基礎上發展變化的，所以他也不把惡看作是外在於人性的。因此，個人對自己的善或惡都負有責任；人的先天本性並不能決

定他會是什麼樣的人。這一觀點顯然與那種主張人性的純粹先天狀態（性者，生也）的觀點相反，而那種觀點正是孟子、告子和荀子關於「人性是善、是惡還是其他」這一爭論的核心關注之點。相較之下，王夫之的理論似乎進一步詮釋了孔子之言：「性相近也，習相遠也」（《論語》17：2）。

　　總結言之，在王夫之看來，我們的道德情操構成了我們的道德本質（性）。四端可以發展為四德：仁、義、禮、智。它們也是道德的基礎。因此，使道德成為可能的正是我們的存在本身。道德是內在於我們的，是人類本質的自然發展。這種人性觀引發了王夫之的道德心理學：道德情操的培養。

王夫之的道德心理學——心之用

　　王夫之的道德心理學也是以孟子的人心論為基礎。孟子對人心的看法給出了關於人類的先天道德和非道德能力的幾個重要概念的輪廓。王夫之對這些概念進行了進一步的界定和發展，並構建了一個更加完備的理論來解釋人類道德的可能性和根源所在。

　　王夫之的人心論與他的人性論密切相關。使得客觀的、包含在人性之中的道德原理（道）成為現實化的，正是人之心。換言之，我們自己的努力是道德完善所必需的，而我們的努力在很大程度上包括各種的心理功能。按照王夫之的說法：

　　　　人之有性，函之於心而感物以通……順而言之，則惟天有道，以道成性，性發知道；逆而推之，則以心盡性，以

性合道，以道事天。（王1967，16）

　　既然是只有「以心」才能「盡性」、「合道」，我們就需要弄清人心具有怎樣的功能。相對於朱熹對張載的「心統性情」論的完全認可，王夫之則強調「性」（我們的道德情操）與「情」（我們的自然情感）必須被仔細地加以區分，因為二者具有不同的根源，承擔著不同的功能。他將那些能夠使我們成為道德生物的道德情操與我們其他的生物性存在屬性區分開來。他認為，這種道德本質有一個客觀的基礎存在於外在的道德實在中——我們的本性就是體現在人類身上的「天理」（王1967，79-81）。

　　王夫之的人心論包含著心的六種主要功能：情、性、欲、才、志和思。現在我們將逐一解釋。

情

　　王夫之確認了七種基本的「情」之原型：喜、怒、哀、樂、愛、惡、欲。這種對人類情感的劃分起源於《禮記》：「何謂人情？喜、怒、哀、懼、愛、惡、欲。**七者，弗學而能**」（《禮記》9：22；黑體是作者所加）。換言之，這些情感是我們生物本性所固有的，我們自然地擁有它們，無需教導或培養。它們是我們的自然情感。《禮記》進一步解釋到人類最大的欲望在於「飲食男女」，人類最大的厭惡在於「死亡貧苦」（9：22）。這一解釋強調了如下事實：我們的基本欲望和厭惡是建立在我們的生存本能之上的。按照《禮記》的說法，

古代聖人制禮之目的，就是為了要找到調節人類情感的正確方式。從那時起，這種人類情感的分類結構就成為中文詞彙中關於情感的標準劃分——「七情」。

王夫之認為情感是連結道德本質（性）和欲望的紐帶：「情上受性，下授欲」（王1974b，23）。在王夫之的評價中，自然情感本身既不是道德的，也不是不道德的，它只是人心對人和事的自然反應。例如，母親對孩子的愛是一種情感，但不是一種道德情操。自然情感是基於生物本性的，通常人類和其他動物共同擁有自然情感。

王夫之認為，人的情感來自於與外界對象的接觸。人心在接觸到外在物事之前不包含任何情感。情感必須由外在世界所觸發：「發而始有，未發則無者，謂之情。乃心之動幾與物相往來者」（王1974a，8：573）。換言之，情感是一種被動的反應性心理狀態，而不是一個自我產生的狀態，而且情感之發動，必有發動它的對象。這一觀點與當代「情感哲學（philosophy of emotion）」的觀點，亦即「情感是我們被動經歷的反應」，相一致（Deonna與Teroni 2012，1）。按照Julien A. Deonna和Fabrice Teroni的說法，如果情感是一種反應，那麼這就「提出了一個問題：它們是對什麼做出的反應？」（Deonna與Teroni 2012，3）。運用當代的哲學術語，王夫之所主張的是：我們的情感具有一種「意向性」結構——情感一定是針對某事或某人的。例如，我們對某事感到高興或我們對某人生氣；我們對某些事情的狀態感到悲傷，或我們對某些東西有欲望。引起我們情感的事物就成為這種情感的「意向性對象」。由於情感存在於我們的內心，但又有其外在的意向性對

象，所以王夫之認為，情感是「不純在內，不純在外」的（王
1974a，10：675）。

在王夫之看來，自然的情感既不是認知性的，也不是思慮
性的，甚至也不一定是理性的。它們是人心對外界事物的自發
反應，需要被人心的其他認知功能所檢驗，這樣才能使得情感
的表達恰當合理。情感就像心靈的么兒，如果放任不管，就會
變得不受約束，具有破壞性。然而，情感也不像野草一樣需要
被抑制或剷除。王夫之拒斥中國佛家的「滅情」說。他認為人
類的情感是我們生物存在的基本事實。我們每個人都有這些情
感，因此我們都應該學會調節它們。

儘管自然的情感並不能使我們成為道德動物，王夫之仍然
認為它們對我們的道德修養至關重要。他提出了一個弔詭的主
張：「人苟無情，則不能為惡，亦且不能為善」（王1974a，
10：678）。如果我們沒有任何情感，我們應該是完美的理性
者：我們所做出的決定都會只考慮用最好的方式達到最終的目
的。然而，對王夫之來說，如果行動主體完全沒有情感，就不
可能有道德生活。他認為人類的情感既是道德的基礎，又是不
道德的根源。他的道德哲學很大程度上是建立在這些情感在我
們的道德生活中所扮演的角色之上。在本章的後面，我們將看
到道德情操和情感將如何結合起來，以獲得導致道德行為的激
勵效力。

四端

與孟子一樣，王夫之也認為人天生具有惻隱、羞惡、辭

讓、是非等道德情操。自然情感是當沒有外在的事物來激發時就不存在的；道德情操則不同：我們的道德情操是與生俱來的，不管我們是否遇到任何促發這些道德情操彰顯的情境。正如王夫之所言，「性有自質，情無自質」（王1974a，10：74）。我們甚至可以把這些道德情操稱為「道德本能」。道德情操是我們在各種特殊情境下自發地感覺到的情懷。即使它們不像自然情感那樣是我們生物本性的一部分，它們也不是社會建構的。與其他理學家一樣，王夫之也認為我們的道德情操是我們道德本質或道德本性的一部分。

根據20世紀早期很有影響的社會心理學家William McDougal的觀點，情操是「一種有組織的情感傾向系統，以對某些對象的概念為中心」（McDougall 2001，115）。在他的分析中，有三種主要的情操，即愛、恨和尊重。他所稱的「愛」是一種一般性的肯定態度（pro-attitude），它表現為「追求對象並在其存在中發現快樂的基本傾向」；而「恨」則表現為「迴避對象並為其存在而痛苦的傾向」；「尊重」不同於上述兩種情感，因為它包括「有正面和負面自我感覺的傾向」，而「羞恥是其中最強烈的情感之一」（McDougall 2001，116）。McDougall認為情操是逐漸發展出來，而不是天生就有的：「在處於發展中的心靈裡，情操的結構是由經驗的過程決定的；也就是說，情操是心理結構的一種成長，而不是與生俱來的架構」（McDougall 2001，116）。王夫之對道德情操的看法，顯然與McDougall對「情操」的定義不同。不過，他們對情操在道德生活中的價值有著相同的看法。在McDougall看來，「我們對（事物之）價值和優點的判斷是根植於我們的情操；而我們的道德原則都

有同樣的根源，因為它們是由我們對道德價值的判斷形成的」
（McDougall 2001，116）。王夫之的道德情操概念也包括一種
認知和評價的意義：道德情操總是伴隨著對與錯的判斷，是以
有別於被動的、反應性的、自發性的自然情感。舉例來說，我
們的惻隱之心是由判斷有值得我們同情的人而引發的。即使我
們擁有這些道德情操的能力也是我們與生俱來的人性部分，我
們道德情操的意向性內容則是由我們對正確和錯誤的對象作了
認知評估才來決定的。

在當代後設倫理學中，道德情操常常被歸類為「情感」
的一種形式，或者是休謨所說的、作為理性支配者的「激情」
的一種形式。然而，王夫之明確表示，這兩者應該分開。按
照他的說法，「情……雖統於心，而與性無與」（王1974a，
8：573）。他把道德情操稱之為「道心」，而把情感稱之為
「人心」（王1974a，10：574）。他認為二者的區別在於道德
情操是純粹至善的，「不可戕賊」，而情感則「待裁削」（王
1974a，10：673）。換言之，我們可以完全信賴我們的道德情
操，但我們卻不能信任我們的情感。王夫之強調情感與道德情
操是不同的心理狀態。即使其中的一些，例如憐憫感和愛的情
感，或厭惡感和憤怒的情感，在現象學上是相似的，或在心理
上是相關聯的，但道德情操也不能與情感相混淆：

> 乍見孺子入井之心，屬之哀乎？亦僅屬之愛乎？無欲穿
> 窬之心，屬之怒乎？亦僅屬之惡乎？若恭敬、是非之心，
> 其不與七情相混淆者，尤明矣。學者切忌將惻隱之心屬之
> 於愛。（王1974a，10：74）

　　在這一引文中，王夫之明確地指出道德情操不是僅為我們的情感反應。情感與道德情操的區別在於，前者與自發的身體性狀態密切相關，而後者則代表一種既具有認知因素又具有評價意義的心理態度或傾向。情感「通常是透過身體的激動或騷亂而呈現給我們」（Deonna和Teroni 2012，1），例如人生氣時會呼吸急促，或者墜入愛河時心跳會加速[1]。然而道德情操則並不必然伴隨著任何感覺到的生理變化。我們的憐憫感有可能是由一種移情感染（empathetic contagion）觸發的，而這確實是一種身體反應，儘管是無意識的反應。我們的羞惡感也可能與臉紅的身體反應或憤怒的自然情感有關。然而，道德情操更多是主動的而非反應性的感覺，而且有更多認知的而非情感的成分。此外，我們的崇敬辭讓感以及是非感通常包括一種認知態度以及一些明顯的或是隱含的道德判斷。道德情操的這種比情感「多一些的成分」正是我們對情境的認知和判斷。如果將道德情操視為一種情感形式，那就既忽視了道德情操的認知層面，也忽視了其評價層面。

　　有些人可能否認道德情操和情感之間存在這樣的區別，因為後者也可能涉及認知的以及評價的判斷。例如，當代情感哲學中的認知主義理論（cognitivist theories）將情感與判斷等同起來。按照這種觀點，情感被描繪「包含信念、欲望以及受情感影響的判斷，是種信念、欲望和情感的綜合體」（de Sousa 2014）。然而，這種判斷性的情感正是王夫之所說的「道德情

1　在Ronald de Sousa對情感哲學的總結中，他也指出了這一點：「與其他意識狀態相比，情感通常涉及更普遍的身體表徵」（de Sousa 2014）。

操」。他的自然情感概念則不涉及信念或判斷。如果我感到開心，我是自然地感到開心，而不是因為一個預先的判斷：這是一個應該開心的時刻。其他情感也有類似的自然性和自發性。王夫之用「湍水」或「風」等比喻來描繪情感的自由不拘，沒有預先確定的方向和指引（王1974a，10：678）。而相較之下，道德情操總是包括對問題情境的認知意識以及對適當反應的評價態度。此外，與自然情感不同的是，道德情操的對象是特定的社會情境和人類行為。我們不會對沒有知覺的自然物體產生道德情操，因為它們不在我們的道德評價範圍之內。反過來說，自然情感可以包括自然的對象：我們會喜愛（愛）我們的跑車或想要（欲）一艘豪華遊艇。道德情操屬於道德範疇，而自然情感則不屬於道德範疇。因此，自然情感和道德情操應該分開。

欲

王夫之將「欲」定義為心與可欲者的互動：「蓋凡聲色、貨利、權勢、事功之可欲而我欲之者，皆謂之欲」（王1974a，6：369）。從這一引文來看，欲望和被欲的對象似乎被納入同一件事中。王夫之的意思是，一旦心靈感知到一個它發現是「可欲的」的東西，欲望就已經存在了。欲望就產生於心遇到可欲對象的那一剎那，而沒有第二層次的判斷或考慮。換句話說，正如情感是自發的和自然的，欲望也是。王夫之以人們對食、色的欲望為例，說明這是人類共有的自然欲望。

不過，在王夫之看來，有些欲望並非「自然」。這些非自

然的欲望似乎來自於個人先前的經驗或個人的「積習」。王夫
之舉了一個關於吃河豚的例子：如果有人從來沒有吃過河豚，
他怎麼會有想吃河豚的強烈欲望呢？（王1974a，8：570）個人
的經驗或舊習可以解釋為什麼不同的人會有不同的、超出我們
共同自然欲望的特殊欲望。

　　還有一些欲望不僅「非自然」，而且在道德上很有問題：
「『愛之欲其生』、『惡之欲其死』，猶人欲也。若興兵構怨
之君，非所惡而亦欲殺之，直是虎狼之欲、蛇蠍之欲」（王
1974a，8：507）。換言之，不是出自自然情感，而是由其他不
良動機所激發的欲望，很容易導致不道德的行為。

　　與其他提倡寡欲，或甚至減除人欲的宋明理學家相反，王
夫之對人類欲望的存在持自然主義的觀點。他認為，只要我們
活著，就無法避免與事物打交道；一旦我們與事物打交道，就
無法避免欲望的出現。因此，「望人欲之盡淨，亦必不可得之
數也」（王1974a，6：371）。在他看來，我們本有的正義感就
像一把利斧，可以把自然的欲望和不當的欲望分開，所以我們
不應該把所有人類的欲望一概掃除（王1974a，10：754）。[2]

才

　　孟子把道德的可能性歸結於我們的道德情操，他還特別
強調，我們不能把「才（天賦／能力）」歸之為不善的罪源禍
首。王夫之將孟子的「才」概念解釋為與我們的感覺器官和智

2　我們將在本章的後面部分再回到這一點。

力相關的自然能力。根據王夫之的觀點，「才」是生理的和功能性的屬性——眼睛之所能見，耳朵之所能聽，身體之所能為，等等。「才」與行動的產生有關，而且通常是靠「才」使得事情得以完成。人們並非生來就具有同樣的天賦或能力（「才」）。不過，這些自然能力與我們的道德潛能或道德實現毫無關係。天賦屬於我們的後天結構，王夫之稱之為「形而下之器」。換言之，與我們先天的、天命的（即必然的、普遍的）道德情操形成鮮明對比，「才」是每個生物偶然的氣稟的結果。它們是張載所說的「氣質之性」的一部分。人類的不同稟賦，如智力、脾氣和身體技能等都屬於這一層次。程頤特別地將人類不道德行為的根源歸咎於才和氣稟。按照他的說法，「性無不善，而有不善者，才也」（二程1981，204）。在第五章中，我們也已看到朱熹將惡的根源歸於人的氣質之性。王夫之反對在人的自然傾向中進行這種善和惡的區分。人類的自然能力的確是不平等的，但這種不平等並沒有帶來我們道德本質上的不平等。有些人生來就是較聰明或較愚蠢，但與程頤或朱熹所說的相反，世上沒有生來就道德或不道德的人。道德本質是眾人共享的普遍特質，儘管我們具有不同的稟賦和能力。

　　這一議題反映了一個當今世界令人困擾的問題：有人生來是惡嗎？古代儒家（尤其是孔、孟）認為，惡是壞習慣的積累、個人反思和自我約束的匱乏，以及交友不慎等等社會環境的不良影響之後果。程朱學派認為，要是只討論我們普遍的道德本質，而不討論人類先天氣稟中明顯的道德差異，就不能提供一個有關人性的全面性論述。在理和先天層次上，所有人都被賦予了道德本質，程朱認為這就是我們的本性。然

而，在形而下層面（我們的氣質之性），程朱認為有些人生
來是善的，而有些人生來就是惡的。他們的觀點可以被當前
的一個經驗科學假設所支持，亦即在人的生理結構或大腦的
神經缺陷中存在可識別的邪惡基因。一些科學家試圖找出所
謂的「邪惡基因」—— 一種導致反社會和暴力行為的基因變
異。這些科學家認為有冷血精神變態（psychopathy）的人天
生對他人缺乏移情同感或同情心，同時又具有高度的反社會傾
向。比如新墨西哥大學的心理學家Kent A. Kiehl博士就認為大
約1%的大眾有這種反社會精神變態傾向。Kiehl以幾個主要的
特徵將先天的「冷血精神變態」區別於後天的「社會精神病
態（acquired sociopathy）」，其中包括前者有目標性的攻擊
意識、冷漠、自我價值感的膨脹、自我控制反應的缺乏、個性
衝動、不負責任、需要外界刺激，以及普遍缺乏移情同感心
等等（Kiehl 2006，109-111）。他引用了許多認知神經科學的
研究，發現「在精神病患者中，包含顳骨邊緣系統（temporal-
limbic system）的神經導流要麼是功能失調，要麼是功能低下」
（Kiehl 2006，122）。Kieh從自己的研究中發現精神變態患者
大腦的「旁邊緣系統（paralimbic system）的密度往往非常低。
大腦的這一區域是與情感處理相關的，而這可能是由基因決定
的。冷血精神變態的精神病患者往往具有衝動的個性，而且幾
乎沒有任何證據顯示他們會感到內疚、悔恨或同情」[3]。即使目
前沒有直接證據證明這些精神病患者的大腦異常或基因異常是

3　HTTP://www.telegraph.co.uk/news/science/science-news/9968753/Studying-
　　Adam-Lanzais-evil-in-our-genes.html

在其出生時就存在的，但冷血精神變態的症狀往往在患者很小的時候就出現。這一事實往往會支持「惡是一種遺傳特徵」的假設。不過，程朱對惡的生理傾向之認定，並不代表他們會接受任何形式的「基因決定論」。程頤和朱熹都主張通過學習和實踐來改變人們天生的氣稟[4]。換句話說，「先天性」不等於是「不可改變性」。

相對來看，王夫之則是回到了古代儒家對人的普遍道德本質之確信，並拒斥程朱把惡的根源歸於我們先天的氣稟。惡是人為的，不是天生的。他更進一步宣稱，惡本身並不存在 ——「天下別無有惡，只不善便是惡」（王1974a，575）。基於他的「氣中有善」的形而上學信念，王夫之認為我們的氣稟不可能是惡的根源。作為自然生物，人與人的道德潛能是相似的，因為我們都具有道德情操這一基本屬性。當一些人毫無悔意地做出非常不道德的行為或甚至將惡發展到無法救贖的地步時，部分原因是因為他們缺乏對情感和欲望的約束，部分原因則是來自他們過去的生活經歷和惡習。也就是說，沒有人生下來就是惡的。

在闡述孟子「夫為不善，非才之罪也」這句話的基礎上，王夫之進一步指出，如果自然的「才」不能為我們的不善負責，那麼它們當然也不能被認為是有助於我們道德成就的（王1974a，10：661）。要充分利用人的自然傾向以成為道德的人，就必須訴諸人的道德情操（道德本質）以及人的情感。只有人們的情感才能使他天賦的道德潛力發揮至極。按照王夫之

4　在第八章，我們將按照張載最初的主張來解釋這一觀點。

的說法，「情雖無自質，而其幾甚速亦甚盛。故非性授以節，則才本形而下之器，……而大爽乎其受型于性之良能」（王1974a，10：676）。這就是說，對付自然情感的正確策略是去矯正情感，以使人們所言所行的都能合禮。而如果情感不被矯正，那麼人們就會沉迷於肉欲或奢華的追求，並最終濫用了自己的自然才能（王1974a，10：675）。由此可見，王夫之將道德的激勵作用完全歸諸於我們的道德情操和自然情感，是以他可以被稱之為一位道德情感主義者（moral sentimentalist）。[5]

志

王夫之認為志是人類所特有的（王1974c；外篇55）。他把「志」定義為「吾心之虛靈不昧以有所發而善於所往者」（王1974a，8：531）。這個定義表明志是心的一種功能。不過，王夫之把志看作是包含心理和身體在內的身心狀態。根據他的說法，我們身體內部的氣伴隨著我們的志。換言之，志不僅是一種心理狀態，而且是一種體現於身的心理狀態，由我們內在的氣所啟動的一些生理反應所強化。也就是說，當心做出一個決定，志會刺激內在的氣去追求心所設定的方向。

在當代的理解中，意志是「用來控制和指導人思想和行為的心理力量，或是做某事的決心」[6]。關於意志的本質有兩種截然相反的觀點：一些人認為意志是「使得理智夠影響行動的能

5　我們將在第十二章回到他的道德情感主義。

6　這個關於「意志will」的定義來自劍橋詞典（*Cambridge Dictionary*, HTTP:// dictionary.cambridge.org/dictionary/english/will）。

力」[7]，而另一些人則認為意志是由人們在做選擇時最強烈的欲望所決定的。前者可以被稱之為「認知觀」，而後者則可以稱之為「情感觀」。在王夫之的觀念中，志是認知的、指導的，而非情感的。在他的道德心理學中，志不受情感的支配，也不是一種盲目的力量。志指導我們的思想和行動，而志必須建立在理解和判斷的基礎上。在他看來，道德之所以可能，就在於志的方向合乎道。有了志做前導，我們的內在之氣才可以得到恰當的運用。而如果沒有任何事先的意志決定，我們就容易衝動行事。在這種情況之下，我們就很容易被暫時的欲望或喜好分心。王夫之主張，「道者，所以正吾志者也。志於道而以道正其志，則志有所持也」（王1974a，8：537）。也就是說，即使我們的心之志有自己的意向，它還是應該符合客觀的道德標準。因此，志必須建立在知性對道的理解之上。

不過，在另一方面，對於王夫之而言，如果沒有內氣的協助，我們的志也會一事無成（王1974a，8：531）。在這一語境中，內在之氣不是僅指我們內在的氣稟；事實上，它是一種需要透過我們自己的努力來培養和發展的道德決心。內在之氣的培養依賴於「正思正行的積累」。王夫之解釋說，孟子的「浩然之氣」是我們「集義以養氣」的結果（王1974a，8：540）。僅僅有志來設定正確的方向是不夠的。要想增強我們的內在力量（內氣），以維護最初方向正確的志，我們還必須不斷地為

7　這一定義來自於《新天主教百科全書增刊（*New Catholic Encyclopedia Supplement*）2012-2013：倫理與哲學》中關於「意志」的條目。卷4。Detroit: Gale，2013。1642-1643。

善。志的功能主要是選擇一個方向。人們可以志於善，也可以志於惡。然而，志離不開習，沒有習之志只是空的。如果我們志於道，並不斷用道德行為來集聚浩然之氣，那麼行善對我們就會更容易。所謂「意志薄弱」，只是由於缺乏良好的習慣（不斷實踐善的思想和行為）。如果我們不習於為善，那麼我們就會發現內在的氣日益餒弱。如果沒有每天的集義，志本身對道德行為也會缺乏因果效力。因此，僅僅有知性對客觀道德原理（道）的理性理解，還不足以支撐道德動力。人們必須按照本心最初的選擇（道）去行動，以此來堅定自己的道德意志。

思

最後，成就道德主體的一個必不可少的能力就是思。王夫之將心的認知功能分為知覺感知和反思。他的反思概念不是僅僅為我們心理活動的認知方面；它更像是一種道德的自我省察：「思者，思其是非，亦思其利害」（王1974a，4：266）。對王夫之而言，「思」簡單地說，就是道德反思。他認為我們的感官知覺不依賴於反思，但我們的道德修養卻離不開它。如果我們思考道德原理，那麼我們就運用了反思的能力；而如果我們只想到食與色，那麼這種思維方式就不被認為是「反思」。反思是一種只有人類才擁有的能力，並且需要個人的努力：「仁義自是性，天事也；思則心官，人事也」（王1974a，10：700）。如果沒有這種能力，我們就會像其他動物一樣，只有感官知覺和身體運動的能力。因此，他說，「人之異於禽獸

者，唯斯而已」（王1974a，705）。

　　前面的概念分析呈現的是王夫之關於心的道德功能觀。在本章的最後，我們將考察他的基於上述道德心理學的道德理論。

對人欲的肯定：理在欲中

　　王夫之有別於其他理學家的地方在於他對人的欲望之價值的肯定。張載主張學者必須寡欲。程朱學派進一步強調：只有滅人欲才能夠實現天理流行。王夫之反對這種天理與人欲對立關係的論述。人類最基本的欲望就是飲食男女之欲。他認為即使是聖人也無法消除自己的這類欲望。在他看來，欲望本身並不惡；它們並不妨礙我們的道德修養。王夫之認為人類的欲望反而可以為我們理解天理鋪路：要培養自己的道德自我，就應當體會人的欲望中所固有的天理：「隨處見人欲，即隨處見天理」（王1974a，8：520）。王夫之還批評說，中國佛家對人類物質欲望的譴責沒有切中要害。我們不需要放棄對物質的欲望，我們當然也不應該因為自己的放縱而歸咎於我們所欲之對象：「物之可欲者，亦天地之產也。不責之當人，而已咎天地自然之產，是猶舍盜罪而以罪主人之多藏矣」（王1974a，10：674）。

　　在上述背景下，我們現在可以解釋王夫之哲學中「天理」的含義了。王夫之認為天理不過是欲望的節制和公平。換句話說，對他而言，天理只是調節情感和欲望的標準。它沒有獨立的存有內容。「天理」的內涵只是人類的情感和欲望。王夫之

把沒有欲望的天理比作沒有水的池塘──空空如也。兩者之間
的關係可以用他的如下口號加以最好地概括：「無理則欲濫，
無欲則理廢」（王1980，212）。如果人的欲望沒有被他的理
性所節制，那麼他的欲望就會變得過度；如果普遍的道德原理
（天理）不是一個處理人類欲望的理，那麼它就沒有內容，也
無法應用，並最終會被廢除。在這一語境中，「理」字可以有
兩重內涵：普遍的道德原理（天理），以及具體化為個人理性
的道德原理，也就是我們前面所說的「性之理」。正如當代學
者張立文解釋的，在王夫之的理解中，「理既為普遍的道德原
理，亦分殊為具體道德規範、道德原理」（張2001，384）。

　　王夫之把天理置於人的世界之中，並把道德原理與人的
欲望聯繫了起來。「終不離人而別有天，終不離欲而別有理」
（王1974a，8：519）。他肯定了生存的需要是人類存在的必要
條件。為了生存，人們必須處理自己的物質需求。道德主體首
先而且首要地是一種生物存在；因此，想要滿足人們的生理需
求和物質欲望並沒有什麼可恥或不道德的。拒絕人的欲望，就
是把人從自然世界中孤立出來，把人與他們的生物本性隔絕開
來。

　　欲望本身雖然不是不道德的，但王夫之並不寬恕人對物質
欲望的沉溺。如果人們的欲望沒有被心的反思所節制，那麼它
們就會違背客觀的道德原理，他譴責這是「不合理」的。王夫
之的「節制」概念是與「公」這一概念相輔相成的：「人人之
獨得，即公也」（王1967，141）。換言之，如果每個人的欲望
都能得到滿足，那麼欲望本身就沒有錯。然而，每個人都應當
時刻準備著來壓抑或糾正個人自私的欲望，以保障眾人的欲望

都能得到公正地滿足。

「公」字也意味著「公共」。王夫之對比了公與私。正如公有公正、公共兩個含義一樣，私也有可以表示私人或自私。這裡我們需要在「個人的欲望」和「自私的欲望」之間作明確的分別。個人欲望是每個人都想要滿足的，而擁有個人欲望並沒有錯，只要它們沒有變成為自私的欲望，即把自己的需求和欲望置於他人之上。換句話說，王夫之並不譴責自利心，只要它不是一種利己主義——一種排除了對他人的考慮的、誇大的自我利益感。去除自私是走向道德實現的第一步。王夫之的道德修養主張是將個人的欲望轉化為尋求對他人的個人欲望之滿足，而不是要求所有個人欲望的消除。我們將在第十二章討論他詳細的道德規劃。

正如王陽明對自私的譴責一樣，對王夫之來說，道德修養的障礙也是自私：「人所不必可有者，私欲也」（王1974a，8：508）。他還說，「有私意私欲為之阻隔，而天理不現」（王1974a，10：691）。如果每個人的自然欲望都能得到滿足，那麼世界就會處於天理顯現的狀態。因此，他說，「人欲之各得，即天理之大同」（王1974a，4：248）。當眾人的欲望普遍得到滿足時，世界就是天理的生動表現。這就一定是一個理想的世界。

即使像聖人這樣完美的道德主體，也必然有基於他們感官需要的個人欲望。按照王夫之的說法，「聖人有欲，其欲即天之理」（王1974a，4：248）。聖人的欲望不過是與普通人一樣的物質欲望，但聖人可以把自己的欲望擴展於同情地理解他人的欲望。王夫之解釋說，「於此聲、色、嗅、味，廓然見萬物

之公欲,而即萬物之公理」(王1974a,8:520)。聖人所達到
的是理與欲的完美和諧,使他們能夠從心所欲,而不逾矩。對
於其他在道德修養之途的人來說,他們需要的是用理性的引導
來消除私心,將個人欲望的滿足擴充到他人的欲望滿足。正如
王夫之所表達的:「理盡即合人之欲,欲推即合天之理」(王
1974a,8:520)。這裡的「欲推」即是轉化個人的自然情感以
實現道德情操的關鍵。

王夫之基於其道德心理學的道德理論

　　王夫之認為,自然情感需要道德情操作為指導和調節。我
們已經解釋過,在他的觀點下,自然情感是放縱的、不受管束
的,也容易濫情的。自然情感需要心的其他功能來調節。道德
理性主義者貶低情感在我們道德生活中的作用。柏拉圖認為情
感必須由理性支配,而康德則認為情感和欲望完全沒有任何道
德價值。在康德看來,道德必須建立在人類理性的基礎上;道
德行為只能由道德理性來推動。王夫之的確有提點要小心情感
的力量,但他也同時讚揚情感的激勵作用。在他看來,情感確
實是需要被監控的,然而,監控功能不是來自心的道德理性,
而是道德情操。道德情操能夠正確引導情感的走向而且調節情
感的表達。這一觀點與William McDougall對道德情操與自然
情感關係的分析是一致的:「只有通過對道德情操中情感傾向
的系統化組織,意志對情感的當下激發給予控制才成為可能」
(McDougall 2001,115)。換言之,我們的道德情操可以規理
我們的自然情感,而使得我們的道德成為可能。

在王夫之看來，自然的情感是「非道德性」，與道德無涉的：它們既可以因道德的增進而被讚揚，也可以因不道德的蔓延而被責備，但它們本身則沒有任何道德價值（王1974a，10：678）。其他動物也有自然情感，但牠們沒有任何道德情操。因此，道德必須根植於道德情操之中，而道德情操應該成為自然情感的指引。不過，道德情操也需要通過自然情感才能彰顯。道德情操本身是萌初而且微弱的。我們有道德情操，但在大多數情況下，它們不足以激勵我們去採取適當的善行。這裡就是自然情感可以發揮作用的地方了。按照王夫之的說法，「不善雖情之罪，而為善擇則非情不為功。蓋道心惟微，須借此以流行充暢也」（王1974a，10：677）。也就是說，使道德成為可能的正是我們與生俱來的道德情操和我們的自然情感。比如說，當我們聽到有人將要餓死的消息時，我們會不由自主地對他們感到憐憫。這是我們與生俱來的道德情操之一。然而，大多數人只是感到憐憫，卻不會採取行動來緩解他人的困境。但是，如果這個人是他們的家庭成員，那麼大多數人會立即盡其所能減輕他們所愛的人的飢餓。這正是我們「愛」的情感。自然情感具有激勵作用，可以直接導致行動。因此，道德行為所需要的是將對所愛之人的情感加以推擴，以增強對陌生人的道德情操。在王夫之的道德動機論的圖像中：道德行為之可能是以道德情操為主導，而以自然情感為輔助。

對王夫之而言，我們的感官知覺是對應於我們的自然情感，而不是我們的道德情操。然而，如果我們可以用「反思」來掌控我們的知覺，那麼即使我們對外在對象的知覺也可以符合我們的道德情操：「知覺則與欲相應，不與性相應；以思御

知覺，而後與理相應」（王1974a，10：716）。換言之，如果我們能不斷地反思我們的情感和欲望，那麼我們就能引導它們走上道德之路。而如果我們不反省我們的情感是否中節或我們的欲望是否正當，那麼我們最終就會沉溺於過於激烈的情感和過度的欲望。這就是自然情感和道德情操截然分別的時候。正因如此，王夫之總結到：即使我們永遠不應該抑制我們的道德情操，我們必須始終努力控制我們的自然情感（王1974a，10：673）。

王夫之認為，我們的自然情感不僅是道德的基礎，也是惡的根源（王1974a，10：677）。我們的自然情感很容易被外在的對象所激發，而如果我們在追求外在對象時不控制自己的情感，就很容易就會誤入歧途。道德情操在吾人心中；外物在吾人心外。是以，如果我們逐物而行而置道德情操於不顧，那麼我們最終會扼殺我們的道德情操。因此，道德情操必須始終伴隨著自然情感。

王夫之將惡的起源解釋為人類後天習慣的結果。我們已經解釋過，他相信人性本善。他認為人性與構成人類生存之氣是不可分離的，而「純然一氣，無有不善」（王1974，10：663）。換言之，我們在構造上本是善的。而「惡」僅僅是來自人缺乏對欲望的節制以及缺乏為他人著想。惡既不存在於自然情感本身，也不存在於我們欲望的對象之中。會使情感和欲望「不道德」的有兩個層面，一是我們的不思，因為它會導致情欲缺乏正當性與合理性，二是我們沒有建立善習，因為後者會削弱我們內在的道德之氣。當一個對象激起我們的欲望而使得我們去追求它，這樣去滿足我們的欲望本身也許沒什麼不道

德的。當一件事物刺激我們的情感而使我們的感情釋放，這樣的發洩感情本身也許也沒有什麼不道德的。然而，當欲望的滿足和情感的釋放過度，或是發生在錯誤的時間和錯誤的情境下時，它們就成為「不當的」，那麼這些情感和欲望就會造成我們的不道德（王1974a，8：570）。反而言之，當它們是「恰當的」之時，它們就是符合我們道德情操的自然情欲。自然的情感和道德情操結合在一起而作為我們道德的基礎，而這種結合必須通過心的「反思」來實現。王夫之將反思與道德的關係解釋如下：「凡為惡者，只是不思」（王1974a，4：268）。由此可見，我們的反思能力在他的道德情感主義中起著至關重要的作用。

　　除了反思功能外，心還必須運用意志以「擴充」我們最初的道德情操，並將我們的愛從親近者「推」向他者。「推」就是擴大人的關愛範圍。對王夫之而言，這種「推」不僅僅是一種移情或同情的心理態度。「推」是一種必須體現在人們的行為之中的術。如果一個人沒有以實際行動來關心別人，減輕別人的痛苦，他對旁人的道德情操就沒有什麼價值。「推」需要外在的實際表現；而我們所「推」者，則是內在於人心的道德情操或「道心」：

　　　心字有「術」字在內，全體、大用，擴之而有其廣大，充之而有其篤實者。此「心」字，是孟子「萬物皆備於我」裡面流出來的。不成心之外更有一個王道。（王1974a，8：516）

　　王夫之認可其他理學家的呼籲，要把我們的關懷圈子擴充到普遍的程度。他堅持認為，我們應該渴望他人幸福，不僅僅是因為我們對他人有同情心，而是因為我們應該看到，從本體論的角度來說並沒有所謂的「他人」。按照王夫之的說法，「人則本為一氣，痛癢相關」（王1974a，8：549）。當我們不能推時，我們不僅犯了道德上錯誤，也犯了認知上的錯誤，是為「不知」（王1974a，8：556）。一旦我們看到所有的事物在它們的存在中都是相互關聯的，我們自然會希望擴充我們的關懷。王夫之斷言「仁」這一德性的本質就在於沒有自私（王1974a，10：745）。自私來自於對人與人之間的統合缺乏反思。因此，「推」完全依賴於心的反思上（王1974a，10：703）。

　　通過以上的討論我們可以看到，王夫之把道德的基礎看作是我們的道德本質，亦即內在於我們之存在的道德情操。他認為人的自然情感和自然欲望不會阻礙道德主體的發展，但不足以作為道德的基礎。自然情感對道德情操的擴充必不可少，但它們不是道德情操本身。更進一步來說，道德不是僅僅建立在情感和道德情操的基礎上。人們需要運用反省和思考的能力來引導自己的情感和欲望。要成為完全的道德人，我們需要強化道德情操，並進一步將其落實在行動中。

　　在王夫之的道德心理學中有兩種情感狀態：道德情操和自然情感。道德情操是我們與生俱來的，但它在激勵道德行為的力量方面卻很薄弱。而自然情感是基於我們的身體反應，但它們需要道德情操的監控才能得到適當的表達。當這兩種情感狀態結合在一起時，人們的道德行為就很容易被激發。然而，在

王夫之的道德情感主義中，道德並不是僅為道德情操和情感的運用。要想成為一名道德主體，人們還需要運用反思的能力。反思的作用不是抑制情感，而是明辨公、私之域，從而實現公平性。擁有情感和欲望本身並不是問題所在。將情感和欲望轉化為不道德的門檻，是在於對我們內在道德本質的缺乏反思，而未能使我們的情感和欲望與客觀的道德原理（道）相符合。由此可見，在王夫之的道德心理學中，在道德情操與理性、知與行、思維與感情之間，都有著密切的聯繫。

綜上所述，王夫之的道德心理學是建立在他對「善是人性所固有」這一信念之上的。在他看來，我們需要反思到作為客觀真理的道，並看到道已經體現在我們自己的存在中——我們的道德情操。然而，即使我們的自然道德情操是我們本質的一部分，我們仍然需要通過反思來看到所有人都是相互關聯的，從而消除我們的自私。道德不是僅僅如休謨所言「被激情所支配（ruled by passions）」；但也不是對激情的拒斥。就此而言，王夫之認同了人類情感在道德修養中的作用，但他的道德心理學並沒有轉向任何形式的情緒主義（emotivism）[8]。

小結

王夫之對宋明理學道德心理學的貢獻，正在於他對人的

8　「情緒主義」跟王夫之的「情感主義」完全不同。前者屬於後設倫理學，主張道德判斷都沒有客觀的真假值，因為它們不過是判斷者主觀的情緒反應而已；後者屬於道德動機論，主張能激勵個人道德行為的不全是當事人的理性思辨，而主要是當事人的情感反應。——作者添注。

生物存在的重視，以及他在人的道德本質與其生物存在之間建立的關聯。道德修養不要求人們否定自己的生理需要和物質欲望；反之，它是基於所有人都有這些需要和欲望這一事實的。正如當代學者張立文所解釋的，王夫之「把人的飲食男女的生理欲求的普遍需求作為欲的內涵，這種大欲是人們共同的、一般的欲求，而不是個別的人或小人的欲求。既然是人人的共同的欲求，就具有自然的合理性，因此，欲就不是非理」（張2001，386）。

王夫之的人性論及其道德心理學重申了人類情感和人欲的價值。人們不需要遵循佛教的戒律，斬七情，斷六欲，以求開悟；也不需要聽從程朱學派的教導，滅人欲以顯化天理。正如另一位當代中國學者陳贇所言，王夫之對道德生活的構想，既是感性的也是理性的：

> 在宋明時代的哲學意識中，存在被化約為理性的存在，而去欲構成了回歸存在的實踐方式。但是，王船山卻努力表明，只有在感性的徹底解放中，理性才能夠真正得以呈現，宋明人去欲的觀念與實踐在本質上是對於真實存在的顛覆，它培育了一種衰微、脆弱的時代意識。因為，在人道的意義上，真實的存在是感性存在與理性存在的統一，感情與理性同樣構成了人之為人的本體論的規定。（陳2002，350）

原始文獻

王夫之1967，《張子正蒙注》，臺北：世界書局。

——1974a，《讀四書大全說》1665，臺北：河洛圖書出版社。

——1974b，《詩廣傳》，臺北：河洛圖書出版社。

——1974c，《思問錄》，《梨州船山五書》，臺北：世界書局。

——1975，《尚書引義》，臺北：河洛圖書出版社

——1977a（1673-1677），《禮記章句》，臺北：廣文書局。

——1977b（1655），《周易外傳》，臺北：河洛圖書出版社。

——1980（1685），《周易內傳》，《船山易傳》，臺北：夏學社。

——1996《四書訓義》1679，《船山全書》，長沙：岳麓書社。

英文選譯：

Chan, Wing-tsit (ed.) 1963. *A Sourcebook in Chinese Philosophy.* Princeton University Press. Chapter 36。陳榮捷，1963。《中國哲學文獻選編》，普林斯頓大學出版社，第36章。

第三部分

德性的培養、道德人格以及道德世界的建構

第八章

張載論道德人格的培養

引言

從當代道德心理學以及認知科學來重新定位儒家道德哲學是近代在美國研究中國哲學的一個新走向。這研究方針反映整個西方倫理學往經驗驗證的發展，其背後的理念是倫理學應該建立在人的真實存在上，而不是僅僅靠著烏托邦的理念，以理想道德人格的特質來作為道德的準範。這個往經驗驗證尋找倫理規範的走向叫作「倫理學的經驗轉向（the empirical turn in ethics）」[1]。它的提倡者認為倫理學家應該「對當代最好的實驗心理學有所瞭解，並以其研究成果來檢視倫理學的主張」。這才是所謂「對經驗現實負責任的倫理學」（Edward Slingerland 之形容，Edward Slingerland，2010，2011b），或者成為一般稱為「以證據為基礎」的倫理學。

倫理學的經驗轉向也改變了規範倫理學的辯爭。種種針對人類道德決策過程的經驗科學研究，「對倫理學裡面的『認知

1　這一趨勢在生物倫理學中最為明顯，不過學界中也不乏批評之聲。

掌控（cognitive control）』模型——亦即義務論和功利主義——
的心理合理性，提出了質疑」（Slingerland 2011a，391）。義
務論和功利主義是西方規範倫理學的兩種主要走向，它們認為
道德主體的道德行為要不然就是受其道德責任感的規束，要
不然就是基於其考量各方利益的快樂積分計算法（hedonistic
calculus）。美德倫理學（雖然這一傳統可以追溯到亞里斯多
德）在20世紀下半葉重新出現，而成為規範倫理學的第三大方
向[2]。倫理學的經驗轉向使得美德倫理學成為當前倫理學議題
的焦點，因為大量的經驗研究顯示人類的道德行為通常不是透
過理性計算的結果。美德倫理學既不過分強調人對抽象道德規
則的遵守，也不看重僅僅出於理性計算的道德思慮。美德倫理
學與另外兩種規範倫理學（亦即義務論和功利主義）的最大區
別，在於它不是給出以行為為中心的規範性行為規則，而是給
出以行動主體為中心的規範：美德倫理學所強調的是行動主體
的德性或道德品格。因此，美德倫理學融匯了現代經驗科學對
行動主體的心理狀態和人格特徵之研究。與其他規範倫理學家
著重在如何建立一套既定的道德規則不同的是，美德倫理學家
所專注的是在於如何培養良好的道德習慣以及如何去塑造道德
品格，他們以此作為道德教育的目標。當代認知科學與道德心
理學的研究可以豐富並支持美德倫理學家的一些理論假設。因
此，美德倫理學是與認知科學和道德心理學相結合的最可行的
倫理學走向。它也是我們重新詮釋理學的最佳模式，因為儒家

2　參見Rosalind Hursthouse 2012，斯坦福哲學百科全書「Virtue Ethics」條。
　　（HTTP://plato.stanford.edu/entries/ethics-virtue/）。

道德哲學從根本上來講是一種美德倫理學[3]。張載的道德哲學也
不例外。

　　本章在認知科學和道德心理學有關道德品格發展的語境中
來重構張載的道德哲學。我們用來與張載的理論進行對比的，
是由Daniel K. Lapsley及其妻子Darcia Narvaez（2004a，2004b，
2005，2009）、Daniel K. Lapsley以及Patrick L. Hill（2009）、
Narvaez, Darcia et al.（2006）、Augusto Blasi（1983，1984，
1999，2005）、Carol Dweck and Ellen Leggett（1988）等心理學
家發展出來的社會認知模式（socio-cognitive model）。社會認
知學派的心理學家提出的首要問題是：「為什麼有些人會選擇
作他們認為合乎道德的行為，而其他人卻不會，或至少不會像
他們這麼經常，這麼一致地作出這種選擇？」（Blasi 1999，1）
在社會認知學派看來，答案就在於前者有道德自我觀，有穩定
的道德人格。

　　張載的道德規劃同樣關注個人的道德自我認同，同樣關
注道德人格的發展。張載的主要著作，《正蒙》，就是談如何
教育學子。這可以看作是張載所提出的道德教育和知性教育的
建議與規劃。張載把人的自然傾向區分為「天地之性」與「氣

3　參見以下書籍：May Sim 2007. *Remastering Morals with Aristotle and Confucius.* Cambridge: Cambridge University Press；Van Norden, Bryan W. 2007. *Virtue Ethics and Consequentialism in Early Chinese Philosophy.* Cambridge: Cambridge University Press；Jiyuan Yu 2007. *The Ethics of Confucius and Aristotle.* New York: Routledge. 用這種比較方式來詮釋儒家思想這一趨勢的其他代表性學者包括艾文賀（Philip J. Ivanhoe）、黃勇、安靖如（Stephen Angle）以及Wai-ying Wong等人。

質之性」。前者包括我們的道德品質，而後者則包括我們所有的生理屬性和人格特徵。張載強調讀書學習的重要，並宣稱：「為學大益，在自求變化氣質」（張2006，274）。很顯然，張載的道德哲學並不是簡單地將某些道德戒律認定為規範性的倫理準則；反之，他的興趣是在於制定一個旨在把人們的整個生理性／生物性的人格轉變成一個道德人格的道德規劃。張載認為這種轉變是一種漸進的過程，需要我們反覆地踐行以致最終能習以為常。同時，張載將「禮」定義為「時措之宜」（張2006，192）。他這些道德規劃的要素與社會認知學派模式的核心主張是相當接近的。以下，我們將先介紹著重於道德人格發展的社會認知學派。

培養道德人格的社會認知模式

　　有關道德人格發展的社會認知學派主張道德人格境界是能夠為外界影響所塑造的。這種研究方向的重點不在於定義人類心理或道德構成的固有特徵，而是強調即使人有某些先天的道德能力與道德感，一個人的道德人格在其出生時尚未完成，而是可以在其一生中慢慢培養出來的。因此，個人的生活歷練以及一生做的種種抉擇構成一個人道德人格的核心。這種種薰習的過程包括：（1）道德自我的成立與道德判斷的形成，包括自我應該做什麼和不應該做什麼的概念；（2）在成長過程中個人道德目標的轉化，以及（3）對自己道德修養的最終理想道德人格之認定。

　　正如本書的導論所解釋的，對美德倫理學的一個巨大挑

戰是來自情境主義（situationism），此理論指出在經驗科學家
解釋人的行為時，他們並沒有找到什麼所謂的「整合人格特
性」，可以用來作為個人道德行為的解釋基礎。根據情境主義
的看法，大多數人總是在不同情境的壓力下作出很不一致的行
為，鮮有人能在不同的情境中一直保持穩健的道德人格。換
言之，在人的行為指標上情境永遠勝過性格（situations trump
character）。因此，美德倫理學家以培養道德品格或穩健的道德
特質為目標是個錯誤的方向。不過，跟情境主義抗衡的社會認
知模式則可以為培養可靠穩健的道德品質提供一個可靠的方法
學。

　　品格與情境之辯歸根究柢是有關道德基礎的道德內在論與
道德外在論之爭——道德行為的決定因素主要是人們自身的道
德品格與德性，還是外在環境的多重情境因素。社會認知理論
提供了第三種選項。社會認知學派走的是中間路線——它主張
「交互決定論（reciprocal determinism）」，亦即把「人與環境
的相互作用」作為道德行為的決定因素（Lapsley和Hill 2009，
188，202）。按照這一觀點，我們的人格特質並不是「靜態
的、沒有發展性、不可改變的**本質**，而是在與環境的互動中動
態運作的組織結構」（Lapsley和Hill 2009，188，202；黑體是
作者所加）。社會認知理論關注的是如何培養道德人格，而不
是如何界定人的道德特質。儘管它是美德倫理學的一個版本，
但它並不是一種整合主義（globalism）的形式，因為它沒有列
出道德人必須在各種情境下都持續保有的一些穩健的特質。在
社會認知理論家的概念中，道德人格境界是一個整體綜合的道
德人格，是靈活的、可塑的、可改善的。

　　社會認知學派的一個重要預設是：道德人格是在社會環境的滋養下發展出來的。一個道德人格的建立是個漸進的過程，是在適當的社會環境培養出來的——家庭關係、學校、朋友，以及從道德模範人品的榜樣學習。這種社會認知模式並不排斥人有先天的道德特質，但它強調長期性沉浸於道德氛圍對培養道德人格的重要性。儘管社會認知理論和情境主義都承認環境影響的力量，但前者看到的是人們道德成長的持續塑造和一貫性的發展，而後者則否認這種一貫性。

　　由於社會認知學派把道德看作是一種發展性的成就，他們認為人的道德會在不同的情境下有變化的空間。每個道德行動者的倫理目標都可能隨成長而改變，但是這些改變可能有更好的目標，也可能有更壞的目標。社會的影響，不管是從父母、學校、朋友、同儕而來還是從讀書而受到道德崇高之人的感化而來，都在每個行動者之道德人格的形成上有重大的影響。隨著在生活中的不斷成熟，我們每個人在成長過程中也許會採取不同的道德理念以及倫理目標。正如Colby和Damon所言：

> 　　個人道德目標轉變背後的核心理念是，當人的道德目標通過社會的影響而逐漸轉變時，他的信念和行為也隨之發展。這種發展性改變的條件在於當社會影響與個人目標相互協調，從而引發個人目標的重新制定。我們把這個過程——通過社會來影響個人道德目標的轉變——看作是人在其一生道德修養的關鍵性推動者。（Colby和Damon 1995，343）

　　不過終極來說，只有當行動主體的道德行為成為他們面對眼前情境的當下反應時，這種道德轉變才可能被整合到個人的自我認同中。在社會認知模式中，這種當下反應經常被稱為「不假思索性（automaticity）」。社會認知模式與另一個重要學派，亦即心理學家Jonathan Haidt所宣導的社會直覺主義（social intuitionism），有相似之處。我們將在第十一章把後者作為王陽明道德哲學的比較模式。根據社會直覺主義，人的道德判斷同樣是文化和社會影響的結果，但社會直覺主義更強調直覺而不是理性的功能[4]。Haidt認為道德判斷是來自行動主體在當下迅速不假思索的道德直覺，而道德理性則是當事人在事後的自我辯解或對其抉擇的合理化。Haidt還強調了道德的社會層面，但在他的評價中，個人道德傾向所受到的社會影響是來自人與人共存的生活方式。按照他的說法，「人類長久以來都是深陷於層層責任網中的極度社會化（ultrasocial）生物，……人需要不斷地去為自己的行為辯護，去監控他人的行為，並去贏得第三者的信任和支持」（Haidt 2010，183）。在社會直覺主義這種觀點下，道德理性對道德行為並不具有因果的相關性；它只是在行動主體用來做自我辯護，以及我們做道德褒貶時，具有解釋上的相關性。[5]

4　社會直覺主義與王陽明的道德直覺主義的不同之處在於，後者認為道德洞察力是人與生俱來的能力，而前者認為道德洞察力是道德發展的結果，深受社會的影響。我們將在第十一章中考察王陽明的觀點。

5　「因果相關性（causal relevance）」與「解釋相關性（explanatory relevance）」是分析哲學中討論心理因（mental causation）以及行動哲學常常使用的對比。——作者添注。

　　社會直覺主義和社會認知理論一致認同文化會影響個人的道德抉擇和道德行為；然而，兩個理論在道德抉擇如何導致行動的過程上存在分歧意見。社會認知學派認為個人在特定情境下的道德行為是他所選擇的道德人格之彰顯，而這種道德人格則取決於他的道德自我認同。相比來說，社會直覺主義認為個人的道德行為是其無意識的、不加反思的「當下直捷感受」或是直覺的表現。社會直覺主義淡化了道德推理的效果和道德教育的重要性。正如Haidt所言：「由於個人行為在很大程度上是由人們不假思索的心理過程所掌控，所以我們若要使得人們變得更加誠實和樂於助人，那麼透過改變人們的社會環境，讓他們更為自己的行為後果負責，或是觸發其他無意識的心理反應過程……會比通過**教他們獨立思考**更容易」（Haidt 2010，184；黑體是作者所加）。由此可見，社會直覺主義與早期儒家的道德規劃是不相容的，因為古代儒學的基本原理正是要教導人們獨立思考。張載的道德綱領繼承了這種強調思考和學習的古代儒學思想。他提出的建議與社會認知模型的主要觀點有驚人的相似處。

　　Lapsley和Hill（2009）列出了社會認知模式有關如何發展道德人格的五個重點。我們將把它們概括為互動性、道德自我認同、道德典範、不假思索性和習慣性。

　　1）[人與環境的互動]：社會認知學派斷言人的人格特質絕不是一成不變的本質，而是可以被社會環境改變的。從這一角度看，道德人格的形成既具有個人自身的內在特質，也有其所處環境的外在影響。

　　2）[道德自我認同]：社會認知學派認為人的道德認同對於

其自我界定至關緊要。在他們看來，人在成長的過程中會逐漸採用一些道德範疇來建構自己的道德自我，並最終會根據自己的道德信念來詮釋個別事件的意義。

3）[道德典範]：社會認知學派從「長期性道德建構」的角度來解釋道德典範如何具有充足的道德完備性。道德典範對於自己的道德信念感到「道德的明晰性」，而且對自己所作的道德抉擇會感覺是「不得不如此」。根據這個理論，道德典範是在一個道德自我認同建構的長期過程下的最終成果。他們變成所謂的「道德專家」，就有如其他領域的專家。

4）[不假思索性]：社會認知學派並不認定人的道德行為完全是周密的道德思慮的結果；反之，他們承認人的行為往往是當下的直覺反應。不過，他們認為這種不假思索的當下反應並非基於任何與生俱來的道德直覺；正相反，這種反應是道德成長的結果，是來自「重複的體驗、教誨、刻意的指導和人的社會化」過程（Lapsley和Hill 2009，203）。

5）[習慣]：社會認知學派把人的道德行為解釋為一種習慣，而不是個人既定性格的彰顯。道德發展的一個不可或缺的成分是踐行。在時時踐行下，人的行動指南「變成了反覆練習、學而再學、常規化、習以為常和當下反應」的腳本，而這就是道德典範可以「建立道德專長」的一種方法（Lapsley和Hill 2009，204）。

根據社會認知模式，培養道德品格最重要的形式是「建立於幼兒日常家庭和社會生活中的平凡事務」（Lapsley和Hill 2009，204）。因此，家庭結構和父母的教導對道德人格的健康發展至關重要。在道德人格的培養中，兒童的社會認知發展的

初始階段，是包括與照顧兒童的成人（如家長、老師）的早期對話，因為這些成人可以幫助孩童「以類似腳本的方式複習、構建和鞏固他們的記憶」。不過，這些旁人幫忙建立的特定情景記憶在孩童成長後就「必須整合成一種涉及故事中心之自我的敘事」（Lapsley和Hill 2009，203）。換句話說，孩童最初要透過日常生活瑣事而依賴於身邊照顧他們的成人來建立一套行為的指導和倫理的規則。不過，他們很快就能夠形成有關自己的道德自我概念：他們會基於自我選擇的道德基礎而決定什麼是應該或不應該去做的事。想當然耳，道德成熟的過程會一直持續到成年，因為作為一個有道德的人意味著什麼是一個關涉終生的問題（Lapsley和Hill 2009，206）。人們在日常生活中遇到道德上或重要或不重要的情形時所做出的決定，部分是基於他們先前的自我承諾和自我理念，部分是基於情境的種種變數。道德自我是一個具有發展和變化空間的實體；因此，人的行為在不同的情境下不會總是相同的。

通過道德行為的反覆實踐，道德行動者可以逐漸成為「道德專家」。社會認知模式從「道德專長（moral expertise）」的角度來解釋道德榜樣的充足心理完備性：「專家的形成，證明了所有人都可以將不斷重複練習的行為常規化，而使得這些行為隨後能在他們無意識下運作。經過長期的練習，專家的決定會變得更加不假思索，而且他們也會越來越不自覺他們做決定時的思考過程」（Ericson 和Smith 1991，引自Narvaez和Lapsley 2005，152）。道德模範「擁有道德專長」的比喻，可以解釋他們如何能夠一貫性地做出正確的行為，沒有內心掙扎、猶疑、勉強，而是當下地（或者用社會認知模式的術語來說，「不假

思索地」）。然而，這並不意味著道德專家的行為沒有經過思考，或者他們只是種自動性的道德機器。擁有道德專長是一個長期道德修養過程的最後階段。當人們達到這個階段，他們已經慣於在任何情況下都作出合乎道德而與時合宜的行為。這時候他們就不需要再進一步的深思熟慮而能不費周章地具備了道德洞察力。

　　以下我們以社會認知學派的重點來對應詮釋張載的道德哲學。在張載的哲學中，我們會解釋的關鍵概念包括：學、克己、集義、志、聖賢、時中，以及以「禮」作為基礎的社會規範。我們可以看到由張載哲學的核心概念可以建立出一套有系統的培養道德人格的方針。本章會為張載道德哲學可能受到來自「情境主義」的挑戰而進行辯護。

建立道德自我認同——如何通過「志」來定義道德自我

　　張載的道德哲學之目的既不是要去定義一些普遍的規範法則，也不是要作為道德思考的指南，更不是要作為評價道德價值的標準。他的道德哲學是關於培養道德人格和道德自我認同的實際發展規劃。成立道德自我之重要性，在於人的道德自我認同可以克服剛開始的困難而強化其道德決定。在社會認知理論的理念下，道德主體之所以能在各種情境下都能始終如一地行動，並不是憑藉任何穩健的德性。而且能夠保證他們在不同情境下都維持道德行為的一致性，也不是因為他們有堅固的道德信念或道德原理。事實上，行動主體的道德自我認同才是使得他們能夠按照自己選擇的道德信念行事的主因。Augusto Blasi

(1984）認為道德行為的問題根結來說是一個自我一致性的問題，因為行動主體的道德自我認同是其道德知識、實際道德抉擇以及其行為之仲介。Colby和Damon也認為，「最終，道德行為取決於一些超越道德信念本身的東西。道德行為是取決於個人認為自己的道德關懷對於他『何以為人』這一自我意識有多麼重要」（Colby和Damon 1995，365）。

　　雖然張載接受孟子的性善說，他很少著墨於孟子所主張的四端：惻隱之心、羞惡之心、辭讓之心、是非之心。他所強調的是由學習聖賢與對自我的「克己」來轉化道德人格的過程。在這意義上，張載並不是一個道德情感主義者，而是一個道德理性主義者。

　　在張載的看法，道德自我培養的工夫始於行動主體主動地「立志6」和「正心」。所謂正心，即是嚴格的自我審查，自我管束：「正心之始，當以心為嚴師，凡所動作則知所懼。如此一二年間，守得牢固則自然心正矣」（張2006，280）。照這樣看來，我們也許如孟子所說生來俱有道德情感，但是我們道德的成就不能只靠天生的道德感。道德需要工夫，而工夫從立志始。按照張載的說法，「有志於學者，都更不看氣之美惡，只看志如何」（張2006，321）。換言之，沒有人一生下來就是個完美的道德人。我們的道德轉化必須靠自我著意，而且這是個一生的工夫。

6　此處英文翻譯是「firming up volition」。中文的「志」字有時被翻譯為「will」。我們這裡選擇用「volition」來代替「will」，以避免與「自由意志（free will）」問題產生錯誤聯想。

道德行動主體的目標可以用張載著名的「四句教」來表達7：

為天地立心；

為生民立命；

為往聖繼絕學；

為萬世開太平。（張2006，320）

我們可以說這首四言教規範界定了所有道德行動者所應有的普遍意願。張載要求道德人通過接受「民吾同胞」這一信念，而轉化他們自然在乎私己與家人利益的第一順序自然意願而發展出對陌生人的利他情感。換句話說，要能培養利他的意願，我們必須先培養正確的理念：「天下蒼生無人不是天地的孩子，四海之內皆吾兄弟也。」然而，張載並不是在字面意義上理解「祖先」一詞的，因為他把我們共同的祖先視為天與地（「乾稱父，坤稱母」）。我們應該將他的觀點理解為如下主張：人類作為一個自然物種，所有人類成員都應得到平等的考慮，因為我們都有相同的生命起源。這樣一種「民吾同胞」這種理念來自先聖先賢的行為與教導。在張載看來，接受這個普世一家的信念是每個人要成為道德行動者的一個重要環節。

通過「學」來實現道德人格的轉變

張載指出即使孔子本人十有五即已「志於學」，他在老之

7　這一引文來自他的《語錄》。在《張載集》中，表述小有出入。

將至時仍不免「嘆其衰」，可見德行需要後天培養，不是先天備具的。張載說：「如有成性則止，則舜何必孜孜？仲尼何必不知老之將至，且歎其衰不復夢見周公？由此觀之，學之進德可知矣」[8]（張2006，308）。是以，在張載的道德規劃中，學習和終身不懈的努力對人們的道德修養至關重要。

在張載看來，道德就是把人的生物性存在轉化為道德存在，把人的個己物質欲望提升為一種利他意願——對他人幸福的意願。這種高尚的道德境界叫做「仁」，一個所有宋明理學家都看重的完美德性。道德修養主要在於塑造道德品格，而其成功的潛在保證，就是我們與生俱來的道德本質——我們的「天地之性」。然而，光是天地之性並不足以保證道德上的完成，天地之性亦非道德實現的基礎，因為道德乃是依賴於人們改造「氣質之性」的努力：「天資美不足為功，惟矯惡為善，矯惰為勤，方是為功」（張2006，271）。在張載看來，如果一人不「學」，那麼就連他的天地之性也不免於遮蔽戕賊：「天所性者通極於道，氣之昏明不足以蔽之；天所命者通極於性，遇之吉凶不足以戕之；不免乎蔽之戕之者，未之學也」（《張載集》，21）。換言之，我們的先天道德本質並非我們之所以能成就為道德人的動因。道德的成就不是先天的保障，而是靠後天學習來培養的。

張載主張為善去惡要靠學習：「莫非天也，陽明勝則德性用，陰濁勝則物欲行。領惡而全好者，其必由學乎！」（《張載集》，24）為學之目標在於自我栽培、自我轉化：「勤學所

8　舜是一位傳奇的聖人，他為早期儒家樹立了最高的道德典範。

以修身也」（《張載集》，269）。此即張載所言：「為學大益，在自求變化氣質。不爾皆為人之弊，卒無所發明，不得見聖人之奧」（張2006，274）。由此可見，對張載來說，學習並不是為了獲得知識，而是個修身養性的過程。如果一人之所學無以帶來行為的轉變與人格的調整，那麼其所學就非真知。

張載所認可的學習方法包括誦讀古經，學習前賢往聖之言教與身教，以及與友朋講習道理。在讀書方面，張載說：「讀書少則無由考校得義精，蓋書以維持此心，一時放下則一時德性有懈，讀書則此心常在，不讀書則終看義理不見」（張2006，275）。他又說：「所以觀書者，釋己之疑，明己之未達。每見每知所益，則學進矣；於不疑處有疑，方是進矣」（張2006，275）。可見他認為讀書有兩個效能，一是「維持此心」，另一則是「釋己之疑，明己之未達」。通過閱讀，人們能獲得新的想法和新的見解：「學者觀書，每見每知新意則學進矣」（張2006，321）；通過研究聖賢之經典，學者得知聖賢之教。不過讀書不能只靠自己的理解；學者尚需與友朋切磋琢磨以解惑：「更須得朋友之助，一日間朋友論著，則一日間意思差別，須日日如此講論，久則自覺進也」（張2006，286）。

道德培養須由集義、積善習做起

張載強調努力保持向善這一正確方向，以及建立行善習慣的重要性。我們已經說明張載的道德觀是把德性的培養看作是個漸進的過程，而非當下的頓悟躍進。學者必須實在下工夫，這在張載叫做「勉勉」，需要最先的立志，其後的持志，

以及不斷的自我審查：「天本無心，及其生成萬物，則須歸功於天，曰：此天地之仁也。仁人則須索做，始則須勉勉，終則復自然；人須常存此心，及用得熟卻恐忘了……若能常存而不失，則就上日進」（張2006，266）。人們只要努力，即使當事人自己一時看不到成果，這個積習的過程保證有效：「常人之學，日益而不自知也」（張2006，40）。

集義的工夫始於選定正確的方向。張載以孔子的準則來作為目標：人必須好仁而惡不仁。這準則包含兩個不可劃分的心態，一是對道德性的趨之唯恐不及，一是對不道德性的避之唯恐不及，而後者是不可或缺的：「惡不仁，故不善未嘗不知；徒好仁而不能惡不仁，則習不察，行不著」（張2006，29）。也就是說，我們光是有像孟子對人性的定義的「仁之端」作為本性是不夠的。道德必須建立在人自覺的選擇趨善避惡，而且人的惡惡之心必得強烈到成為一種憎惡、極度反感的程度。這種強烈的惡惡之情可以幫助我們無時無刻克己復禮，避免我們陷於不同情境的干擾或暫時的誘惑。人們應該對任何違反「禮」的事情都感到憎惡。這種憎惡感源於孟子所說的「羞惡之心」。我們可以把這種道德感看作是人們的「道德指南針」。沒有它，人們就不能成為自發的道德主體，被自己的道德意識所引導。張載將這種仁與不仁之間的情感性抉擇稱之為「養心之術」（張2006，284）。

其次，人們必須在日常行為中貫徹自己為善去惡的意圖。張載闡述了孟子關於「浩然之氣」的學說：「集義然後可以得浩然之氣」（張2006，279）。他把「浩然之氣」定義為一種宏大的道德能量，並建議可以通過「積善」來培養這種道德能

量：「所以養浩然之氣是集義所生者，集義猶言積善也，義須是常集，勿使有息，故能生浩然道德之氣」（張2006，281）。與此同時，要避免無心犯道德上的錯誤，就必須遵守情境中的「時宜」，亦即以禮為表現形式的社會規範。張載認為這種謹慎的自我監控和自我調節，即是孟子所說的「閑邪」（張2006，280）。

　　從上面的討論我們可以看到，道德的成就在張載看來是結合立志、善惡抉擇，以及長期行為薰習的結果。沒有人生來就是道德人。不過，當一個人最終獲得道德的專長以致其道德努力已經融入其心的「不自覺過程」時，這種刻意的努力可能就不再需要了。張載最終認可的最高道德境界是不再需要克己，不再經歷反思，不再仰賴外在的禮範來規束自己的自然道德人。他的理想跟社會認知學派所認定的道德典範人格很一致。心理學家Davidson和Youniss（1991）在關於道德典範的研究中觀察到，那些道德崇高之人的行為最值得注意的一點，就是「他們的行為不是建立於一套合乎邏輯的思考結論。他們的行為是種習慣性的表達，幾乎是像車子的自動駕駛儀一樣。他們作出這些道德行為心中很少有疑慮、猶豫，或內心的掙扎」（引自Colby和Damon 1995，363）。張載也把聖人的心理狀態描述為「不思不勉，從容中道」（張2006，40）。換言之，經過反覆的實踐和終身的善習，道德主體逐漸「內化」他所養成的道德習慣。他的道德人格成為他自我認同的一個必不可或缺的組成部分。張載稱這一境界為「成性」（張2006，266）。人的道德自我至此才算完成。這就是「道德專家」的境界——用張載的概念說，這即是我們修身成聖的道德榜樣。

選定道德目標：道德典範與聖人的特殊道德任務

　　社會認知論的心理學家Colby和Damon（1995）在他們對許多道德典範人物的考察後也總結這些特點：幾乎所有道德典範都有三個共同的特徵。第一個是確定性：他們對自己應該如何做有很明確的看法，對自己有應該按照理念來行為的道德義務也毫無疑慮；第二個特點是積極性：他們對生命採取樂觀的態度，對工作充滿樂趣。最後，第三個特徵是他們的自我和道德目標的統一性：他們把自己的道德目標放在他們自我觀的核心地位（Colby和Damon1995，361-362）。在儒家傳統中，最高的道德典範是聖人，而聖人同樣具備以上的特質。因此，我們可以將張載的聖人觀與社會認知理論家的道德典範觀連結起來。

　　研究古代聖人的言行，就是為了要向道德典範學習，而人們必須將其自我與自己最敬仰的道德榜樣認同。一個完美的自我之建立是以人們有關道德榜樣的理念為基礎的。根據Lapsley和Hill（2009）的研究，人們的道德自我認同可能會變成「一種讓人們在這個世界裡的存在變得有意義的自我敘事」（Lapsley和Hill 2009，206）。張載的〈西銘〉一文被公認為代表他的道德圖景之縮影，在其中張載呈現了一種完美道德主體（包括他自己）的「自我敘事」。在這一敘事中，道德行動主體將自己視為「世界中的存在（being in the world）」，與所有人——包括聖人、賢人、普通人以及社會上的弱勢群體——都具有親緣關係：

　　　　乾稱父，坤稱母；予茲藐焉，乃混然中處。故天地

之塞，吾共體；天地之帥，吾其性。民吾同胞，物吾與
也。……聖其合德，賢其秀也。凡天下疲癃殘疾、惸獨鰥
寡，皆吾兄弟之顛連而無告者也。（張2006，62）

　　這種自我敘事把理想的道德主體置於一個世界大家庭的
氛圍之中——道德主體與作為家庭的世界中的每個人都有關
聯，並培養了對每個人的普世關懷。心理學家Colby和Damon
（1995）發現道德典範跟一般人最大不同的地方在於他們能擁
抱「大我」的世界觀：「這些道德典範跟大多數人之間的巨大
區別在於他們毫不遲疑地採取遠超於日常道德參與的行動。他
們不顧惜自己的安樂，不是只為了看自己的孩子安全過街，而
是為了讓世界上的窮孩子吃得飽，讓快死的人有些精神安慰，
為病弱的人尋找解藥，為失去人權的人爭取權利。這並不是說
道德典範者的道德關懷取向不同於尋常人，而是說因為他們關
懷的範圍很大，所以他們道德參與的範圍也非常寬廣」（Colby
和Damon 1995，364）。張載所描述的聖賢心態也同樣具有這
種大我的胸懷。在他的理想中，聖賢視世界為一家，對每個陌
生人都可以自然發出關懷。我們通過對人類「同源共體」的反
思，也可以想像所有的人都是天地之子女，因此人類之間有一
種普世的親緣關係。一旦人們獲得了這種理解，他們就將不再
會僅僅擁有基於利己的欲望，而是會發展出一種對所有人的廣
泛關懷。

　　上述心態在培養利他主義方面的有效性也可以通過當代心
理學研究得到驗證。根據Kristen R. Monroe(1998）的研究，利
他主義者確實有不同的看待事物的方式。「我們一般人看到的

只是陌生人，而利他主義者看到的則是人類同胞」（Monroe 1998，3）。Monroe在這裡所描繪的與張載所宣導的非常相似。有了這樣的心理調適，一個道德主體就可以更容易採取利他的行為。這種利他主義的心態所要求的是道德主體能擴大其同情感與關懷層面。以張載的理論來看，知性的理解與信念是發動道德感性的動力。張載在這裡為人們如何能建立普世關懷，而將所有人都納入自己的親人關懷，提供了一種理性化思考。我們可見到這種心態不僅表現在古代聖賢身上，也表現在當代博愛家和現世英雄身上。

在選擇聖人作為自己的終極道德目標後，我們還需要找到一個階梯可以幫助自己追求這個目標。這就是適當的外在環境可以發揮作用而建立外來影響之處。

禮與時中

傳統儒學一向強調禮儀提供了一個重要的社會調節功能，禮儀是公民社會的基礎。禮在儒家社會道德學中扮演很重要的社會規範角色，在儒家看來其規束行為的力量遠勝於律法。按照孔子的說法：「道之以政，齊之以刑，民免而無恥；道之以德，齊之以禮，有恥且格」（《論語》2：3）。儒家一向著重個人道德培養與社會禮範的關聯。但是，一個很容易被提出的問題就是，社會禮範到底跟個人道德培養有什麼關係？如果一個人僅僅是為了服從現有的社會禮範而採取某種行為，他的行為可以說是合禮的或甚至是合理的，但是這樣的行為真的具有道德性嗎？「合乎道德性」與單純的「合乎社會性」

（conformity）究竟如何區別？

　　從張載的理論中，我們可以看到他對這問題的解答，而且這答案正是他理論合於社會認知學派的最強佐證。張載認為，道德人對社會禮俗的尊敬與服從是建立在其認知能力上，人必須認知判斷所處的情境以及在這種情況下需要採取什麼行動才是適當的。也就是說，道德人不能僅僅因為別人期望她在某個情境應如何行為而採取行動；她必須自己判斷在當下情境如何做才是最合適、最恰當的行動。如果只是做他人期待她去做的事，她的行為是由外界來規束的，是種他律的行為，我們可以將其描述為世界對心靈（world-to-mind）的監管。反過來說，如果她的行為是建立在她對情境的判斷以及她想要作出對這情境最適當的表現，那麼她的行為就有自律性。這是基於個人對情境適當性的認知以及個人在這種情境下做適當事情的意願。我們可以把它描述為心靈到世界（mind-to-world）的「自我規範」。決定「什麼是對的行為」是出自「他律性」還是「自律性」的不同主張，已經在告子和孟子辯論「義外」還是「義內」展現出來了（見《孟子》6A：4）。在張載的看法，「禮」、「義」等德性必須符合情境的需要——如果一個人所作出的行為不適合當下情境，那麼即使行為本身在道德上原本值得讚賞，也不再是一種道德的行為。張載將這對情境適合的要求稱之為「時中」（張2006，85）或「時措之宜」（張2006，192，264）。

　　張載把「禮」界定為「時措之宜」：「時措之宜便是禮，禮即時措時中見之事業者」（張2006，192）。他進一步將「時中」界定為「無成心」：「無成心者，時中而已矣」，並宣稱

「成心忘，然後可與進於道」（張2006，25）。也就是說，我們需要在不同的情境之間保持靈活性，放下固執成見，並適應情境的要求而選擇最適宜的行動。要做到無成心，也就是要達到孔子所言：勿意、勿必、勿固、勿我（《論語》9：4）。張載常常把意、必、固、我這四種心理狀態列為成聖的最大障礙：「孔子教人絕四 [意、必、固、我]，自始學至成聖皆須無此」（張2006，318）。一旦道德人能夠摒除這些心理障礙，她就能正確詮釋當下的情境而選擇作出對這個情境最適宜的行為。「聖人……只是隨時應變，用清和取其宜」（張2006，318）。如果有人只是遵從禮俗而沒有認知瞭解禮儀之質，那她就是不知會通：「行其典禮而不達會通，則有非時中者矣」（張2006，193）。合乎道德性的行為必須出自道德行動者對時措之宜的判斷。這樣的行為反映當事人的道德判斷與意願；這才是有道德價值的行為。

當然，有些禮俗僅僅是社會的約定俗成，其本身沒有道德的絕對性。比如說，進入教堂時應該脫帽或參觀清真寺時必須脫鞋等禮節。這些社會禮俗往往只是偶然成立的社會約定，很可能缺乏固有的道德價值。如果人們僅僅因為社交禮儀是既定的規範就按規行事，那麼他們的行為是否真能說是「出自道德」就很有疑問了。不過話說回來，如果有人對既定的社交禮儀已經有所認知，卻沒有好理由地故意違反這樣的禮俗或是置之不理，那麼他的行為在道德上的確應受譴責。張載認為這種缺德的行為反映的是當事人的心態：缺乏恭敬之心。張載說，「敬，禮之興也；不敬則禮不行」（張2006，36）。由此可見，張載對人的道德評估是著重在對方的心理狀態，而

非僅僅看他的行為。他的道德理論是以行動人為中心（agent-centered），而非以行動本身為中心的（act-centered）。

以社會禮範或禮俗來作為行為規準可以視為個人行為的客觀，或至少是主體間性（intersubjective）的標準，而這樣的標準是文明社會人人有禮、和諧共存的必要條件。儒家的一個主要特質就是對先聖禮制的信賴。從孔子起，儒者就信任許多社會現有的禮範是先聖有智慧的創造，而不是毫無意義，隨意獨斷的制度。禮制不僅幫助個人的社會教化，幫助維持文明社會的延續，而且在個人自身道德發展上也扮演很重要的角色。張載特別強調禮範對個人道德成長的助力。他認為先聖所制定的禮範是建立在對人性的瞭解上：「本出於性」，因此，禮的功能主要是「持性」：「禮所以持性，蓋本出於性，持性，反本也。凡未成性，須禮以持之，能守禮已不畔道矣」（張2006，264）。同時，禮也能「滋養人德性」（張2006，279）。在張載看來，禮的成立以人類心理為基礎：「蓋禮之原在心，禮者，聖人之成法，除了禮，天下更無道矣」（張2006，264）。換言之，在張載的評估下，禮範不是只是一些形式化的典禮儀式，不是隨意樹立而沒有絕對價值的社會習俗。禮範代表天道，天理，而先聖在制定這些禮範時也同時保障了它們的合理性與實用性。張載也認為社會的一些禮範制度（如其機構、禮儀等等）可以透過管束社會個人行為來進一步培養適當的道德特性。例如，張載建議我們應該採用《周禮》「田中之制」的蓋屋方式（將房屋蓋在鄰近農田之中央），可以「使民相趨如骨肉，上之人保之如赤子，謀人如己，謀眾如家，則民自信」（張2006，282）。這個例子顯示張載的想法：社會的規範不僅

能規束公民的行為，還可以轉變他們的心態。

　　既然社會禮範有這麼重要的功用，個人就必須跟公眾的禮範配合。是以禮進一步在自我管理和自我約束方面也擔當指導的角色。張載經常引用孔子的座右銘：：「非禮勿視，非禮勿聽，非禮勿言，非禮勿動」《論語·顏淵第十二》。道德主體的自我審查和自我告誡就是「克己」之功。

克己與欲

　　張載對人的私欲評價不高：「蓋人人有利欲之心，與學正相背馳，故學者要寡欲」（張2006，281）。他區分了「可欲之欲」與「非可欲之欲」，並稱前者為「善」：「[按照孟子的說法]『可欲之謂善』，凡世俗之所謂善事皆可欲，未盡可欲之理。聖賢之所願，乃為可欲也……乃所願則學孔子也」（張2006，324）。一般人都有很多物質欲望或其他私欲；聖賢之人則有更多的利他欲望。從張載對聖人境界的解釋看，這種利他欲望的內容體現為如下目標：給予普及的人道主義援助，照顧其他處於困境中的人的福祉。

　　按照美哲法蘭克福（Harry Frankfurt）的經典區分，「當某人想做或不想做這件事或那件事時，他有一個第一序欲望」，而「當他想擁有（或不擁有）某種第一序欲望時，他便有一個第二序欲望」（Frankfurt 1971，7）。當事人的第一序欲望對其行為具有直接的因果效力。如果當事人的第二序欲望轉化為意願，那麼它就繼承了第一序欲望的因果效力。法蘭克福稱想要增強第二序欲望的意願為「第二序意願」（Frankfurt 1971，

10）。第二序欲望需要與意願相結合才能產生因果效力。用這個分類法，我們可以說利己的欲望和利他的欲望都是第一序欲望，而張載在他的道德規劃中所提倡的是一種第二序欲望：想要擁有「聖賢之欲」的意願。「聖賢之欲」不過是欲學孔子：「乃所願則學孔子也」，也就是說道德人想達到孔子那樣道德完備，可以從心所欲而不逾矩的境界（張2006，324）。

按照張載的觀點，一個道德主體應該要有「聖賢之欲」，要想具有孔子那樣具有高尚的情操，而不應該有對自我滿足的欲望——張載稱之為「私欲」。換言之，一個人一旦能夠發心立志而擁有「聖賢之欲」，她就會渴望能設法減輕他人的苦難。在張載的道德動機理論中，當欲望是一種利他欲望並伴隨以「聖賢」為理想人格的第二序欲望時，這種欲望就能夠激發道德行為。我們可以說，在這一語境下，張載所肯定的「欲」不是描述性意義上的「我自然所欲的」，而是評價性意義上的「值得被我所欲的」以及規範性意義上的「我應當所欲的」。

終極目標：道德榜樣的「不勉」

總結言之，張載的道德理論將修德看作漸進的過程，就好比我們攀登「道德的階梯」：從君子做起，而最終目標是成聖。按照張載的說法，「所謂聖者，不勉不思而至焉者也」（張2006，28）。他對於「不勉」和「不思」的描述正是社會認知學家所描述的道德專家的「不假思索性」。聖人擁有的道德專長變成了一種「技能」、一種「程式性知識」或一種「不自覺的過程」。道德被聖人內化，而成為他們道德人格的重要

組成部分。他們的行為就不會再受到情境因素的阻撓，也不會再表現三心兩意，價值不一致的矛盾。我們可以說這樣的人已經建立了所謂「穩健的德行」。

在孔子對自己人生道德進展的自我敘事中，他說：「七十而從心所欲不逾矩」（《論語》2：4）。可見即使孔子在達到這個境界之前也還不能從容自在地從事道德行為。這表明即使對孔子來說，「不勉」也是一種在他的道德發展的後期才能實現的心理狀態。不可諱言，這樣的道德境界不容易達到。在一個人能從容自在浸潤於道德的習慣而不勉不思的選擇正確的行為之前，他所需要的不斷的努力與反思。正如Edward Slingerland所指出的：「《論語》明確地表達不用刻意而為，不用勉強思善是個成德的目標，但這個目標**只有在長期的密集訓練與人格塑形之後才有可能達成**」（Slingerland 2010，268；黑體是作者所加）。就此而言，張載的道德規劃是符合儒家有關自我修養方法之精神的：從「勉」到「不勉」，是一個由刻意努力進到從容自如的過程。

張載社會認知理論在當代議題中的最終評價

綜上所述，我們可以說，張載的道德哲學是一種將道德培養描畫為一種「漸進的過程、以認知為主導，並且始於立定志向」的道德規劃。道德主體在選擇正確的目標時必須自我管束；他們必須通過閱讀經典、與友朋論學、並效法最高的道德典範（亦即聖人）以向他人學習。他們的道德培養部分是適當的社會影響（如學校教育和社會禮儀規範）的結果，部分是自

我管理和自我規範的實現。不同的人在出發點有不同的氣質之性（包括智力、脾氣、性情等），然後與不同的偶遇情境互動，而且他們維持初心立志行善的意志力也不同。因此，人與人的道德起點並不相同，而最終也不會都到達道德階梯的同一階上。簡單地說，人們的道德成就不會都等同的。

現在我們回到社會認知理論家開始的問題：「為什麼有些人會選擇做他們認為合乎道德的行為，而其他人卻不會，或至少不會像他們這麼經常，這麼一致？」（Blasi 1999，1）張載的理論給我們許多線索來解釋為什麼某些人比其他人更具一致性：因為他們的立志堅定，他們的集義積習不斷，他們的學習正確，而且他們的自我規範能力較強。張載的道德規劃是規範性的，它詳細說明了人們應該如何做，以達到最終的目標：聖人境界。在這個方法下培養出來的道德人格可以說是「穩健的人格」，不再會輕易受情境因素干擾。我們可以把聖人身上所體現的那種道德人格稱為一種「根深柢固的人格」，這種人格不會屈服於情境壓力。換句話說，張載道德方案的最終目標就是讓人擁有一個具有穩健道德特質的道德人格。當然，並非所有人最終都會達到這種頂級狀態。

相對來說，情境主義是建立在認知科學的經驗研究基礎上的，而認知科學把所有的行動主體都看作是一樣的。Doris 在他的論證中求助於認知科學家和社會心理學家所做的統計分析，但這些實驗資料通常只產生特定預期行為比相反行為更高的百分比，而從來沒有產生壓倒性的全面預測。例如，「電話亭實驗」（Isen和Levin 1972）證明，如果能在電話亭意外地多找到一角錢，16個人中有14個人會主動幫助在電話亭外有困難的陌

生人；但是如果沒有多找到一角錢，25個人中只有一人替陌生人提供了幫助（Doris 2002，30）。其實這類例子所顯示的是儘管只有很少人的行為是與大多數人的表現不同，但這些少數人的的確確沒有依照情境提示而做出預期的表現。此外，Nomy Arplay指出，在著名的Milgram實驗中，並非每個人都服從權威人物而對另一個房間裡的人進行痛苦的電擊。「面對同樣的測試，Milgram的一些實驗對象很早就離開了實驗室，一些人在中途離開，一些人到最後離開，還有一些人——令人驚訝的是——竟然一開始就拒絕與實驗者合作！這是一個關於不同的人對同樣的情境做出不同反應的例子：這可以初步認定是反駁情境主義的案例」（Arpaly 2005，644）。不可否認的，Milgram實驗所顯示的是大多數人會在情境壓力下違背自己的良知行事，但是我們更感興趣的是那沒有這樣做的少數人。這個經驗例證合乎張載的理論，也就是說不同的人會採取不同的道德行為，因為他們本來就站在道德階梯的不同階上。心理學上的統計性概括只能給我們「量」的比較，而不能反映不同道德人格之間「質」的差異。不是所有人都站在道德階梯的同一階上，而道德人的義務就是要以道德典範為榜樣，繼續往上爬階梯。也就是說，實驗科學找到的是大多數人的通性，但是道德理論要建立的是由道德典範的特例而影響到大多數人的行為與想法。因此，經驗科學統計的結果並不足以推翻規範性的倫理學。

此外，運用張載的理論，我們也可以為Doris引用的實驗研究提供另一種解釋。張載強調了我們的認知能力在識別什麼是適合的情境，也就是他所說的「時中」的重要性。人們經常會評估自己所處的情境，從而決定自己應該做什麼，但有時他

們會在決定何種行為適合當前情境上犯認知的錯誤。例如，在Milgram實驗中，受試者表現出明顯的心理掙扎跡象，儘管他們還是按照指示對陌生人執行了痛苦的電擊。這證明了他們並沒有因為情境壓力而突然變成施虐狂；而是他們在「這一特定的情境需要的正確行為是什麼」這一問題上犯了一個認知的錯誤。一方面，他們認為遵循實驗精神，與房間裡這個態度溫和的權威人物（實驗者）合作是合適的（如果這個權威人物更強勢、更專制，那就可能會有更多的人質疑權威並反抗指令）。另一方面，他們的電擊行為又違背了他們自己的良知或他們的人類尊嚴感。所以，這個實驗並沒有證明普遍的人格不一致性。它最多證明了人們在正常情況下更傾向合作而不是反抗權威。

當然，上述解釋並不能消除人們有時確實會屈服於情境壓力而做出一些日後會讓他們感到羞愧或後悔的行為這個事實。然而，即使是成德的道德人偶爾會在情境壓力下做錯事，這也並不表明他們沒有跨越時間而保持內在一致性的道德品質。社會認知理論的一個重點就是它強調道德發展的時間性。每個人在情境壓力下所採取的任何行為，無論是出自對當下情境的臨時反應或是一時衝動，都會按照時間順序加入他們的道德生命里程之中。如果有人由於情境壓力採取了一個後來令她深感後悔的行動，那麼下次當類似的情況發生時，她就更有可能會採取相反的行為。隨著時日推移，她的道德自我認同在面對情境變化時會變得更加穩健牢固。我們可以進一步補充說，張載理論中的道德人格是建立在「連續性」而不是「一致性」的基礎上的。道德人格的培養是個漫長的過程，需要當事人的不斷自覺努力，不敢稍懈。張載的道德理論注重道德人格的「長期

性」發展。因此，Doris為辯護情境主義而訴諸以單次情境為基礎而建立的心理實驗結果，是無法駁斥張載這種規範性倫理理論的。[9]

由於道德人格是在人的一生中培養和發展出來的，是以個人每次與道德相關的生活經歷都會使他成為更好或更壞的人。Doris用奧斯維辛（Auschwitz）集中營的醫生和大屠殺猶太人的案例研究來指出，隨著時間的推移，環境壓力會把一個原本天真的人轉變成一個惡魔：「在長時間的浸淫下，曾經無法想像的事情會變為家常便飯；當個人和群體逐漸適應了『破壞性的常態』時，不管是個人還是國家都容易陷落於『道德的淪喪』，而向邪惡的深淵滑落下去（Sabini和Silver 1982，78）」（Doris 2002，57）。張載對「集義」的強調可以在這裡發揮作用。每一種會挑戰道德的情境都對我們的道德修養構成阻礙，也對我們的道德自我構成威脅。每一次我們都必須要努力去做出正確的抉擇；不然，當整個世界充滿敵意與殘酷時，我們自我的「道德淪喪」也就近在咫尺了。

最後，我們必須回答Doris 所提出的這一問題：情境的不同因素是否對人們的行為有決定性，甚至大於當事人的人格特性及其道德品格的影響？張載的回答會是：道德品格不是天生完

9　Doris承認，他引用的經驗資料不能反駁社會認知理論家關於連續性或個人一致性（*continuity* or *intrapersonal coherence*）的主張。然而，他認為，由於實際困難，如果不冒循環論證的風險，就很難找到連續性或內在一致性的證據，因為這主要是基於受試者的自我報告。在找到這些證據之前，他仍然懷疑社會認知理論家對性格的描述是否能得到證實（Doris 2002，84-85）。

備的，也不能完全抵抗情境的壓力。此之所以個人的立志、克己、對時中或時措之宜的認知判斷，以及道德習慣的培養與累積等等，都在其道德人格培養過程中扮演舉足輕重的角色。外在情境是可以大大影響人的行為，但是它不具有決定性。個人跟情境互動，而決定人在某一情境的行為不是外在情境本身，而是其內在人格跟情境的「互動」。

小結

終極來說，Doris 所引用的證據和他所提出的論點都無法擊敗張載理論所建立的美德倫理學。張載的美德倫理學關注的是道德人格修養的「過程」，而不是其最終結果。它為德性的培養提供了一個可行的方案，把道德的發展看作是漸進的過程。這種努力主要是認知的，而起源於道德主體的立志。整個的道德進步需要對道德行為始終如一的習慣化，最終的目標是「不思不勉地」沉浸於穩固的道德人格之中。這樣一個完滿的道德主體就不會再受到情境變化的威脅。

原始文獻：

張載2006，《張載集》，北京：中華書局。

英文選譯：

Chan, Wing-tsit (ed.) 1963. *A Sourcebook in Chinese Philosophy.* Princeton University Press. Chapter 40。陳榮捷，1963。《中國哲學文獻選編》，普林斯頓大學出版社，第40章。

第九章

二程兄弟的整合主義
美德倫理學及德性知識論

引言

　　本章主要是介紹二程兄弟的美德倫理學與德性知識論。正如在本書的導論中所解釋的，美德倫理學是一種強調道德主體的德性或道德品格的倫理理論。美德倫理學從行動主體的角度來定義行為的道德價值：一個道德行為是由有德的行動主體所作出的行為。作為規範倫理學的一種形式，美德倫理學所考察的是人們應該培養怎樣的德性，或者應該發展出怎樣的道德品質。因此，美德倫理學家的一項重要任務就是確定人們要成為道德主體必須培養哪些最基本的道德品質。而二程兄弟特別感興趣的題目正是如何界定個人道德修養所必需的德性。

　　這一章更進一步將二程兄弟的道德哲學解讀為一種整合主義（globalist）的美德倫理學，因為他們提倡一些德性作為一個

穩健的道德人格的基礎[1]。根據John Doris的觀點，整合主義把人格看作是「一種經過評估整合所成立的穩健（robust）個性特徵」，而所謂「穩健的」道德品質，指的是那些能讓當事人維持平穩而一致的行為模式，不會因為情境的壓力而輕易作出違反原則的事（Doris 2002，23）。二程兄弟的道德規劃的主要目標正是在闡釋那些不會輕易動搖的穩健德性，而他們二人都特別強調的一個穩健的德性即為「仁」。在整合主義美德倫理學家的概念中，具有穩健道德品質的道德人即使在艱難的環境中也不會偏離可以彰顯這些德性的行為模式。然而，我們從經驗中觀察到即使很誠實的人也會屈服於誘惑而偶爾說說謊或欺騙他人，而善良的人甚至對那些最值得他們善待的人也並不總是表現出善心。道德懷疑論質疑穩健的道德品格是否存在，以及整合主義的美德倫理學是否可行。二程兄弟的整合主義能否經受住這樣的挑戰？本章除了闡述二程兄弟的道德理論外，還將探討二程兄弟的美德倫理學是否能夠經受懷疑論對穩健道德品格的挑戰。

　　與張載強調環境的影響以及向他人學習的社會認知模式不同的是，二程兄弟的美德倫理學更關注個別道德主體自身的知性之德、心理狀態和道德德性。在他們看來，一旦道德主體擁有仁、誠和敬等德性，他們就將能夠抗拒情境壓力，維持一種穩健的道德品質，從而擁有一個前後一致、穩健統合的道德人

1　這種描述也或多或少適用於其他儒者。根據Eric Hutton的觀點，「對於任何一位儒家學者來說，強調穩健的性格特徵是儒家倫理的核心特徵，這應該是毫無爭議的」（Hutton 2006，40）。

格。這種道德主體就會有如聖人或仁人一樣達到道德完備的境界。

道德懷疑論和二程兄弟的整合主義美德倫理學

道德懷疑論者Gilbert Harman是整合主義美德倫理學最強烈的批評者之一[2]。按照Harman（1999b）的觀點，整合主義美德倫理學認為所謂的「德性」，就是理想道德主體所具有的穩健的品格特性：

> 按照這種觀點，理想的有德者具有穩健的傾向去做他們在道德上應該做的事情。其他人則有義務去培養這種傾向，而且儘量模仿他們的德性。在一般面臨道德抉擇的典型情境下，他們應該選擇採取有德者在那種情況下會做的行動。（Harman 1999b，4）

這一描述與二程兄弟的美德倫理學完美契合。對程顥和程頤來說，理想的有德者就是仁人或聖人。聖人是達到最高道德成就的人；仁人是體現了仁德的人。這些完美的道德主體都「具有穩健的傾向去做他們在道德上應該做的事情」。二程兄

2　參見Harman（2009，2003，2000，1999a，1999b，1996）。Harman承認有多種形式的美德倫理學，其中有些並不提倡穩健的品格特質。他對美德倫理學的懷疑只適用於那些建立在穩健的品格特質假設之上的理論。Harman用「整合論」這一概括來描述當代美德倫理學家Rosalind Hursthouse所提出的美德倫理學。

弟進一步主張，要達到這樣的理想人格是任何道德行為者都
應有的目標。正如程頤所指出的，「人皆可以為聖人，而君
子之學，必至聖人而後已。不至聖人而自已者，皆自棄也」
（程1981，1199）。換言之，要成為一名道德主體，僅僅總是
以「做道德上正確的事情」為目標是不夠的；更進一步的要求
是道德主體要能具有「穩健的傾向」去做道德上應做的事。換
言之，「一致性」和「穩健性」已經成為道德主體性的內在要
求。

　　Harman歸納整合論所接受的共同議題如下：

　　1）德行概念可以互相衍生。我們可以找到最基本的德行概
念，用來解釋其他的道德概念。

　　2）道德的動機之界定，最好是以有德者行為之動機來理
解。

　　3）人類的德性或品格有，或至少可以有，客觀的根據
（Harman 2009，239）。

　　這三組議題都可以從二程的理論中導引出來。在二程的
理論中，我們可以用理想道德人格（聖人或仁者）的品格特性
來推衍其他相關的道德概念。理想道德主體所體現的德性具有
絕對意義的善，因為這些德性在任何情況下都是值得在道德上
加以推崇的。同時，二程的理論也是由理想道德人格的行為動
機來界定合乎道德的動機。道德動機是根據聖人和仁人的動機
來定義的，聖人與仁者是道德的保障。這些理想道德主體的動
機純粹是出於道德上的考慮，所以他們的行為動機肯定就是道
德的動機。因此，道德人應該就以聖人與仁者為榜樣，接受他
們的行為動機為自己的動機，擁抱他們的世界觀為自己處世的

標準。最後，和其他整合論者一樣，二程也同樣主張人類的品德與德性有客觀的基礎。這一套道德的客觀依據存在於人的道德構成——人性之中。他們接受孟子的觀點，認為人類道德的起源根植於人類與生俱來的道德情操。由於每個人在本質上都有這樣的道德情操，客觀的道德原理——道——就是人性所固有的。換言之，人類道德的客觀基礎在於人性本身，也就是人的先天道德性。就如程顥所言：「道即性也。若道外尋性，性外尋道，便不是。聖賢論天德，蓋謂自家元是天然完全自足」（二程1981，1）。我們可以說二程的道德論是牢牢建立在他們的對人類心理構成的形上學觀之上。

接下來，我們將首先解釋二程兄弟這一套道德德性和品格特質。之後我們將轉到Harman對穩健美德倫理學的批判，並替二程兄弟找出回應。

仁德的界定：普遍利他主義

根據Donald J. Munro（孟旦）的看法，西方倫理學特別強調個人的自由意志，而與西方倫理學形成鮮明對比的是，「宋明理學的核心是以家庭關係為基礎的互惠利他主義（reciprocal altruism）」（Munro 2002，140）。Munro所說的互惠利他主義是進化生物學中的一個概念，即「相對於人群中隨機的人，將來更有可能報答或回饋的人比較會成為受益者」（Munro 2002，135）。換句話說，會利他的生物比較可能將利他的行為推廣至那些可能在未來回報互惠的陌生者身上。Munro認為儒家的利他主義的本質是「互惠的」（Munro 2002，133）。他舉了

這樣一個例子：君主待臣民以德，臣民就會回報愛戴與忠誠。更進一步而言，在作為儒家倫理基礎的五倫關係中，「每個人都對人倫關係的對方負有責任，也名正言順地期待對方給予自己好處」（Munro 2002，133）。

　　進化論生物學家利用互惠利他主義來解釋在自然競爭以保存自我為主導的情況下，對非親緣的利他主義是如何可能的。進化論生物學家Robert L.Trivers最先提出了這個解釋模型，他認為自然選擇青睞利他行為，因為如果個體的利他行為會得到回報，那麼從長遠來看，利他行為對做出這種行為的個體是有益的。互惠利他主義更有可能在小群體中得到推廣，因為在小群體中這些個體在其一生中會有機會多次互惠互利。Trivers用這個模型來解釋人類社會中普遍存在的利他主義傾向。社會生物學家Edward O. Wilson也認為，利他主義有利於親屬的生存。他指出，有許多證據顯示「相互合作的個體通常活得更長，並留下更多的後代」。因此，在進化的過程中，使人們傾向於合作行為的基因「在整個人類群體中占據了主導地位」（Wilson 1998，253）。Trivers和Wilson都將利他主義的進化模式與道德聯繫起來。Trivers認為，許多使我們能夠在社會上發揮作用的情感，如友誼、喜歡、憎惡、感激、同情、內疚、羞恥和義憤等等，都是「調節利他主義體系的重要生物調適表現」（Trivers 1971，35）。Wilson則認為，利他主義的進化過程也「孕育」了我們的良知、自尊、懊悔、移情、謙遜和義憤等種種道德情操（Wilson 1998，253）。

　　然而，進化論生物學中的互惠利他主義是在物種發展層面來定義行為與情感範式，因此是否能成為個體行為的道德模式

還存在疑問。對於這種主義的倫理應用，我們有兩個主要的保留：首先，如果人的利他行為僅僅是因為基因傾向，那麼就很難為自己的行為獲得讚譽；其次，如果利他的個人是有選擇性地幫助那些更有可能回報的陌生人而忽略其他人，那麼這個人的利他主義就似乎是被利己主義驅動的，只會反映出經過計算性的自利。因此，儒家「仁」概念中表達的儒家利他主義不應被視為一種源於進化模式的互惠利他主義。我們選擇「普遍的利他主義（universal altruism）」來作為更好的詮釋方法，這是一種普遍關懷那些非親非故的人之福利而不計他們是否能在未來回報的態度。

二程兄弟非常看重「仁」這個德性，而將「仁」定義為「百善之首」（二程1981，283）。陳榮捷歸納宋明理學的倫理觀，亦言仁德代表整個宋明倫理學的高峰。仁德不僅是「所有個殊德行的基礎」，而且是「任何善行之所以可能的發動力」（陳1978，118）。這一德性能成為道德的唯一基礎嗎？建立於這一概念上的美德倫理學是否可以對應道德懷疑論的挑戰？為了理解「仁」的魔力，我們將詳細分析這個概念。

《說文解字》對中文的「仁」字進行了如下的字源學分析：「仁」字包含兩個詞根：「二」和「人」，而這個字的一個古老寫法是「忈」，它包含「千」和「心」兩個部分。從這一分析中我們可以看出，中文的「仁」概念主要是一種有關人際關係的德性，而且它描述的是一種心理狀態。「仁」常與愛聯繫在一起，但它是愛的一種普及形式，而不是人們對自己最親密的親人所擁有的特定之愛。在清代第一任康熙皇帝時期編撰的官方字典中（完成於1716年），「仁」這個字還有其他幾

個含義。例如，「仁」代表果仁和種子的生命力，因此它與活力或效能有關。「仁」也代表四肢的活動力，因為至少從西元一世紀開始，中國古代的醫書就把手足痿痺描述為「不仁」。

在儒學的語境中，仁這一德性的最突出特性是對他人福祉的普遍人道主義關懷，因此它被翻譯為「humaneness」。在《論語》中，孔子把「仁」看作是任何道德主體（君子）都必須培養的基本德性，而具有這種德性的人被稱為「仁者」。按照孔子的說法，「夫仁者，己欲立而立人，己欲達而達人」（《論語》6：28）。由這個定義可見仁德在孔子的心目中不是僅僅建立在惻隱之心上，也不是只包含不忍人之心。我們可以說仁德是建立在同理心（設身處地為他人著想）之上的，而且仁者對他人的關懷也遠超乎濟窮扶弱，還包括幫助達成他人的自我實現，促進他人人生目標的完成。按照孔子的說法，如果一個人能夠下定決心發展自己的仁（「苟志於仁」），那麼他就不會有惡（《論語》4：4）。也就是說，具備仁德可以視為成就道德人的「充足條件」。修德的人只須「志」於仁，有足夠的意圖心與堅定性，他就可以「無惡」。仁德在孔子的定義下確實是種「穩健」的德性，任何想要培養仁德的人都不可因情境轉變而隨意動搖：「君子無終食之間違仁，造次必於是，顛沛必於是」（《論語》4：5）。不過孔子也承認維持這品德堅貞不移的難處。他提到在他的弟子中，只有顏回能作到「其心三月不違仁」；其餘，「則日月至焉而已矣」（《論語》6：7）。可見在孔子的評價中，仁德的培養是個高尚但不易達成的目標。現在我們來看看二程如何以仁德為本，建立他們的德行倫理學。

　　程顥認為醫家以「不仁」來描述「手足痿痹」是詮釋「仁」最恰當的比喻。如果一人的四肢麻痹，那麼他的四肢就好像不是自己的。在程顥的理解下，「仁者以天地萬物為一體，莫非我也」（二程1981，15）。仁人能夠把世界上的所有東西與他們的自我統一起來，有如在處同一個身體中。既然他人他物跟個人的自我是「一體」的關係，個人不得不對他人的匱乏與困境感如身受。因此，要培養的仁德，我們必須先體念「萬物一體，息息相關」。這種形上學觀是仁德可能的基礎。程顥在其著名的〈識仁篇〉中對「仁者」如此定義：「仁者，渾然與物同體」（二程1981，16）。由這個定義來看，仁德在程顥的理論中不是僅僅為單一的德性。「仁」所代表的更是人存在的形上事實：我們每個人的存在都與他人他物渾然一體。如果這是我們存在的事實——我們和世界上的其他事物在存有上是不可分割的，那麼我們自然會，也當然會，對他人他物有真誠的關懷。簡言之，程顥的德行倫理學是建立於他的「萬物一體」之形上學觀的。只要道德人接受這個形上學信念，暸解他的生存跟他人他物息息相關，那麼他的惻隱之心就會很容易自然激發。引用程顥的譬喻，我們可以說道德人感受到他人的痛苦，就猶如他感受到自身四肢的痛癢。這種感同身受的仁德是具有「萬物一體」形上學觀之道德人的心理自然反應。

　　根據程頤的看法，仁德的基本心理預備條件是「公」的心態。他說：「仁之道，要之只消道一公字。……公而以人體之，故為仁。只為公，則物我兼照，故仁；所以能恕；所以能愛。恕則仁之施；愛則仁之用也」（二程1981，153）。也就是說，只要人們能夠心懷公正，他們就能夠「物我兼照」，而這

正是培養仁的方法。所謂公，包含無私。程頤進一步指出，沒有自私之心，是朝向仁德發展的一個心理預備。程顥解釋了他弟弟的觀點，而指出「一視同仁」的道德律令並不是要求我們均等地對待所有事物。聖人是以如下的方式致力於公正：「聖人致公，心盡天地萬物之理，各當其分」（二程1981，142）。從這一解釋我們也可以看到為什麼程頤認為「有私意」會阻礙人們的道德修養。如果道德人不能放棄私念、自愛、我執，當然無法對事物的處理都「各當其分」。在第七章中，我們已經解釋過，在中文中，（自私之）「私」字常常與（公正之）「公」相對；同時，這兩個字也用來描述（私人之）「私」與（公共之）「公」。如果一個人永遠只在乎自己小圈圈內的人事，他就不夠格成為仁者。所以培養仁德的第一步就是去除私心、私欲、私念，而為他人或公共利益著想。程頤認為，「公」是體現仁德的一種方式，但它不等於仁本身，因為「公只是仁之理」（二程1981，153）。我們或許可以把「公」看作是「仁」的必要但非充足條件。程頤比方人之心猶如「穀種」，能讓這穀種成長壯大的就是仁德（二程1981，183）。也就是說，仁德能滋潤一個人的道德心，堅固他從善的意願。

對於程顥與程頤而言，仁德的培養奠基於「自我作為世界整體之一部分」這個理念。這一理念當然不是二程兄弟的首創。它可以追溯到張載關於普遍親緣關係的道德理想，正如我們前章所解釋的。然而，在二程兄弟的道德哲學中，仁德與他們「萬物一體」的形而上學關係更為密切。他們認為正是因為道德主體認識到了他與其他生物都是同一個整體的部分而存在於世界上，因此，他能夠真誠地關懷他人的幸福。換言之，使

得「普遍利他主義」成為可能的，正是這個對「萬物一體」的形而上學事實的知性體認。使得聖人仁者成為理想道德主體的，也正是他們這種「以天地萬物為一體，莫非我也」的心理境界（二程1981，1179）[3]。聖人的心態有如天地一般，包容萬物：「聖人即天地也；天地中何物不有？天地豈嘗有心揀別善惡，一切涵容覆載，但處之有道爾」（二程1981，17）。由於聖人仁者欣然擁抱了這一形而上的自我概念，所以他們對他人的人道關懷是自然而發，毫無勉強，毫無虛假的。這種人道關懷也不會因為時過境遷而失去。

總結言之，二程的道德方案跟他們的形上學觀不可分割。在他們的理念下，要建立人品或道德習慣的穩健性，就必須奠基在有關人與世界關係的堅定形上學信念之上。人的自我觀與世界觀會影響其行為。二程兄弟以仁德為主的道德倫理觀不強調以論證來建立仁德的價值，也不去證明仁德的涵括性。他們整個的倫理觀是建立在他們認定萬物一體，互感互動的形上學觀。因為「仁」即是「與萬物一體」，所以仁是人的固有本質，而不是後天學得的德性。換言之，仁這一德性內在於我們的本性，因為我們的存在本身就是與世界萬物結合為一整體的。既然仁不是後天學來的德性，仁者便不會因情境改變而失

---

3 近年來，Philip J. Ivanhoe正在發展一種他稱之為理學語境中的「『一體』假說（the oneness hypothesis）」。Ivanhoe認為，「以萬物為一體」的意識是根源於「萬物的相互關聯性」，而這一理學的形而上學信念能夠更有效地激勵人們去幫助他人。對這理論的例證，他特別提到了張載和王陽明。參見Ivanhoe 2013和Ivanhoe 2015。在第11章，我們將對Ivanhoe的王陽明詮釋給予一個更為全面的解釋。

去仁德。仁德的穩健性來自仁者堅定的形上自我觀。如果一個人失去了這種道德特質，那麼，他也就失去了自我尊重，甚至自我認同。這一道德觀點從根本上是建立在自我認同模式的基礎上，尤其是建立在二程兄弟所提倡的「自我與天地萬物一體」的形而上學觀點之上。在這樣的基礎上，仁德便成為一種「穩健」的德行。

仁之功夫在誠敬

不過，程顥認為即使「仁」不是後天培養的德性，我們還是需要有後天培養的功夫，此功夫即是誠與敬：「學者須先識仁。仁者，渾然與物同體。……識得此理，以誠敬存之而已」（二程1981，16）。程頤也同樣強調誠與敬是兩種不可或缺，不可分離的德性。在《中庸》裡「誠」是個很重要的概念。「誠」有形上的層面，代表實有；也有倫理的層面，代表真誠。在程顥的詮釋下，「誠」不是僅僅為一個倫理或心理的概念，同時也指涉「天道」，因為天自然運行，無需做任何努力，也無需反思：「誠即天道也。天道無勉無思，然其中其得，自然而已」（二程1981，1158）。換言之，程顥所說的「誠」只是自然世界中事物的運行常態。自然事物各具其理，其運行就是其理之自然，是以程頤稱「誠」為實理：「誠者，實理也」（二程1981，1169）。當旁人問：「何謂實理？」程頤回答：「灼然見其是非可否也」（二程1918，1192）。做一個有「誠」德的人就是要「灼然見其是非可否」。因此，我們可以把誠理解為一種知性之德，表現在我們處理事物的認知的

和意欲行動的能力之中。我們可以說在二程的用法中，「誠」這個概念除了有中庸裡形上與倫理的層面外，更加上知識的層面。用現代知識論名辭來說，「誠」是種「知性之德」，具備誠德就是個人在處理事物時有正確的認知。

程顥進一步闡釋「誠」與「實理」之的關係：

> 實有是理，乃有是物。有所從來，有以致之，物之始也；有所從亡，有以喪之，物之終也。……夫誠者，實而已矣。實有是理，故實有是物；實有是物，故實有是用；實有是用，故實有是心；實有是心，故實有是事。是皆原始要終而已矣。（二程，1981，1160；黑體為作者所加）

從當代哲學的視角，我們可以說程顥這裡所宣稱的正是他的「實在論宣言」：既然事物確實存在，它必然有其存在之理，在這一意義上，所有存在的事物都因其存在本身得到實證。程顥宣稱自然界不存在「錯誤」或「虛構」── 他稱之「無妄」，並言：「無妄者，理之正也」（二程1981，823）。也就是說，外在事物不是人心的構造，而且事物的分類也不是科學分類和人類概念所創造的。自然物種是在自然界中本來存在的劃分，因為每一物種都有其區別於其他物種之「理」。個殊事物存在有其存在之理，不是人類心智的幻覺構作。如果我們人類能夠認識到每一種事物的本性（物之理），並據此對待它們而使其各得其分，那麼我們便是「誠」於自然，從而體現出我們的誠德。這就是為什麼任何私意都會阻礙我們認知事物的實理，破壞我們的知性之德。

從當代發展心理學的角度來看，「誠」是人在任何情境下都「忠於自己」。根據著名人格發展心理學家Erik Erikson（1902-1994）的觀點，一個人「在行動中注重對自己真實而表現真我」是一個與其人「建立自我認同有極度密切關係」的基本德性（Blasi 1984，132）。二程兄弟也把誠看作是個人自我認定的基礎，是個人道德人格的必要條件。按照程頤的說法：

> 學者不可以不誠，不誠無以為善，不誠無以為君子。修學不以誠，則學雜；為事不以誠，則事敗。自謀不以誠，則是欺其心而自棄其忠；與人不以誠，則是喪其德而增人之怨。……故曰：學者不可以不誠。（二程1981，326）

如果誠是這麼重要的德行，那麼我們如何培養誠？二程有如下的教導：「閑邪則存其誠」，「敬是閑邪之道」（二程1981，149，185）。他們所謂的敬，是一種投入，堅持，和專一的心理狀態——程頤把這種心理狀態稱之為「主一」。一個行動者主一的對象不是外在的事務，而是自己的心理投入。因此，「敬」德要求行動者有內省的能力。敬是一種內思反省，是人在處理日常生活中任何繁雜事務時都能內省而保持內心平靜無雜念的心境。如程頤所言：

> 主心者，主敬也。主敬者，主一也。……苟系心於一事，則他事無自入，況於主敬乎？（二程1981，1192）

如果一個人能夠常常保持自己的心境處於專注主敬，則

他應付任何事都會從容不迫，綽綽有餘。因為他對所處理的事物以及自己對待事物的方式都心存敬意，他的認知專注就能保證他不受外在雜念干擾。因此，二程兄弟所說的「閑邪」只不過是擺脫私念、摒除私意或私欲。敬與私不能並存。正如程頤所說，「一不敬，則私欲萬端生焉。害仁，此為大」（二程1981，1179）。

從以上的討論，我們可以看到在二程的道德理論裡，仁、誠、敬是一套整合的道德系統。這一道德系統包括形而上、知識，以及心理的各種層面。誠與敬之間的關係可以分析如下：誠是敬的充分條件，而敬是誠的必要條件。程頤言：「誠則無不敬。未至於誠，則敬然後誠」（二程1981，1170）。換言之，修德的方針是以主一之敬為起點，但是光是敬仍不足以達到誠。在二程兄弟的概念中，誠代表了一種知性之德，是認識事物的本相，掌握事物的個殊之理，終始之道，而使事物各得其分的德性。此之所以聖人能「自誠而明」，明灼事物而順應自然（二程1981，331）。如果人有誠，就可以與其自身之理合而為一。同時，誠也是天下古今普遍的實理：「天下萬古、人心物理，皆所同然，有一無二，雖前聖後聖，若合符節，是乃所謂誠，誠即天道也」（二程1981，1158）。是以，擁有「誠」德，人便可以對萬物之理明晰洞察而就此開悟（「明」）。這種形式的知識是知識的最高形式，在二程兄弟看來，瞭解事物的實理，才是唯一重要的知識。程頤把這種形式的知識稱之為「德性之知」，以區別於從感官知覺中獲得的普通知識。二程兄弟的知識理論只關切這一種知識；因此，二程的知識論跟他們的倫理學是不可或分的。

　　按照Harman對整合主義美德倫理學的解釋，理想的道德人格不僅在動機和行動層面具有穩健的品格特質，他們也具有「穩健的感知習慣」（Harman 1999b，4）。換言之，一個理想的有德者不僅需要具備道德德性，還需要具備知性德性。接下來，我們將轉向二程兄弟的「德性之知」概念，包括他們列舉的知性之德，他們所建議的方法學，以及他們心目中的知性主體之理想狀態。

二程兄弟的德性知識論

　　按照John Greco關於「德性知識論」的描述，在德性知識論的不同研究方向中有兩個統一的主題：首先，他們把知識論看作是一門規範性學科；其次，他們把「認知的主體和社群」看作是認知價值的主要來源以及認知評價的主要關注（Greco和Turri 2011）。我們會看到二程兄弟的德性知識論之中同樣有這些主題。二程兄弟的知識論涵括知識目標的規範性條件、「真知」的定義，以及全面性知識的滿足條件。知識的目標涉及到認知的客體對象，而真知的規範性條件以及全面性知識的滿足條件則是依據認知主體的知性及其德性來界定的。一個人是否具有真知，既不是由他是否有充分理由去相信命題來判斷，也不是由他的認知過程是否可靠來判斷。在二程的知識論規劃中，一個人是否具有真知是根據以下幾點判斷的：他是否具有認知所必需的知性之德，他是否透過自己的知識而對終極實在更加理解，以及他的行為方式是否因為他的知識而有所改變。

知識的目標

在二程兄弟的觀念中，知識的目的不是僅在於瞭解特定事物的性質或是知道某一種事態在我們的世界中是否為真。知識的目標只在於一件事：瞭解所有現象背後之「理」。他們的觀點與亞里斯多德所表達的觀點非常接近：

在每一個系統性研究中，只要有**第一原理**（first principles）、第一因或基本元素的存在，所有知識和科學都必須奠基於對這些**第一原理**、第一因或基本要素的瞭解；因為，只有在我們獲得有關第一因，主要的**第一原理**，以及基本元素的知識時，我們才會認為我們擁有對事物的知識。因此，很顯然不管是在自然科學還是在其他領域，我們都應該首先設法確定有關**第一原理**的問題[4]。（《物理學》184a，10-21。黑體為作者所加）

亞里斯多德這裡所說的「第一原理」當然與二程兄弟所說的天理或分殊之理不同。雖然如此，他們有關知識終極目標的觀點看來是非常相似的：知識應該以達到最高水準的普遍性為

---

[4] 中譯文參見亞里斯多德《物理學》：「既然探究本源（first principle）、原因或元素的一切方式都須通過對它們的認識才能得到知識和理解——因為只有在我們認識了根本原因、最初本原而且直到構成元素時，我們才認為是認識了每一事物——那麼顯然，在關於自然的研究中，首要的工作就是確定有關本原的問題」（徐開來譯，中國人民大學出版社，2003，頁1）。這裡的譯文是譯者根據本書英文本的引文譯出，而作者再加以改訂的。——譯者注

目標，因此，認知者的目標應是要去把握事物背後最基本、最全面的原理，也就是第一原理。

按照二程兄弟的說法，知識的終極目標是一切事物的統合之理：天理。這一統合之理表現在無數的分殊之理中；因此，通過研究分殊之理，我們最終可以把握這個統合之理。知識的目標最終是為了要理解世界以及人在其中的位置，從而可以知道人在既定的情境中如何作為。知識是為了使生活完善，而獲得真知能夠使人成就聖人境界——理想的道德人格。按照程頤的說法，「隨事觀理，而天下之理得矣。天下之理得，然後可以至於聖人」（二程1981，316）。可見，在他心目中，觀「理」並不僅僅是為了認知理，而是為了要達成行為正當並且生活有德的目標。

我們前面已經解釋過二程兄弟對「德性之知」和「聞見之知」的區分。前者是作為心之功能的道德知識，而後者則包含我們得自感官有關外在事物的經驗性知識。對二程兄弟而言，德性之知是唯一重要的知識。在他們的眼裡，那些專注於考察細節以及比較事物同異的人（也許比如科學家）不過是在研究一些瑣碎的東西。按照程頤的說法，「聞見之知，非德性之知。物交物則知之，非內也，今之所謂博物多能者是也。德性之知，不假聞見」（二程1981，317）。更進一步而言，二程兄弟眼中唯一重要的知識即是對聖人境界的研究。這種知識是「根本的」，而不是關於自然對象的瑣碎知識。對二程兄弟而言，知識的終極目標是成就聖人境界。然而，所謂的「聖人境界」，並不是僅僅表現為行動主體的內在德性，而且還表現在他們在處理事務時的理想方式。二程兄弟並不拒斥自然知識，

而是把自然知識看作是聖人境界的總體要求的一部分。即便在
研究自然世界，如認知動物、植物之名時（「多識於鳥獸草木
之名」），我們的目標也不是要獲得繁雜自然知識本身（「非
教人以駁雜為功也」），而是要學會如何去從事物的真相和本
性去治理萬物（「所以由情性而明理物也」）（二程1981，
1206-7）。這種對德性之知的強調可能是二程兄弟的學說沒有進
一步產生自然科學知識的主要原因。我們將在第十一章看到，
由陸象山和王陽明所主導的陸王學派更進一步將知識探討轉向
內在：他們強調心即理，從而研究內在於心之理。因此，宋明
理學的知識論其實主要是道德知識論。

真知的條件

　　對於知識的性質，二程兄弟區分了「真知」與「常知」。
按照程頤的說法：

> 真知與常知異。常見一田夫，曾被虎傷，有人說虎傷
> 人，眾莫不驚，獨田夫色動異於眾。……真知須如田夫乃
> 是。故人知不善而猶為不善，是亦未嘗真知。若真知，決
> 不為矣。（二程1981，16）

　　從這一評論中，我們可以推論出常知與真知之間的如下區
分[5]：

5　「知」在中文的表達方式並不一定是命題的形式。我們使用標準的西方格

[常知]：A擁有常知，當且僅當
A相信P
P是真實的
A在認知上有能力相信P

[真知]：A擁有真知，當且僅當
　　　　A相信P
P是真實的
A在認知上有能力相信P，並且
A的行為符合A在相關情境下對P的評估。

換言之，「真知」要求個人在適當的情況下做出行為的轉變。程頤認為，如果人們只是口頭上說他學到了什麼而行為上沒有任何轉變，那麼他並沒有真正學到。按照他的說法，

　　人不能若此者，只為不見實理。實理者，實見得是，實見得非。凡實理，得之於心自別。若耳聞口道者，心實不見。若見得，必不肯安於所不安。（二程1981，147）

我們可以舉例來說，菸癮大的人常常承認吸菸有患肺癌的風險，但許多人仍然繼續吸菸。按照二程兄弟的評價，這些人並不「真知」吸菸有害健康。他們只是掌握了這一資訊，但他們並不真的「知道」。二程兄弟在此設立的是一個對於認知的

───────────

式只是為了突出這兩種知識形式的差異。

規範性標準：只有那種能夠導致適當的行為改變的知識，才可以被視作真知。按照二程兄弟的區分，真知與常知的區別還體現在行動者本人的信念上。如果人們真的相信做某事對自己有害，那麼他們就不會繼續去做了。知識與德性以這種方式融合為一。在後面的第十一章中，我們將看到王陽明進一步將這一觀點發展為他著名的「知行合一」論。

也許有人會猜想我們的日常知識在二程這一區分下是否會被歸納為常知。我們所擁有的許多日常知識，比如瞭解地球的歷史或是學習數學定理，並不牽涉我們行為的改變。又比如那些在美國電視節目Jeopardy中或在玩平板遊戲Trivia時贏過他人的參賽者，想像他們所擁有的五花八門的各種資訊，難道他們的知識不是真知識嗎？二程兄弟並不否定常知是知識。然而，在他們看來，這類知識在生活中並不重要。我們或許可以讓我們的大腦中填滿各種瑣碎的資訊，但是如果我們的存在沒有因此變得更好，那麼這些資訊對我們就沒有意義。按照程頤的說法，「無益於身，君子弗學」（二程1981，319）。

由於真知必須反映在認知者的行為中，所以在這種知識論下，知識與行為是不可分割的。二程兄弟對知與行之間的關係似乎有兩種理解。一方面，沒有帶出反思性行為的知識根本不是「真知」。按照程頤的說法，「知之深則行之必至，無有知而不能行者。知而不能行，只是知得淺」（二程1981，164）。然而，另一方面，他們也持有如下觀點：知道P和按照自己對P的認知來行動是同一個認知過程，而如果認知者在適當的情況下沒有採取相應的行動，那麼他的認知過程就是不完整的。知是這一過程的開始，而行則是這一過程的結束。「知終終之，

力行也」（二程1981，700）。換言之，二程兄弟對「知」的定義可以用如下的方式來表示：

知＝擁有關於P的資訊，並且根據該資訊而行動[6]。

在如此定義下，「知識」的成功條件既包含了認識的層面，也包含了行動的維度。根據這一定義，如果一個人不根據她有關P的知識來行動，那麼她就並未「真知」。一個人的真知體現在她的行為之中；真知的成功條件是認知者會真正基於所獲得的資訊而改變其行為。

獲得知識的方法論：格物

二程兄弟都認可《大學》裡「致知在格物」之說。按照程頤的說法，我們的研究對象不是僅為外在事物的本身，而且是被納入到我們生活經驗之中的外在事物。換言之，要知道一個物件x，就是要知道應該如何正確地處理x。程頤以烹飪為例解釋，如果我們知道x和y的性質，那麼我們就知道當我們把x和y混合在一起時，食物會產生什麼味道：「古之人窮盡物理，則食其味，嗅其臭，辨其色，知其某物合某則成何性」（二程1981，162）。可見在他心目中，認知事物的方法論已經被嵌入

6　這一觀點可以被解釋為與Ernest Sosa的「知識即表現（knowledge as performance）」理論相一致：所謂「知」就是人能在相應情境中恰當地執行行動。來自臺灣的米建國（Chienkuo Mi）一直在發展這一比較哲學的角度。

到有關對象的使用和應用中。「擁有關於x的知識」就在於「能夠對x作恰當的處理」。這一點的最佳體現可以在傳統中醫對草藥的研究中看到。比如說，要理解某種根莖之性質，中醫需要知道這種草藥與其他根莖或植物相互作用時的功能。同一種根莖在與一些草藥共同使用時有療效，但與另一些草藥共同使用時則可能是有毒的。不僅如此，為了恰當地使用某種根莖作為草藥治病，中醫也需要瞭解病人的身體狀況——某組草藥組合也許對一些人有益，但對另一些人則是有害的。因此，對單種物品（本例中的根莖）的知識需要包含對相關情況下的許多其他物品的知識。如果一個人不能在所有情況下都能正確地處理x，那麼他就不能說是真正地瞭解x的本性。

對二程兄弟而言，思考是知識方法論的重要成分。按照程頤的說法，「為學之道，必本於思」（二程1981，324）。一般而言，如果我們非常認真地去思考某些事情，就總會有開悟之時。然而，思考不能是唯一可行的認知模式。有時候人會被卡在自己的研究而鑽牛角尖：無論他如何苦思都無法開竅。程頤建議：「若於一事上思未得，且別換一事思之，不可專守著這一事。蓋人之知識，於這裡蔽著，雖強思之亦不通也」（二程1981，186-187）。這就是為什麼二程兄弟會建議通過廣泛格物來學習最重要的根本原理，亦即天理。我們對事物的研究必須力求多樣性，以便在我們無法充分理解之時可以用我們在其他地方學到的東西加以補充。另外，我們也不能僅僅通過靜坐冥思來學習天理，因為靜坐冥思不會給我們帶來任何知識。

除了思考以外，二程兄弟也提倡如下數種認知的方法：

　　窮理亦多端，或讀書，講明義理；或論古今人物，別其
是非；或應接事物而處其當。（二程1981，188）

　　由此可見，二程兄弟的知識概念非常廣泛：它包含命題性
的知識、對事物的知識，以及技能性的知識。「知」並不是一
種單一的心理功能，人所知的對象也不僅僅是命題，而是命題
性真理、資訊與技能的結合。

　　對二程兄弟而言，知識主要是為了實用的功能：知x之理就
是為了要在相關的情況下恰當地處理x。按照程頤的說法，「物
則事也。凡事上窮極其理，則無不通」（二程1981，143）。
不過，他們強調對窮理的要求首在深而不在廣。二程兄弟並不
認為我們必須知道每一種分殊之理才能知道萬物的統一之理。
當我們積累了足夠的個殊知識後就會達到知性的飛躍：「所務
於窮理者，非道須盡窮了天下萬物之理，又不道是窮得一理便
到。只是要積累多後，自然見去」（二程1981，43）。

　　關於這一方法論，程頤和一名學生的討論在語錄裡記錄如
下：

　　或問：「格物須物物格之，還只格一物而萬理皆知？」
曰：「怎生便會該通？若只格一物便通眾理，雖顏子亦不
敢如此道。須是今日格一件，明日又格一件，積習既多，
然後脫然自有貫通處。」（二程1981，188）

　　為什麼我們對分殊之理的理解積累後會導致我們對統合
之理的領悟呢？程頤解釋說：「只為萬物皆是一理」（二程

1981，157）。在第三章，我們已經分析了程頤「理一萬殊」
的口號是什麼意思。在這裡我們看到二程兄弟的知識論也是以
他們的形而上學為基礎的——正是因為他們相信「萬物皆是一
理」，他們才會將知識的目標設定為這個「一理」。由於我們
的存在（我們的本性）都被賦予了這一理，我們的心必然能夠
把握這一理。程頤說，「物我一理，明此則盡彼，盡則通，此
合內外之道也」（二程1981，1272）。

　　二程兄弟對認知懷疑論的回應在於他們對人認知能力的信
任。在第三章我們已經詮釋了他們的規範實在論。在他們的實
在主義思考中，世界和我們人類是由相同的自然之理所支配。
我們的性向，作為自然的產物，可以保障我們認知成功的潛在
可能性。只要人們有正確的態度（亦即不帶個人偏見而忠實於
世界本相），常常進行研究考察，而且處理事物時核查其研究
的正確性，積累下來人們就可以真正地「知」。換言之，二程
兄弟對於懷疑論者有關「我們是否能真正地知道世界」的回
答，就在於他們信任認知主體的德性以及認知主體與世界的關
係。從旁觀者的角度來看，要判斷一個人是否真知，就是去觀
察他的品格和行為。如果這個人真正地「知」道，那麼他的舉
止和行為就會符合他所處理的事物之本性。換言之，知識可以
由「認知主體的表現」來判斷。法哲笛卡爾運用其方法學懷疑
論提出一個「惡魔evil demon」假設，假想我們所知的世界都
是惡魔為了愚弄我們而編造出來的場景。但即使在這種假想情
境中，根據二程的知識判準，只要認知者在這樣一個惡魔掌控
世界中還能按照事物（被編造）的性質而表現不錯，那麼我們
仍然可以認為他擁有知識。不過當然在二程兄弟的規範實在論

中，這類假想情境在其形而上學層面是不可能出現的。

最後我們應該回去處理懷疑論對整合主義美德倫理學以及德性知識論的挑戰。

回應關於穩健品格特質的懷疑論

懷疑論哲學家Harman對穩健品格特質的存在提出了幾點質疑。第一個問題是，人們常常缺乏自知之明。Harman引用了沙特（Sartre）的觀點：「人們的品格其實只不過是他們在不同人面前表現出來的多樣人格」；在此意義下，人並沒有固定的人格。我們可以把這一問題稱之為「偽裝問題（the problem of pretense）」：「有時甚至對自己，人們也只是偽裝是這種人格而不是另一種人格」（Harman 2009，236）。

「偽裝問題」引發了哲學家對人們是否有真實地自我審視的能力，以及人們自我認知是否有準確性的普遍懷疑。美哲Eric Schwitzgebel認為就對自己的個性特質和道德品格的自我認知而言，我們其實是相當「自我無知」的。他推測，「在人們的實際道德品質和他們對自己道德品質的評估之間，幾乎是零度相關性」（Schwitzgebel 2012，194）。然而，即便自我無知在一般人中可能是一個普遍現象，對我們的理想道德主體而言它不應該成為問題。在《論語》中，孔子強調了「自知」的重要性。孔子的學生曾子也強調他每天都要反省自己：「為人謀而不忠乎？與朋友交而不信乎？傳不習乎？」（《論語》1：4）一個道德主體會努力地通過縝密而且熟慮的自我審查來真實地認知自己。對二程兄弟而言，誠或真這一德性是道德主體必須

培養的一個基本德性。一個人要是沒有這種德性就不能說是達到了成熟的道德主體之境界。因此,「偽裝問題」並不會對二程兄弟所描繪的那種具有誠與真這些穩健道德品質的理想道德主體構成任何威脅。

Harman提出的另一個問題是「基本性誤植(the fundamental attribution error)」的問題:亦即一般對人們性格特質的描述「往往犯了嚴重的錯誤」(Harman 1999a,316)。Harman認為事實上「沒有任何經驗證據可以支持人們有所謂性格特質的存在」,因此,把性格特質投射於道德主體身上正是犯了一個基本性誤植的毛病。Harman認為性格心理學家和整合主義美德倫理學家之所以會犯基本誤植謬誤,是因為他們只是把注意力集中在主體身上,而沒有關注背景;換言之,他們觀察到行動主體的穩健性格傾向,但忽視了行動主體身處的情境。

基本誤植這一問題對二程兄弟的理論的確構成了巨大的威脅,因為如果性格特徵不存在,那麼二程整個要培養有穩健德性的道德人品之規劃,就好像是建基在一個道德幻象之上。要回應這種「基本誤植」的指控,美德倫理學家就必須以精心設計的社會實驗來收集證據。二程兄弟當然無法提供這樣的反證。在今日想要替二程的美德倫理學提出辯護的學者,就必須收集實際案例,以佐證如仁、聖等理想道德品格特質的確存在。正如我們在第八章已經看到的,這種經驗證據不會在研究普遍大眾的心理實驗中發現。一般人經常會屈從於各種情境壓力,因此,他們的道德品格特質不可能像理想有德主體的德性那樣穩健。但是反過來說,理想道德主體之所以超越常人之處,正是在於他們擁有穩健的道德特質和一致的道德習慣。

　　不幸的是，在歷史上並沒有多少道德榜樣可以供我們援引以作為穩健的道德品質的經驗佐證。達到理想道德主體的境界是一項非凡的成就。二程兄弟在談論聖人時通常想到的是孔子，而且他們還把孔子的傑出弟子顏回作為仁人的典範。在程顥關於孔子的品格特質的描述中，孔子總是「致於公」，並且試圖「盡萬物之理」（二程1981，142）。程頤把完美的實踐智慧歸於孔子：「聖人與理為一，故無過無不及，中而已矣」；「聖人知進退存亡而無過，則不至於悔也」（二程1981，307、697）。不過，儘管孔子超越常人，二程兄弟並沒有把「成聖」看作是一個常人無法企及的規範性目標。他們強調任何道德行動主體都應該是以達到聖人境為自我抉擇的目標，而且他們認為每個人最終都有可能成為聖人：「人皆可以為聖人，而君子之學必至聖人而後已」（二程1981，1199）。

　　在追求聖人境界過程中尚未成聖但是接近成聖的，是仁者的境界。程頤20歲時為太學的入學考試寫了一篇著名的論文〈顏子所好何學論〉。在這篇論文中，他宣稱顏回之所學只不過是聖人之道。而顏回有何方法呢？程頤說，顏回嚴謹遵守下列規範準則：「非禮勿視，非禮勿聽，非禮勿言，非禮勿動」（二程1981，578）。我們可以看到程頤所描述的這個方法是道德主體持續的自我監管與自我約束。在程頤的理解中，能夠培養「仁」與「聖」這樣的穩健道德特質的正是這種持續的自我規束。也正是因為顏回使用這個方法，他才能夠做到「三月不違仁」（根據《論語》的記載）。

　　同時，一個培養穩健品格的正確心態就是「誠」：真實地面對自己的目標。程頤將培養誠德看作是一個漸進的過程。按

照他的說法，

> 誠之之道，在乎通道篤。通道篤則行之果，行之果則守
> 之固，仁義忠信不離乎心，造次必於是，顛沛必於是，出
> 處語默必於是。久而弗失，則居之安，動容周旋中禮，而
> 邪僻之心無自生矣。（二程1981，577-578）

　　換言之，道德主體要擁有理想道德人格的穩健性特質是可能的，因為這正是他們的目標：他們自我修養想要達成的就是道德人格發展與維繫的不間斷，以及日常言行的不踰矩。。我們甚至可以下這樣的結論：理想道德特質的穩定性與穩健性已經內涵於「聖」和「仁」的概念中——聖人或仁者正是那些有穩定的道德人格，具有公、仁、誠、敬那些穩健的道德特質之人。這樣的人當然（在定義上）不會在不同的情境下隨便改變他們的操守。

　　程顥本人是他學說的最佳示範。根據他的弟子和朋友所編寫的行狀，程顥早年在一首詩中寫到：「中心如自固，外物豈能牽」（二程1981，328）。可見即便在程顥幼年，他就已經開始強調道德傾向穩健性（「固」）的重要性。後來在他十幾歲時，他師從周敦頤，窮究性命之理。在與人相處時，他總是表現得「從容不勉」（二程1981，328）。程顥一生經歷了多次政治上的升降沉浮，但他從未改變自己的風度，也從未失去冷靜。當他不能認同由王安石（1021-1086）所發動具有爭議性的政治經濟變革時，他辭退政治生涯並將餘生奉獻給了教學，「日以讀書勸學為事」（二程1981，329）。雖然其他人為他感

到不公，但他從未失去自尊與自律。一位學生寫到：「從先生三十年，未嘗見其有忿厲之容」（二程1981，330）。程顥的道德品格被描述如下：「雖不用於時，然至誠在天下，惟恐一物不得其所，見民疾苦，如在諸己」（二程1981，330）。有人將程顥最典型的道德品質描述為「誠」：「大抵先生之學，以誠為本」（二程1981，331），而另外有人則寫到：「所謂完人，若先生是已」（二程1981，332）。

〈明道先生行狀〉對程顥個人生平的長篇論述，可以作為一個例證來反駁那些質疑穩健道德特質存在的道德懷疑論者。我們再回到本章開始提出的問題：人們是否可以擁有穩健的道德品格，以致他們即便在最具挑戰性的情境中也不會動搖？由於缺乏足夠經驗證據，我們無法確切地回答這一問題。但是我們可以說至少在二程來說，這種內在的穩健道德品格不是只是一個可能實現的理想，而是實實在在的現實。他們自己就身體力行：即便在受到政治壓迫時，他們也表現出不屈不撓的韌性與穩健的道德品格。

小結

綜上所述，二程兄弟的美德倫理學所強調的是理想的道德人格，以及成熟的道德主體所具有的穩健道德品質。本章所討論的品格特質並不是一般如「天生外向」或「本性害羞」這類的人格特質——這種人格特性是否存在一直受到社會心理學家的爭議。二程兄弟的美德倫理學並不主張這些品格特質是普遍於人或是人與生俱來的，正相反的是，他們強調這些道德品質

需要我們以極大的決心來培養，通過精進的努力來維持，特別是在個人身處逆境或遭遇困難之時。要擁有這些道德品質應該是所有道德主體的規範性目標：任何想成為有德者的人都應該培養這些品格特質。同時，這些品格特質是規範性的而不是描述性的，因此，一般研究大多數人之品格的經驗性資料無法推翻它們的存在。的確是沒有多少人能真正達到聖人的境界或擁有穩健的仁德。然而，聖人和仁者已經把這些規範性的品格特質融入到他們的自我認同之中，因此這些品格特質已經成為他們思考和行動習慣的一部分。這正是二程兄弟的道德規劃：他們強調這些穩健性道德品質的重要性，並敦促每一個道德主體致力於將這些道德品質融入自己的人格。在Harman看來，既然沒有證據顯示人們可以擁有穩健性的品格特質，我們就不該浪費精力去培養道德品質[7]。然而，在二程兄弟看來，教育的目的正是要培養聖人。聖人境界是二程兄弟道德學說的最高規範性目標。我們將在下一章看到，朱熹是如何遵循他們的教導而發展他的聖人觀的[8]。

---

[7] Harman認為：「就改變人類命運這一我們所感興趣的課題而言，少強調一點道德教育和道德品格的培育而多強調一點社會制度的建立或許會更好，因為這樣人類就不會處在會讓他們做出惡劣行為的情境之中了」（Harman 2009，241）。

[8] 在本書的第一部分，二程兄弟和朱熹被放在同一章節，並被列為「程朱學派」。但是就道德規劃來說，儘管二程兄弟和朱熹有著非常相似的觀點，但朱熹值得用單獨一章來突出他的獨特思想。

原始文獻：

程顥、程頤1981，《二程集》（全四冊），北京：中華書局。

英文選譯：

Chan, Wing-tsit (ed.) 1963. *A Sourcebook in Chinese Philosophy*. Princeton University Press. Chapter 31、32。陳榮捷，1963。《中國哲學文獻選編》，普林斯頓大學出版社，第32、32章。

第十章

朱熹的成聖方法論
道德認知主義與道德理性主義

引言

　　基於其對內在道德實在性的信念（參見第五章），朱熹認為道德的成就建立在每個人的自我修養之上（特別強調自我）。他的道德哲學致力於建立一套有效的方法論以達成道德的成就。他的關懷是以實用和教學為主，而不是理論性和理想主義的。按照黃秀璣（Siu-Chi Huang，1978）的說法，朱熹對格物致知的強調，表現出他從道德理想的建立轉變到專注於道德培養的方法論（黃1978，176）。本章的重點是朱熹的道德培養方法論，並突出他的道德理想：聖人境界[1]。

　　在朱熹看來，自我修養的方法論包含兩個層面：主敬與窮理（朱2002，9：301）。前者描述了一種特殊的心理狀態，而後者則表示一種認知活動。這兩者之間似乎沒有關聯，尤其

1　Stephen C. Angle（1998，2009）已經對朱熹的聖人境界這一道德理想給予了特殊的關注。

是它們看起來都與道德無關。然而，朱熹解釋到，雖然這兩者看起來是兩條路徑，但它們最終是相互關聯的——或者我們可以說，前者是後者的基礎。他說，「能窮理，則居敬工夫日益進；能居敬，則窮理工夫日益密」（朱2002，9：301）。保持敬的心理狀態能夠使人獲得對外物之理的洞察；因此，敬是「窮理之本」（朱2002，9：301）。換言之，敬的心理狀態是道德主體從事窮理活動的心理預備，而窮理則是道德修養的途徑。由此可見，朱熹的道德方法論的主要特徵是他的知性主義傾向。他相信道德修養需要道德知識，而一個人的道德行為是來自他「知道」自己應該做什麼。朱熹的方法學是理性的也是知識論走向，儘管他的主要目的是個人的道德進展。Allen Wittenborn說得好，「即使他的目的不完全是知性的，他的方法卻一定是。不過，我們需要注意的是，知識和道德絕不是相互排斥的⋯⋯知識的功能存在於任何道德議題之中」（Wittenborn 1982，32）。在這樣的基礎上，本章將從考察朱熹的道德知識論開始。

朱熹的道德知識論：格物以致道德之知

　　道德知識論所關注的是我們道德信念的真理性及我們信念有正當的理由。是什麼使得我個人的道德信念，比如「我認為偷竊是不道德的」，成為一種肯定偷竊確實是不道德的道德知識？我能聲稱自己知道客觀上什麼是對的，什麼是錯的嗎？對道德真理我是否生來就具有某種特殊的感知或理解能力，不同於我經驗和認識外在世界的方式？在宋明理學中，證明信念理

由正當性（justification）的問題幾乎從來沒有出現。就道德真理而言，宋明理學也沒有如分析哲學特別區分「信念」和「知識」。這是因為朱熹以及其他理學家都確信道德真理是客觀真實的，而且他們相信我們都生來就具有認知這些道德真理的心智能力。

　　朱熹的道德知識論是建立在他的形而上學和人性論的基礎之上的。他認為天理是人之性以及萬物之性所固有的，因此，要認識天理，我們需要瞭解自己的本性，也需要研究事物的本性。在他看來，我們獲得自我知識與我們獲得有關世界道德秩序的知識是用一樣的方法。借用當代的術語，我們可以說，朱熹採用一種「認知主義」的走向來擴充我們的道德知識。在第五章中，我們已經解釋了朱熹對道德實在論的堅定信念，而在這裡我們看到朱熹的道德實在論與他的道德認知主義是密不可分的。道德認知主義認為道德判斷具有客觀且確定的真值，而人類有能力認知道德真理。按照道德認知主義的觀點，道德判斷並不是僅僅為人們的情感或道德情操的表達，而是具有客觀真值的。道德認知主義者反對相對主義者的觀點，後者認為道德判斷沒有客觀真假值，所有的看法都可能相對於不同的標準而同時具有真假值（因此沒有道德錯誤的可能性）。道德認知主義者則相信道德判斷有客觀的標準，依此標準我們可以審定某個道德判斷是對還是是錯的。按照David Brink的說法，「如果道德錯誤是可能的，那麼道德辯論與道德思慮至少在原則上是有意義的知性活動」（Brink 1989，30）。換言之，道德判斷具有適真性（truth-apt），而道德修養是一種知性的探索。朱熹顯然隱隱支持這一觀點。

　　朱熹相信德性的成就始於對道德知識的探索，而我們認知追尋的終極目標是道或天理。我們已經在第三章中分析了他的分殊之理學說，而現在我們來看看這一觀點是如何影響到他建立成就聖人境界的方法論。對朱熹而言，要成為一名道德主體，我們需要採取一種知性的途徑來理解道；而要理解道，我們需要先認知其分殊之理，從而了解如何以符合其理的方式處理每個事物。每一類事物都有其分殊之理，理即其性，是以在我們處理任何事物時我們都需要學習其分殊之理以免違反其性。比如說，如果我們不知道某一特殊植物之性，那麼我們可能為了保持植物的水分而澆太多水，最終殺死了這一植物。這可能看來是一個與人的道德無關的瑣碎例子。然而，朱熹把認知分殊之理的要求擴展到要求我們日常生活中每一次與他人的接觸、每一次對他物的處理中，都要認知其分殊之理。如果我們知道如何按照某種人際關係的分殊之理來處理我們的人際關係，那麼我們就會知道如何與這種關係中的他人恰當相處；如果我們知道支配特定情境的理，那麼我們就會知道如何在這種情況下正確地行動；如果我們瞭解我們遇到的每一個物件之性，那麼我們就會總是知道如何恰當地處理物件；最後，如果我們知道世間每一事物之性，並都能相應地處理它們，那麼我們一定就是「聖人」了。由此我們可以看出，朱熹的「分殊之理」概念其實是種對人行為的規範——「理」即是對待事物的應然方式。因此，分殊之理為人類處理每一特定的對象和事務的行為設定了準則。對於每一特定事物x而言，去認識x的分殊之理，就是去認識「如何恰當地處理x」。正如朱熹所指出的，「理雖在物，而用實在心也」（朱1986，2：416）。朱熹認為

通過瞭解如何對待每一具體之物和處理每一具體之事，我們最終將獲得對「道」的整體性洞察。人心用來領悟道的認知功能——朱熹稱之為「道心」——必須通過窮盡個殊事物之理來不斷加以練習，直到人心達到一種悟道的高級境界。

　　同時，朱熹也解釋說窮盡事物之理就是要認識事物為何如此的「所以然」。而要想知道事物之所以然，就必須超越對個殊事物之性的浮面理解，而去發掘它在萬物的宏大體系中的位置。在朱熹的世界觀中，萬物相互關聯而構成了一個有序的有機整體（這就是他所謂的「太極」）。每一事物都自然地摻和入這個整體性體系，而普及之「道」正是這一有機整體的秩序。換言之，在朱熹的宇宙論中，宇宙中沒有混沌或隨機性發生的事件。萬事萬物都有其存在的理由——萬事萬物都是依道而生成的，因此其在世界上的生成與消亡都有其原因。要真正理解某一事物，就是要「表裡精粗，無所不盡」（朱1986，2：416）。這是格物的真正目標：徹底弄清它們存在的原因。這一點也同樣適用於人類事務。例如，僅僅知道我們應該尊敬父母是不夠的；我們還需要知道為什麼我們的父母有資格得到我們的尊重。就我們在某一特定情境中應該做什麼而言，朱熹的觀點是，人際關係以及與每一種關係相關的道德義務，構成了一種相互關聯的道德網絡。要認知事物之所以然，我們需要對我們在這一道德網絡中的位置有更深層的反思和全面的認知。一旦我們理解了為什麼在某一特定情境中某一行為是應然的，我們就將不再只是單純地遵循外在的道德禁令。我們之所以會採取恰如其當的行動，是因為我們真正理解在特定情境下為什麼需要採取這些行動。是以，我們的道德行動會是自動自發而且

是自我管束的。因此，按照朱熹的說法，理解所有道德上要求的行動背後的所以然，可以使得我們成為自主的道德主體。

　　當然，有人可能會問，即使我們知道為什麼應該去做x，但這種知識是否真的會導致我們做x的決定？人們的意志薄弱、情感冷漠和惰性惡習，都是我們耳熟能詳的問題。人們很容易成為一個理性的非道德主義者，根本不在乎是否成為道德人或是否在做正確的事情；或者人們可能像休謨描述的那樣，以「一個聰明的無賴（a sensible knave）」的方式思考和行動：「一個聰明的無賴……可能會認為一種不正當的行為……會給他的財富帶來可觀的增值，並且不會對社會合作造成任何可觀的破壞……他的為人處事有絕高的智慧，他遵守常規但是同時會利用所有規則的破例來從中獲利」（Hume 1983，Sect. 9，22-25）。人的「知行不一」是倫理學理論中的一個惡名昭彰的問題。然而在朱熹的樂觀看法中，我們一旦理解了為什麼應該做某些事情或以某些方式行動的原因，我們的行動就會是不容自已的了：「如真見得是這底是我合當為，則自有所不可已者矣」（朱1986，2：414）——一旦我們真正「知道」，我們就不會再以其他任何離經叛道的方式行動。朱熹的信念是以他的人性論為基礎的：人類是天生的道德生物，具有天賦的道德屬性：仁、義、禮、智。我們天然地傾向於做正確的事情，但最常見的情況是我們被自己的無知所限制而不知道什麼是正確的事。一旦我們消除了無知，我們的行動就會符合我們的本性和理性。這樣一來，我們的道德行為就會是「不容已」的。換言之，在他看來，所謂意志軟弱只不過是無知——是一種知性的失敗。

我們現在可以看到在朱熹的道德哲學中，正如在他的人性論中一樣，「理」的概念也結合了兩層內涵：描述性意義和規範性意義。朱熹把分殊之理的描述性意義稱之為特定事物的「所以然之故」，而把分殊之理的規範性意義稱之為特定事物的「所當然之則」。他聲稱前一種理是「不可易」的，而後一種理是「不容已」的（朱1986，2：414）。二者都是個殊事物的本性所固有的，但都必須被人之心所理解，因為理的彰顯在於人心。朱熹認為，「理」的這兩層內涵對我們的道德追求而言是不可或缺的：一旦我們理解了事物為什麼是這樣的以及事物應該如何被處理，我們就不會再困惑於自己該做什麼，而由此我們的行動也就永遠不會出錯。朱熹似乎相信有關「理」的真知會自然而然導致道德成熟的個人——也就是那些忠於自己本性（「盡性」）的個體——做出自主堅定的道德行為。

在朱熹的道德哲學中，「所以然」等同「所當然」。按照黃秀璣的說法，朱熹在這裡是把實然的領域與應然的領域結合起來，並力圖從實然中衍生出應然：「一個人對所處理的『物事』之理（無論是兄弟、父母、朋友）研討越多，他就越能理解他們以及他與他們之間的關係，也就越應該相應其各自的份而採取適當的行動。因此，『應然』衍生於『實然』」（Huang 1978，187）。然而，對那些熟悉休謨對倫理學家從「實然」衍生「應然」的解釋提出挑戰的讀者來說，朱熹的「衍生」之說可能會很成問題。朱熹是不是將描述性的事實概念與規範性的價值概念混為一談了？正如我們在第五章看到的，朱熹的道德實在論並沒有把事實界與價值界分開；正相反，他的道德實在論直接將價值放在事實界內。朱熹遵循儒學傳統而沒有把自然

世界與人文世界割裂開來。人是自然的一部分，因此，人的價值當然也是自然的價值。在朱熹看來，關於個人應該怎樣行動或是某一事物應該如何存在的規範性陳述，並不是主觀的或人為投射的價值判斷。在朱熹的概念中，這些規範性陳述同時也是對自然界和人類生存之理想狀態的描述。事物的理想狀態的確是客觀描述的狀態，而且應該是所有進化與發展的「終極狀態」。個殊事物之理既是事物之所以然，亦是事物應該被對待之當然，因為只有在事物被以符合其理的方式對待時，它們才能實現其理想狀態。

　　就人類的存在而言，人的理想狀態即是個人實現其本性而成為一個理想人。在這個層面上，人的本性指引了個人應如何正確行為。然而，在本性的導引與道德行為的執行之間仍然存有間隙。這一間隙必須要以知性主義的方法來填補：也就是「窮理」。要是沒有這樣一個逐步累積的步驟，道德體現是不可能的。知與行的統一來自個人實現了道德的覺悟。換言之，對「所以然」的道德認知，只會在某些理想道德主體身上才能引發自主堅定的道德行為。

　　黃秀璣把朱熹的道德方法論界定為一種「道德理性主義」[2]。道德理性主義的觀點是：道德真理和普遍的道德原理是不證自明的真理，而且人只有憑藉理性才能先驗地知道。對朱熹的道德方法論，「道德理性主義」是個很恰當的描述。然而，朱熹並不主張一種直覺的把握或先驗的理解。從他對格物的強調中我們可以看出，朱熹並不輕視經驗研究的重要性。經

───────────────

2　陳榮捷（1963）也將朱熹哲學的特徵描繪為理性主義。

驗研究的目標不是僅僅考察個別事物的實然，而是要把個殊事物看作是普遍之理的具體範例。對朱熹而言，關於個殊事物之理的知識是一種道德知識，因為我們所學的一切都能提高我們的道德修養。這類知識需要一點一點地積累，但到了某一階段我們可能就會突然達到理解的突破而領悟到普遍的道德真理。朱熹強調對細節的重視：從有關我們自身最重要、最基本的層面到世界上每個單一的事物或事務，每件事的細節都應該窮盡追究而沒有任何小地方是不值得關注的。他指出儘管這樣的學習看起來似乎沒有實質性的進展，但經過長時間的積累之後，人們可能會浸潤於個殊之理的知識而獲得廣博的和諧與滲透理解，但自己卻渾然不知。對此朱熹以磨鏡子為喻：「要驗學問工夫，只看知至與不至，不是要逐件知過，因一事研磨一理，久久自然光明。如一鏡然，今日磨一些，明日磨一些，不覺自光」（朱2002，15：228）。

　　對朱熹而言，由於每一殊理都代表著一類個殊事物的典範，人的道德修養依賴於其心對分殊之理擁有廣博的知識，而且這種知識應該支配他在處理各種事物時的行為。朱熹這一觀點是把行為的規範標準置於心之外而內在於個殊事物之存在。道德主體的認知能力使她能夠「發現」（而非創造）在不同情境中處理不同事物時的恰當道德行為之客觀標準。道德主體需要認知道德真理，以符合獨立於心靈，非心所造的道德原理來行動，並容許自己的行為受到客觀道德標準的評價。相對於陸象山和王陽明所宣導的「心即理」學說，朱熹的觀點是個體的心靈並不能決定理，而且道德主體必須遵守客觀的道德法則。換言之，我們並不是道德法則的創作者，我們只是客觀道德原

理的理性遵循者。我們的道德知識應該是關於「理」的知識，而我們的行為應該是符合「理」的行為。對朱熹而言，心的價值是在於其「認知」功能，並不在於它對道德真理的「直覺」把握。我們看到這就是程朱理學與陸王心學的根本區別之所在。

我們可以追溯朱熹對倫理學的知性主義走向到孔子的《論語》。孔子明確地表示，人要想在道德上端正自己的行為，就必須學習道。對道的知識追求就是對真理的一種熱切的知性追求。按照孔子的說法，「朝聞道，夕死可矣」（《論語》4：8）。孔子認為道（絕對的真理）獨立於他的個人判斷。因此，道德上正確的事物並不僅僅是他自己判斷是正確的事物。道是人類行為的道德標準；道確立了人類道德的矩範。對孔子而言，知和德是不可分割的——「知」是對道的理解，而「德」是以符合道的方式生活。甚至孔子本人也認為直到他七十歲時他才能夠把知與德融為一體，因為那時他可以「從心所欲不逾矩」了（《論語》2：4）。

不過，像這樣的道德知識論有個問題：如果德性的培養是依賴於道德知識的獲得，而道德知識的獲得又依賴於人們擁有適當的德性，那麼我們不就陷入了沒有起點的惡性循環了嗎？宋明理學家對這類的問題的回答是透過假定每個人都有與生俱來的某種道德品質，朱熹也不例外。對朱熹而言，這種內在的道德品質有如鏡子本身的光輝——人只須對鏡子不斷磨拭就能讓它重新煥發出它固有的光輝。換言之，學習的出發點就是我們內在的德性。從根本上說，我們求得道德知識所需的德性就是我們存在的一種「已然」狀態。這種內在的道德品質保證我們對最高道德原理（道）的知性追求會有成果，儘管我們仍

然需要不斷地努力去磨拭鏡子——我們需要積累我們對外在事
物固有的分殊之理的知識。也許在一開始我們沒有敏銳的道德
認知來把握事物的正確之理；然而，經過足夠的積累，我們最
終會完全掌握最高的普遍之理。

　　Wittenborn（1982）對朱熹的道德知識論提出了一個有效
的質疑：我們如何從自己的角度來確定自己認知的成功？在
Wittenborn看來，「如果我們一開始就錯了，我們就永遠不能完
全肯定我們不會再錯了。其邏輯上的結論是，我們可能總是犯
錯，因此，對我們而言，要完全正確地理解某一事物及其理是
不可能的。或者說，即使我們是正確的，我們永遠不能確定我
們是正確的，因而，整個理的概念都會受到質疑」（Wittenborn
1982，15）。換言之，我們如何能同時扮演裁判跟學生呢？如
果我們已經是一個有錯誤的人，我們又怎麼可能評判我們自己
的理解是「錯誤」的呢？要更進一步為朱熹的道德知識論辯
護，我們就必須解釋在朱熹理論中我們如何能達到道德認知的
成功。

　　對朱熹而言，道德理解的改善是一個漸進的過程，而且
學習者在這一過程中會經過蛻變，而使得後來的自我在道德理
解和道德成就方面都有別於，而且應當是勝於，先前的自我。
蛻變後的自我可以指正先前自我的錯誤，因為她現在對事物本
具的分殊之理有了更好的把握。朱熹的道德知識論把道德探究
界定為一種經驗性的探索，但他的經驗探索的方法論與現代科
學中所使用的方法論有所不同。在朱熹的用法中，認知的目的
是為了理解宇宙的模式，以便個人能在這宏偉的系統中恰當地
行動。對朱熹來說，理解道德真理的前提是看到自己置身於一

個道德世界，而且是道德的實在界之中。道德實在與道德真理客觀地存在，等待人類的發掘，不過人們需要有適當的心理條件以及適當的行為條件才能真正見「道」。換言之，人想要把握道德實在，就需要以己身存在狀態與之契合協調。我們可以用Charles Taylor對「契合協調性的理解（understanding as attunement）」這一概念的描述來恰當地詮釋朱熹的道德知識論：

> 沒有理解自我在事物之中的位置就無法理解事物的條理，因為我們正是這一條理的一部分。而要是我們不愛事物的條理，不將其視為善，我們就無法理解事物條理以及我們在其中的位置。這就是我所說的「與之契合協調」。對事物條理「不與之契合協調」必然會引致對之「不理解」，因為任何真正理解它的人都必須「愛」它；同時，不理解事物條理是不可能「與之契合」的，因為與之契合正是以理解為前提。（轉引自Wong 1986，103，黑體為作者所添加）

朱熹的道德知識論也是這樣一種知識與心態的融合（不過他所強調的心態並非如Taylor所說的愛）。如果我們不能領會宇宙的條理以及我們在其中的位置，那麼我們對事物及其殊理的研究就不會增進我們的智慧。朱熹所強調的「格物」其實是為了達到更高的道德境界所採取的漸進路徑。

總而言之，朱熹關於格物的知性主義方案是用來達成自我內在轉化的方式。朱熹拒斥了佛教的靜坐冥想以及陸象山的發明本心的方法論，因為二者都不能給我們知性上的啟發，也

不能將我們帶到更高的道德境界。在我們的日常生活中，我們
不可避免地會遭遇各種各樣的事務。要恰如其當地處理某件單
一事務，我們既要整體上把握事務的本質及其與其他事務的關
係，也要深刻理解相關個殊事物的本質（理）。朱熹要求我們
把對每一件事的處理都當作是我們的理解力、德性和道德品質
自我提升之機會。人們之所以能夠通過一件一件逐步漸進的格
物而達到一個完全的道德蛻變，正是因為他們在每一種情況下
對知識的追求中都已經包含了他們心理以及行為的轉變。這就
是所謂的「功夫」，是需要長久時間才能成功的。隨著知識增
長以及心靈的逐漸契合，個人終會對自己在這個道德宇宙中的
位置獲得如聖人般的道德洞見。

　　由於朱熹的道德知識論結合知識與心態，除了知性主義的
（格物）方法，他還強調人們需要擁有正確的心態來融合他們
的知識與洞察力。我們可以說朱熹的道德知識論始於他的道德
心理學。按照他的說法，人要充分從事對道德知識的理智追求
所必備的心理條件是「敬」[3]。接下來我們就介紹他這一概念。

道德知識的心理條件：敬

　　朱熹把養敬這一工夫稱為「聖門第一義」，而且是我們必
須堅持到底，「不可頃刻間斷」的（朱2002，14：371）。按
照安靖如（Stephen C. Angle）的看法，對朱熹而言，敬是「最

3　Allen Wittenborn（1982）將「敬」翻譯為「concentration」，這一翻譯源於
　　朱熹對這一心理狀態的進一步解釋：「主一」。在英文版裡我們採用的是
　　這個詞的字面英譯reverence，而寫成「reverence in the heart」。

終實現聖境自如的關鍵——人到了這一境界中就會無需著力而仍然會做他所當做的事」（Angle 2011，191）。那麼什麼是「敬」？為什麼它是培養聖人境界的基本德性？

朱熹同意「敬」可分為「未發」和「已發」兩個階段，但宣稱：「雖是有二，然但一本，只是見於動靜有異」（朱2002，14：572）。所謂未發已發之別，是指未遇事時，此心「常惺惺」；遇事時，其心存於恭敬，而其神態整齊嚴肅。沒有內心的惺惺警惕，人們將無法把握事物之理，從而也無法尊重外在事務；另一方面，沒有神態的整齊嚴肅，即便個人不斷努力，其心也無法始終保持警惕（朱2002，14：571）。在朱熹的理解下，敬的心理狀態是清除雜念，不管手頭有多少事務都只專注於一事（主一），不過這裡的重點不是在於專注單一的事務，而是在於專注心的運作本身：「收斂此心，不容一物，也便是敬」（朱2002，14：571）。在另一方面，敬的外在行為表現是保持整潔的外表和嚴肅的舉止。未發之敬是已發之敬的準備心態，而已發之敬反過來也能影響人心之主一而維持注意力的集中和頭腦的清醒。

按照朱熹的解釋，敬是一種自然而然由內至外而彰顯於個人容貌行為的心理狀態。朱熹將「敬」定義為「此心自做主宰」（朱2002，14：371），「內無妄思，外無妄動」（朱2002，14：372）。換言之，朱熹將敬看作是一種內在的功夫——目標是自身，而非他者。如果一個人能始終心存誠敬，他就不會有任何叛道的思想或不當的行為。朱熹曾經以「善守門戶」之喻來解釋格物、敬與克己之間的關聯：「敬是守門戶之人，克己則是拒盜，致知卻是去推察自家與外來底事……善

守門戶，則與拒盜便是一等事，不消更言別有拒盜底」（朱2002，14：302）。朱熹主張人們需要謹慎小心地克己，意指人們需要不斷地省察自己的私欲從而徹底消除它們。敬的態度能夠使人遠離那些擾亂人心的欲望，從而實現「吾心湛然，天理粲然」的心境（朱2002，14：372）。

在其著作《敬：重建一種被遺忘的德性》（*Reverence: Renewing A Forgotten Virtue*）中，Paul Woodruff寫到：

> 敬始於我們對人類有限性的深刻理解。從這種理解產生我們對一切超乎我們控制的對象——上帝、真理、正義、自然，甚至死亡——感到敬畏之心。敬畏之心的增長也帶來了我們對他人尊重之心，不管他們是否有瑕疵。對他人的尊重反過來又培養了我們對自己的道德缺陷超出了正常人的範圍而感到羞愧之心。（Woodruff 2014，3）

Woodruff將「敬」與「畏」聯想起來，而「畏」是一種人面對超乎自己掌控的事物時所感受到的謙遜與憂懼。朱熹有時確實把敬等同於畏：「敬，只是一個『畏』字」（朱2002，14：372），而「畏」常常與「懼」相聯結。畏的心態能夠激發人採取正當的行為，例如在《尚書》中先王湯說，「予畏上帝，不敢不正」（引自朱2002，16：2632）。然而，「畏」通常是針對對象的，所以只有當對象在場時這種情感才會被喚起。相較之下，朱熹的「敬」概念不是針對對象，而是一種對自己的身心進行一種沉著而專注的內向凝視。他說，「『敬』不是塊然兀坐，耳無聞，目無見，全不省事之謂。只收斂身心，整齊純

一，不惚地放縱，便是敬」（朱2002，14：369）。敬就是隨時
保持警覺：對自己的意圖、欲望、注意力的焦點、雜念、行為
語言、舉止風度、甚至穿衣打扮等等都有所留心。如果人們能
一直維持「敬」的精神狀態，那麼他們就應該會完滿地自我警
惕、自我管控。我們甚至可以說，朱熹的「敬」概念是人對自
己如何為人處事「心存恭敬」。

　　同時朱熹也強調由外而內地培養敬這一德性：我們應該始
終努力做到衣著外表整齊得體，行為舉止莊重嚴肅，舉足動步
凝重端莊：「持敬之說，不必多言。但熟味『整齊嚴肅，嚴威
儼恪，動容貌，整思慮，正衣冠，尊瞻視』此等數語，而實加
工焉」（朱2002，14：373）。此外，他教導學生「敬」的項目
包括：

　　　「坐如屍，立如齊」，「頭容直，目容端，足容重，手
　　　容恭，口容止，氣容肅」，皆敬之目也。（朱2002，12：373）

　　心存恭敬之人，自然會以極其小心謹慎的行為來表達自
己；同時，得體的著裝、禮貌的舉止等外在表現也會影響人們
的心理狀態。在《論語》中，孔子被描繪成一個內心恭誠，行
為嚴肅的人：「過位，色勃如也，足躩如也，其言似不足者」
（《論語》10：4）；「揖所與立，左右手，衣前後，襜如也」
（《論語》10：3）。在典禮儀式上，孔子行事莊重：「執圭，
鞠躬如也，如不勝。上如揖，下如授。勃如戰色，足蹜蹜，如
有循」（《論語》10：5）。孔子甚至對不同場合的服裝顏色都
很講究：「紅紫不以為褻服」（《論語》10：5）。這些例子的

描述顯示孔子本人是如何把外在的整齊嚴肅看作是內心之敬的不可或缺的表現。

在一方面來看，我們可以說外在的沉著嚴謹只不過是人們內心之敬的自然表現於外；然而，另一方面來看，這些外在的行為舉止與穿著打扮也會逐漸向內改造人們的心態，而使其進入一種嚴肅恭敬的心理狀態。這種由外而內的影響是不可否認的。在社會環境中，我們很容易看到外界規則和禮儀內化的影響。當年幼的孩子被置於教室環境中，他們最初並不會理解為什麼他們必須坐著不動，只有在老師叫他們時才能說話，或者要上廁所時必須先請求允許。然而，隨著時間的推移，他們學會了尊重課堂規則，適應情境要求的行為，而且能夠在一個安靜有序的教室裡學習新東西。如果他們的行為沒有改變，他們的思想就無法集中於學習材料上。這一點對成年人也是一樣的。許多公司執行著裝規定；許多組織，包括軍隊和小學，都要求穿制服。在宗教場所，如寺廟、教堂或清真寺，人們應該穿著得體，小聲說話，避免跑、笑、吃東西，以及其他許多被認為是不尊重他人的隨意行為。這些外在的規則都是培養恭敬之心理狀態的各種手段。

為什麼敬這一心理特質對我們的道德修養如此重要？對朱熹而言，這種心理狀態的主要作用是讓我們不斷地審視自己的內心以去除私欲和妄念，而擁有純淨無染的心境是對我們格物窮理不可或缺的條件。在他看來，「窮理以虛心靜慮為本」（朱2002，14：306）。在朱熹的道德方法論中，格物窮理必須在適當的心理狀態下進行。因此，雖然格物似乎是指向外部的，但我們的認知成功的基礎實際上卻是在內心本身。正如朱

熹所言，「心包萬理，萬理具於一心。不能存得心，不能窮得理；不能窮得理，不能盡得心」（朱2002，14：306）。如果我們能夠主敬於心，摒除雜念，那麼我們就擁有了成功地以知性追求道德知識所需要的一切條件。認知的錯誤是來自心的失去了清晰視野，被不相干的想法或無節制的欲望分散了注意力。如果我們能保持心靈的固有清晰，那麼我們就能確信我們的道德知識是正確的。正確性的標準在於人與客體的互動——所謂「真知」，就是個人能對手邊事物作出恰當如是的反應。

在當代道德知識論的分類中，朱熹的理論可以歸類為基礎主義（foundationalism），根據這種理論，所有合理的信念要麼是基礎性的（亦即無需找更進一步的理由來支持），要麼是從一些基礎性信念中衍生出來的。我們已經解釋過朱熹隱然接受道德認知論與道德實在論，因為他認為道德真理是關於客觀實在的真理。他還認為如果道德主體的道德信念是來自其人心懷恭敬並且徹底執行格物窮理，那麼這些信念就是有正當理由的。這種正當理由必須是內在於道德主體的，以便他們對自己的每一個道德信念都有充分的理解和佐證。換言之，對朱熹而言，只有當道德信念是在描述客觀的道德實在（亦即世界上的理或道）時，它們才是真的。而只有當個人對事物的分殊之理有了足夠的瞭解，並能保持一種不受外來雜念或欲望所干擾的專注心態時，個人的道德信念才有足夠的佐證。當道德主體達到對理和道有充分理解的純淨無染的心理狀態時，其所有的道德信念都是基礎性的——不需要找更進一步的理由辯護。這就是聖人境界。在成聖之前我們的道德認知成就有不同層級表現。我們有關理和道的知識是我們的基礎性道德信念，而我們

其他道德信念的正當性則是來自於我們的知性探索，包括我們
自己的格物和窮理以及我們通過閱讀和從師來向聖人學習。在
朱熹的道德知識論中，理是不證自明的真理，只要我們理解它
們，我們就有理由相信它們。這一理由內在於我們，但它必須
建立在我們對每一個殊事物為何如此的原因（所以然）以及我
們應該採取何種行動方式（所當然）的雙重理解之上。

　　總結來說，朱熹的道德知識論包含對理的認知（知）以及
根據已經獲得的知識來採取行動（行）。他說，「涵養中自有
窮理工夫，窮其所養之理；窮理中自有涵養工夫，養其所窮之
理，兩項都不相離」（朱2002，14：300）。對他來說，道德
動機不是來自人們與生俱來的道德感，不是來自人們的道德直
覺，也不是來自人們的道德情操或自然情感。反之，道德動機
是建立在道德知識的基礎上的，而且人心具有辨別是非的認知
能力。然而，朱熹純粹的認知主義和知性主義取向可能導致一
個嚴重的問題：知識如何導致行動？難道人們不會雖然完全知
道某些道德真理，但又不那麼傾向於付諸行動嗎？朱熹如何提
供一種道德動機理論呢？這是我們的下一個話題。

朱熹的道德動機理論：從道德知識到道德行動

　　朱熹深知「行」的重要性。儘管他強調道德知識，但他
也宣稱最終的目標是行動。按照他的說法，「知、行常相須，
如目無足不行，足無目不見。論先後，知為先；論輕重，行為
重」（朱2002，14：298）。他認為知識先於行動，但是要是沒
有行動，人們的道德知識就是徒然無用的。然而，從知道自己
應該做什麼，到實際上去做正確的事情，中間還存在諸多與我

們的道德動機和我們道德判斷的因果效力有關的問題。在任何特定的情境中，我們是否傾向於去做我們的道德判斷認為應該去做的事情？我們必然會遵循自己的道德推理和道德判斷嗎？如果我們沒能遵循我們自己對該做什麼和不該做什麼的道德判斷，這是我們理性的失敗，還是道德的失敗？如果我們認為道德判斷是行動主體在理想的認知條件下——亦即充分地瞭解具體事務之理、具有完全的理性和完善的意圖、沒有自我欺騙或自我放縱、不受自己的私欲或心理惰性的干擾，等等——做出的判斷，那麼，道德判斷似乎就會自然而然地激發人去採取行動。正如Connie S. Rosati所言，「也許道德判斷的性質就是在於沒有人會真誠地判斷一個行為在道德上是正確的，或者一件事情的狀態是好的，卻仍然完全無動於衷不採取任何行動」（Rosati 2014，9）。然而，朱熹的道德理論是否能為我們提供有關「知識激發行動」這一主張的任何保證呢？

　　在當代關於道德動機的後設倫理學爭論中，動機內在論（motivational internalism）和動機外在論（motivational externalism）是一個爭議焦點。內在論者認為道德判斷必然具有激發行動的作用；因此，只有當行動主體是出於自己的動機，並且按照她對正確行為的道德判斷行事時，她的行為才是道德的。另一方面，外在論者認為「道德判斷和行為動機之間存在的任何聯繫純粹是偶然的，儘管這關係可能最終是奠基於人性的深層特徵」（Rosati 2014，19）。按照信廣來的說法，朱熹屬於內在論者陣營。信廣來之所以這樣說，是因為對朱熹而言，「義行的必要條件在於行動主體完全傾向於這樣做，而不僅僅是因為它是正當的行為才採取這個行為」（信2000，98）。學

者Chan Lee 對這一分類提出了質疑，而認為朱熹的道德動機觀點不應被定位為內在論或外在論，因為「朱熹試圖在道德動機的內在與外在區分之間恢復一種認知的平衡」（Chan 2010，633）。不過，如果我們遵循上述對動機內在論跟動機外在論的定義，則朱熹的確是一個動機的內在論者，儘管他只是一個在「弱義上」的內在論者（見後）。按照朱熹的說法，「內外只是一理。事雖見於外，而心實在內。告子義外，便錯了」（朱1986，723）。對朱熹而言，對什麼是「自己當為之事」的判斷是內在於心的。他說，「義在內，非在外。義是度事之宜，是心度之」（朱1986，595）。換言之，對朱熹而言，重要的是行動主體自己的道德判斷。一個道德主體不應該僅僅是遵循外在約定成俗的觀點來判斷對錯。她必須有自己的是非標準，一旦她做出了道德判斷，她的行為自然就會按照她的判斷來進行。

朱熹認為道德行為必須是由行動主體對是非善惡的道德判斷所驅動的。「天下之理，不過是與非兩端而已。從其是則為善，徇其非則為惡。……凡事皆用審個是非，擇其是而行之」（朱2002，14：394）。在這裡我們可以看到朱熹將道德善等同於有關是非的道德判斷，而認為道德行為是根據行動主體本身的道德判斷而進行的。然而，朱熹的觀點遠非個人相對主義。在他看來，道德判斷不是主觀的，不是相對於個人標準的；它們是由客觀的道德真理所規定的。朱熹認為對與錯是完全對立的：對與錯之間沒有程度差異，而價值的指派也不會因人而異。他說，「論陰陽，則有陰必有陽；論善惡，則一毫著不得」（朱2002，14：395）。換言之，善與惡就像黑與白：它們之間有著明顯無法逾越的界限。

　　朱熹對道德實在論的維護使他傾向於把道德主體的道德判斷看作是對世界的表徵（representational）：也就是說，真正的道德判斷所表徵的是客觀存在的道德屬性（比如事務中的對與善）；而且在事實上有些行為就是規範性合理甚至是必須做的事。我們可以說，道德的屬性外存於「充滿個殊事物的世界之中」，而在人們處理每一件事務時所依據的客觀道德標準，其實就是事物的分殊之理。行動主體一旦認知到這些分殊之理，就一定會被激勵而採取行動，而其中所需的一個步驟，就是行動主體對這些客觀道德原理的道德覺知。對朱熹而言，道德行為應該是一種深思熟慮的行為，而不是個人對特定情境當下自發直覺的反應。個人對特定情境背後之理的認知過程有助於他對道德真理的覺知，而個人的道德判斷就是這個認知過程的成品。道德判斷不需要靠進一步的欲望或意欲狀態，就能對行為產生激發性力量。因此在這個意義下，朱熹應當被歸類為一個動機的內在論者。

　　然而，朱熹只能被看作是一個「弱義的」動機內在論者，因為他不認為道德判斷與道德動機之間具有必然性關聯。根據Rosati的定義，弱義的內在論允許道德判斷被其他道德干擾擊倒的可能性：「雖然一個做出了真誠的道德判斷的人必然會感到某種去遵從這個判斷的動機；但這種動機可能會被相互衝突的欲望所壓倒，或者被各種各樣的心理弊病——比如心情抑鬱和意志薄弱——所擊敗」（Rosati 2014，18）。對朱熹而言，會擊敗行動主體道德判斷的因素正是其自私的欲望。在行動主體知道她應該做什麼卻沒有去做的案例裡，我們看到了知與行的分歧。因此，除非行動主體能夠消除他的私欲，時時保持恭敬之

心，那麼即使他覺知到道德真理並做出了正確的道德判斷，他仍然不會按照自己的最佳道德判斷來行事。在這個意義上，朱熹是一個弱義的動機內在論者。

在這裡，我們看到了朱熹道德動機理論的內在困境：如果行動主體判斷他應該去除私欲，但他的欲望卻阻礙他按照自己的判斷行事，那麼他的判斷就沒有任何因果效力。更進一步來說，如果他甚至不能被他應該去除私欲的判斷所激發從而去消除他的私欲，那麼他對他應當如何行為的所有道德判斷都是不正確的，因為他的欲望總是會阻礙他的道德行為。所以最終來看，如果道德主體不能首先處理自己內心的想法和欲望，那麼他所進行的所有格物窮理的活動，他所擁有的對道德真理的所有覺知，他所做出的所有道德判斷，都將是完全無用的。就道德追求而言，他是他自己最大的敵人。我們現在可以看到為什麼後來王陽明會提出了一種只關注思想和欲望的方法論。要成為一位真正的動機內在論者，朱熹必須以對心靈的考察，而不是以格物，作為道德修養的開端。

小結

在本章我們看到朱熹是如何將知識和倫理結合起來，並採取認知主義、理性主義的進路來建設道德修養。和其他的宋明理學家一樣，朱熹也認為我們是道德生物，因為我們有一種能使我們成為道德行動者的與生俱來的道德品質。他沒有將這種道德品質刻畫為我們的道德意識、道德情操，或道德直覺；反之，他認為我們天生的道德品質是一種能夠真正地而且充分地

研究外在事務之理的道德認知能力。他的方法論注重細節，其過程緩慢而艱辛。不過，這個方法論到底是否真能讓我們在道德追求方面有所進展仍然是個問題。

原始文獻

朱熹1986，《朱子語類》，8卷，北京：中華書局。

朱熹2002，《朱子全書》，27卷，上海：上海古籍出版社、合肥：安徽教育出版社。

英文選譯

Chan, Wing-tsit (trans.) 1963. *A Sourcebook in Chinese Philosophy*. Princeton, NJ: Princeton University Press. 4th printing, Chapter 34. 陳榮捷譯，1963。《中國哲學文獻選編》，普林斯頓，新澤西：普林斯頓大學出版社，第34章。

Gardner, Daniel K. (trans.) 1990. *Learning to Be a Sage: Selections from the Conversation of Mater Chu, Arranged Topically*. Berkeley, CA: University of California Press. Gardner, Daniel K. 譯，1990。《學以成聖：朱子語錄選》（按主題編輯）。加州，伯克利：加利福利亞大學出版社。

Tiwald, Justin and Bryan W. Van Norden (eds.) 2014. *Readings in Later Chinese Philosophy: Han Dynasty to the 20th Century*. Indianapolis, IN: Hackett Publishing Company. 168-230. Tiwald, Justin 與Bryan W. Van Norden編譯，2014。《後期中國哲學選讀：從漢代到20世紀》，印第安那波利斯，印第安那：Hackett 出版公司。

第十一章

王陽明關於先天道德意識與道德反身主義的直覺主義模式

　　蘇格拉底，請告訴我，德性是通過教育還是實踐而獲得的？或者，如果德性既不是通過教育也不是通過實踐，那它是來自於人性，還是有其他途徑嗎？（柏拉圖，《美諾》，70a）

引言

　　我們人類是否天生具有某種能使我們成為道德動物的道德意識或先天能力，是一個懸而未決的問題。毫無疑問地，所有人類社會都自行發展出一些道德體系，即使這些道德體系的內容可能因社會而異。對人類社會普遍存在道德體系的一種可能解釋，是從實用的角度或是長遠的利己心態著眼：人類社會之所以會建構道德體系，是因為它能幫助人們和諧共存，而從長遠來看，和諧共存也有利於社會中的個體。按照這一解釋，人類的道德發展是一種源自人類社會之性質以及人類共同生存需要的偶然性事實。然而，對人類社會普遍存在道德體系的另一

種解釋方法，則是指出人類的某些生理或心理的構造，並宣稱人類社會之所以都擁有道德系統，是因為人類本來就是「道德的動物」（Robert Wright的術語）[1]。當前進化心理學的一個主要課題就是研究我們道德行為背後的先天心理機制。

在本章中我們把王陽明的道德哲學歸為一種直覺主義來進行分析。當代社會心理學家Jonathan Haidt將「直覺主義」定義如下：「哲學中的直覺主義主張道德真理存在，而當人們把握這些道德真理時，他們不是通過一個理性化和反思的過程，而是通過一個更接近於覺知（perception）的過程，在這一過程中，人們『可以無需論證立刻看到其為真，而且必然為真』（Harrison 1967，72）」（Haidt 2001，814）。另外還有其他版本的道德直覺主義，或是把道德原理與道德公理看作是具有「不證自明」的真理性，或是把它們看作是人可以立即感知或直覺地認識的。王陽明的道德哲學建立在他的良知論的基礎之上。他把良知，亦即內知自己的意念為善為惡的能力，看作是一種先天覺知善惡的能力，而不需要推理和反思。他的道德直覺主義所強調的是某些與自我反省有關的道德真理所具有的直接「可覺知性」。

Haidt本人所主張的理論是「社會直覺主義」，而王陽明的直覺主義則應該被稱之為「先天直覺主義」。社會直覺主義把個體的道德洞察力看作是為他們的社會文化環境所逐漸浸潤形成的，以致在這一發展的最後階段，個人的判斷或行為就不再需要進一步的反思，而是成為半自動的。如Haidt所言，「這一

1　參見Wright 1994。

模式之所以是社會性的，因為它不強調個人的私人推理，而是強調社會和文化影響的重要性」（Haidt 2001，814）。相較之下，王陽明的道德直覺主義把道德洞察力看作是人與生俱來的能力。他的方法是更加個體化的：他認為每個人都有先天的道德直覺，只需要參考自己的道德直覺來判斷對錯即可。然而，他並不認為每個人的普通直覺都可以作為道德上的正確直覺。王陽明的道德直覺主義確立了一個規範性標準：這種道德直覺應該是純粹的，不被任何自私的欲望或偏見所玷污。這一道德理論是建立在王陽明對人類道德的先天性信念之上。我們必須首先在更廣泛的背景下解釋這一觀點，以顯示他的道德理論的可信性和他的道德方法論的可行性。

道德的先天性

在《人類的起源》（*The Descent of Man*）一書中，達爾文寫到：「在人類和其他低等動物的所有區別中，道德意識或良知是最重要的。正如Mackintosh所說，這種意識『比起人類其他的所有行為原理來都具有至高無上的正當地位』」（Darwin 1871，67）。達爾文認為良知是一種與智力密切相關的「有關對與錯的感覺」，因此，任何其他具有明顯社會本能的動物，一旦其知性能力像人類一樣得到發展，就不可避免地會獲得良知（Darwin 1871，68-70）。按照達爾文的說法，在所有的動物中，只有人類才能被確定無疑地看作是道德的存在。「一個道德的存在是指那些能夠比較自己的過去與未來的行為或動機，並對自己的行為和動機採取贊貶態度的生物」（Darwin 1871，

85）。達爾文認為正是我們的良知使得人類成為道德生物，因為良知是一種回顧性省察自己過去行為的能力：「良知回顧過去，評判過去的行為從而產生某種不滿，這種不滿如果比較弱，我們稱之為遺憾；而如果比較強烈，我們稱之為悔恨」（Darwin 1871，87）。換言之，良心與遺憾和悔恨的這種有關自我的情感相關聯，而這種自我告誡會在未來類似的情境中作為我們行為的指導。在達爾文看來，人類之所以是道德的動物，正是因為他們具有自我省察和自我約束的能力。

在〈人類的與眾不同之處：道德〉（The Difference of Being Human: Morality）一文中，進化生物學家Francisco J. Ayala為達爾文的觀點辯護，而主張「道德意識是人類與低等動物之間最重要的差異」（Ayala 2010，9018）。Ayala指出，我們應該區分兩個問題：一個是道德意識是否具有生物的決定性，另一個問題是普遍的道德準則是否存在。Ayala認為，在不同文化之間沒有普遍的道德準則是我們普遍觀察到的事實；是以，「我們判斷行為好壞的準則在很大程度上是由文化決定的」（Ayala 2010，9018）。然而，這一事實並不能被用來否定人類本質上是道德的存在。在Ayala看來，道德是一種對是非做出價值判斷的傾向，而人類之作為道德人（Homo moralis）是在於我們擁有一種道德感，而這個道德感是「我們具有高級知性能力的一個必然的衍生，因為我們的知性能力使我們能夠事先預測我們行為的後果，做出評價性的判斷，並在這樣的評斷下來選擇如何行動」（Ayala 2010，9019）。由此可見，按照Ayala的說法，成為道德生物有三個必要條件：預測未來的能力，做出評價性的判斷能力，和自由意志的能力。因此，人類的道德感在進化過

程中的出現並不是一種進化的調適（adaptation）本身，而是一種擴展適應（exaptation）——也就是說它是人類智力進化的一種附加功能，或一種必要的副產品。由於人類進化出如此高的抽象思維的智力，他們必然發展出道德感，而與其他動物區分開來。這種道德感是人類與生俱來的。

在《道德的進化》（*The Evolution of Morality*）一書中哲學家Richard Joyce提出的看法是，人類之作為道德動物，是因為人類具有一種做道德判斷的先天傾向。他認為人類的心靈在其原初狀態就從來不是一塊白板（Joyce 2007，7）。人類心靈在出生時就具有多種內在的心理能力，比如記憶、情感、知覺、深思、意志和理解。Joyce 認為我們與生俱來的能力之一是判斷對錯的能力。當然這並不是說人類一出生就知道什麼是對的，什麼是錯的：我們道德判斷的內容是從我們的經歷和環境中後天經驗地推衍出來的；我們並非生來就有一套固定的道德信念或先天理念。然而，根據Joyce的看法，我們天生具有做出道德判斷的能力，而且我們先天具有可以建立道德信念的心理結構。使我們成為道德動物的正是這個先天的判斷能力。

另一方面，動物心理學家Frans de Waal（2010）認為使得人類成為道德動物的是人類經過漫長的進化歷史而發展出的一種移情同感（empathy）。de Waal主張我們將人類的道德錨定在道德情操上的方法，不僅是符合進化論與現代的神經科學，而且還可以受到動物心理學家對靈長類動物行為觀察的佐證。他提出一個疑問：「如果道德是來自於抽象的原理，那麼為什麼道德判斷會是當下產生的呢？」（de Waal 2010，64）按照de Waal的分析，「移情同感」是一種「感情投入」的感覺，

其德語字「Einfühlung」意為「人設身處地感受他人感覺的活動」（de Waal 2010，64）。他舉了一個例子：「旁人的身受痛苦會刺激我們自己的疼痛神經循環系統，以至於我們看到一個小孩跌破膝蓋時會忍不住咬緊牙根，閉上眼睛，甚至大叫一聲『啊！』。我們的行為會符合他人的處境是因為它已經成為我們自己的處境」（de Waal 2010，78-79）。這樣的反應是當下自發、先於反思、出自本能的；換句話說，移情同感是我們與生俱來的能力。de Waal引用了心理學家Martin Hoffman的看法來解釋這種本能性道德感與道德之間的關係：移情同感「具有將他人的不幸轉化為自己感同身受的特性」。因此，移情同感「可能特別適合用來彌合利己主義和利他主義之間的鴻溝」（Hoffman 1981，見de Waal 2010，84）。

　　中國道德心理學的先驅者無疑是孟子，他的人性觀也是宋明理學道德心理學的主要基礎。孟子雖然沒有從道德的進化起源來思考人類道德的先天性，但是他會認同上述思想家的觀點而同意人類具有一種與生俱來的道德能力。然而，孟子認為只有人類才有能力成為道德的存在而其他動物不能。按照孟子的說法，「人之所以異於禽獸者幾希，庶民去之，君之存之」（《孟子》4B：19）。孟子所據以主張人性本善的證據是四種人類與生俱來的道德情操：惻隱、羞惡、辭讓、是非。他認為這四種道德情操構成了人類道德的基礎；因此，它們被稱之為「四端」。對他而言，人類之天生具有這四種道德情操是一個先天成立的事實。這是一個形而上的主張，所以既不是來自經驗觀察或科學資料，也不能夠被任何反例所駁倒。孟子認為要是有人沒有以上這些道德情操，那是因為她沒有「存之」。因

此，道德沉淪之人的例子並不會對他所說的「所有人生來就具有這些道德情操」這一觀點構成任何威脅。

　　本書所涵蓋的八位宋明理學家都信奉孟子對人心的形而上學觀點，包括他對人的先天道德端芽的信念。然而，王陽明可能是唯一的理學家把孟子的理論推廣為一種建立人類先天道德性的純粹先天論。按照王陽明的說法，「至善是心之本體[2]」（王1975，2）。對王陽明而言，人類道德的先天性在於人類具有一種能夠當下在自己的思維中感知對錯善惡的內在能力。這就是他的「良知」說。

一種先天的道德指南：作為先天道德直覺的良知

　　「良知」這一術語來自孟子。按照孟子的說法，「人之所不學而能者，其良能也；所不慮而知者，其良知也」（《孟子》7A：15）。孟子給的例子是嬰兒本能地愛父母和弟弟本能地尊敬哥哥。當然，這些例子可能會受到經驗的挑戰，但正如我們已經解釋過的，孟子的信念是奠基於他的心靈形而上學──他的四端理論。孟子在這裡所主張的並不是這些道德端芽的實際彰顯，而是Bryan Van Norden（萬百安，2008）所說的「初始趨向」。王陽明也同樣使用了《孟子》中的「良知」

2　英文版接受Philip J. Ivanhoe對「本體」的翻譯：the original state。王陽明所說的「本體」有時也被表述為「substance」，但本體並不是構成意義（constitutive sense）上的一種實體。換句話說，王陽明並不是說人類的心靈是由至善構成的，而是說人類的心靈本來（originally）就是至善的。因此，將本體翻譯為「the original state」是更好的選擇。

一詞，然而，他將孟子關於良知的主張從「初始趨向」推進到「一種充分發展、同時具有道德洞察力和道德動機的能力」（萬百安2008，175）。王陽明的完整的道德理論，包括他的倫理目標和道德方法論，都是以他的良知理論為基礎的。

王陽明的良知除了是道德的堅實基礎而非僅為道德端芽之外，還有一個不同於孟子心目中的良知之功能：它不是一種直覺性的「情感」，而是一種直覺性的「判斷」。孟子注重嬰兒對父母的自然之愛以及幼童對兄長的自然之敬，並以此作為「仁」與「義」的基礎。這兩者都是情感性的。我們已經在第八章看到在仁義禮智四德當中，張載比較注重仁、義、禮三德，而非智德。在第九章我們也看到二程兄弟更多關注仁與敬二德。然而，對王陽明而言，我們最重要的先天能力是我們有關是非的道德感，而這也就是我們智德的基礎。他說，「是非之心，不慮而知，不學而能，所謂『良知』也」（王1975，65）。按照王陽明的說法，我們與生俱來的道德直覺是種關於對與錯的直覺性覺知。這種覺知表現為我們對於對或錯的當下認可，直接判斷，而不是一種深思熟慮之後才做出的道德判斷。道德覺知不同於感官知覺，也不依賴於經驗學習。正如王陽明所言，「知是心之本體。心自然會知」（王1975，5）。

所謂「直覺」，就是一種不依賴於理性和客觀理由的洞察力。對於直覺是一種情感，還是一種判斷，至今還沒有一個明確的答案，或許我們可以說道德直覺既是一種關於對與錯的自發性判斷，而同時也結合某些情感（如愛與憎、贊與否）。Herbert Spencer（赫伯特・斯賓塞）把道德直覺的能力稱之為「人對於對或錯的行為有不是明顯基於其個人的實用經驗而發

出純粹是反應性的情感」（〈給J. S. Mill的信〉，引自達爾文
1871，97）。這表明Spencer認為直覺主要是情感性的。另一方
面，Jonathan Haidt 把道德直覺定義為「道德判斷在意識中突然
出現，其中包括一些情感性的評價（比如善與惡，愛與憎），
但是沒有自覺到事先採取了研究、權衡證據或推斷結論等等思
考步驟」（Haidt 2001，818）。換言之，對Haidt而言，道德直
覺主要是有關對與錯的「當下判斷」。

　　王陽明的良知觀較接近於Haidt所定義的道德直覺，但他加
入更進一步的規範性成分：他的良知是「恰當的」反應。王陽
明認為我們生來就具有道德覺知，或是直覺性道德知識的天賦
能力。只要我們的心靈中沒有充斥著私欲私念，我們就能立即
知道什麼是對的，什麼是錯的，什麼是應該做的，什麼是不應
該做的，而不需要學習或推理作為仲介。按照王陽明的說法，
「心自然會知。見父自然知孝，見兄自然知弟，見孺子入井，
自然知惻隱。此便是良知。不假外求」（王1975，5）。正如我
們將在本章後面會看到的，對王陽明而言所謂「知」，所包含
的是在適當的情境下的反應性情感與行動。如果個人沒有根據
自己的知識或判斷做出適當的反應，那麼他就還是「不知」。
這類知識就是王陽明所說的良知。

　　對Spencer而言，道德直覺可能「對於個體而言是先驗
的」，但實際上「對於族群而言是後驗的」，因此，道德直覺
其實是「族群的經驗而在個體身上表現為其直覺」（Hudson
1904，63）。也就是說，人類過去的集體經驗塑造了人類的心
靈，在進化史上一些變化的痕跡傳遞到新一代，就成為新一
代個體在獲得任何個人經驗之前就擁有的潛在知識。因此，

個體的一些直覺可能是先於其任何親身經驗而表現為先驗的。當代進化心理學通過研究認定人類的內在心理結構是種「調適」——「是自然選擇的產物——它幫助我們的祖先在世界中活動、生存和繁衍」（Downes 2008）。可以說我們的道德直覺也屬於這些進化調適之中。如果如此，那麼它就是斯賓塞所認為的，對個體是先驗而對族群是後驗的。這意味著人類作為一個物種已然經歷過各種各樣的文化進化，而發展出他們心理結構的多次調適。

　　Jonathan Haidt的社會直覺主義強調社會互動是如何影響個人發展出一套道德直覺。根據Haidt的理論，「社會直覺主義模型假定道德推理通常是在人與人之間成立，而不是個人私己完成的」（Haidt 2001，820）。Haidt認為人們的道德判斷通常不是由他們有意識的道德推理所引發的，而是一種「快速、自動的評估（直覺）的結果」（Haidt 2001，圓括弧是原有的）。這些直覺有部分是來自「密集群居的物種做出重要進化調適的結果，而成為其大腦和身體多個區域的內在結構」（Haidt 2001，826）。這就解釋了為什麼人們會無法自覺意識到他們的道德直覺自動產生的過程。另一方面，道德直覺也部分是基於個體在其社會化過程的結果。Haid列舉了三個與社會化相關的過程：選擇性的丟失直覺、對繁複習俗的浸潤，以及對同儕的社會化。「選擇性的丟失直覺」指的是一個文化選擇接受某一套道德直覺而去除其他的道德直覺。「繁複的習俗」是指一個文化的風俗習慣以及與之相關的信仰、價值、規則或動機等等。而「對同儕的社會化」指的是人們的道德判斷常常會受到四周旁人的判斷所影響。個人的道德判斷，作為社會化過程的結

果，「不是一個僅發生在個人腦中的單一活動，而是一個持續的過程，涵蓋不同的時間與不同的人」（Haidt 2001，828）。因此，Haidt的結論是，道德直覺「既是與生俱來的，也是文化調適的結果」（Haidt 2001，826）；我們也可以說，它既是先的，也是後天的。

　　與Haidt的看法相反，王陽明的道德直覺純粹是先天的，而且獨立於個人的或文化的經驗。王陽明把良知作為一種道德直覺的理論與Spencer和Haidt的觀點都有差異。由於王陽明把這些直覺看作是個人所具有的一種先天知識，所以他不屬於仰賴集體道德直覺來判斷善惡是非的「常識直覺主義」陣營。王陽明認為我們的良知的內容，即我們不經推理和學習而憑直覺所知道的東西，既不是社會性地建構的，也不是以經驗為條件的。相反，良知之可以掌握客觀絕對的真理性，因為它正是天理本身：「吾心之良知，即所謂『天理』也。致吾心良知之天理於事事物物，則事事物物皆得其理矣」（Wang 1975，37）。換言之，良知的功能對道德實在有著一種「直接追循（direct tracking）」的保證──它不是僅僅憑藉直覺來判斷對錯，而是直接地「覺知（perceive）」是者為是，非者為非。尤其重要的一點是，在王陽明的理論中這種覺知能力轉而向內，是以己身的意念和思想為對象。按照王陽明的說法，「爾那一點良知，是爾自家底準則。爾意念著處，他是便知是，非便知非，更瞞他一些不得」（Wang 1975，77）。這就是說，我們的意念在道德上的對與錯之間的界限有客觀的劃分，而對王陽明而言，良知的功能就在於它能直接地做出與這種自然的道德劃分相對應的判斷。因此，他的良知理論是奠基於他的人文主義道德實在

論（參見第六章）。

王陽明的道德反身主義

　　在其良知論的基礎上，王陽明的道德方法論是要求道德主體勤謹地自我審視與自我矯正。他的方法論背後隱含的心靈理論是相信人人具有反身性（reflexively）的自我意識，能夠真實地反省自己的心靈。按照Jonardon Ganeri對印度佛教自我意識理論的分析，「反身主義（reflexivism）」「把自我意識看作是有意識的心理活動能夠反身性地意識到它們自己」（Ganeri 2012，166）。借用Ganeri的術語，我們將王陽明的道德理論詮釋為「道德反身主義（moral reflexivism）」——道德在於自我有意識地對自我的心理活動進行反省，並對自我的想法作出反身性的道德判斷。反身主義將人的經驗分析為兩個截然不同的「層面」——客體對象的層面與行動主體的層面（Ganeri 2012，169）。同樣地，在王陽明的道德反身主義中似乎有兩個「自我」：一個自我自發流動地產生意念、情感和欲望，另一個自我則不斷地監控那個自發自我的心理活動——「如貓之捕鼠，一眼看著，一耳聽著。才有一念萌動，即與克去，斬釘截鐵，不可姑容」（王1994，40）。在這一比喻中，進行監控的自我是貓，而心靈中被監控的意念則被比作老鼠。通過使用眼睛和耳朵的類比，王陽明似乎在自我的自發流動的意念之上加設了一種「高階的知覺（higher-order-perception）」。

　　在當代分析心靈哲學中，對意識之成立有「高階思想（higher-order-thought，簡稱HOT）」理論與「高階知覺（higher-order-perception，簡稱HOP）」理論的爭辯，而兩者之間的主要差別是前者將高階心理狀態看作是一種學習或訓練的過程，而後者則將其看作是一種自發的、先天的心理狀態。王陽明的道德反身主義與其他高階知覺（HOP）理論所面對的挑戰一樣，也需要解釋在人體中有哪個內在的知覺感官可以做到向內的知覺。王陽明的解釋非常簡單：心的良知就是這個執行道德內視的能力。王陽明的良知學說強調人的心靈能直覺性地「見到」是非分明。良知應該被解釋為一種「道德覺知」或「道德感」，而不是像思維一樣的道德反思或道德審議。正如我們在第六章所看到的，王陽明對倫理知識之所以採取覺知模式是來自他對道德實在論的擁抱：道德領域確實存在，人人都可以通過覺知而認識它，人人都有進入道德領域之門路。我們生來就具備能當下覺知善與惡、道德與不道德之間差別的道德視角，而不需要進一步的教育或學習：「是非之心，不慮而知，不學而能，所謂『良知』也。良知之在人心，無間於聖愚，天下古今之所同也」（王1994，173）。

　　在王陽明的道德反身主義之下，道德是一種只要個人意向真誠、勤謹努力，就都可以完成的個人成就。道德內在於我們，它是關於我們自己的事（「our business」，借用Pihlström關於道德實在論的術語，參見Pihlström 2005，30）。我們是否能成為成熟的道德人完全取決於我們自己所下的工夫。按照王陽明的說法，「是非之心，人皆有之，不假外求」（王1994，70）。王陽明與他的理學前輩在方法論上的主要區別在於他不提倡效法聖人等道德榜樣。在前面的章節我們已經看到，張載要求道德主體多讀聖賢之書，並學會以聖人之志為己志；而二

程兄弟則訓導道德主體向聖人看齊，識得聖人氣象，獲得孔顏之樂。王陽明則堅決反對這種向外求索的進路。他說，「『先認聖人氣象』，昔人嘗有是言矣，然亦欠有頭惱，聖人氣象自是聖人的，我從何處識認？……自己良知原與聖人一般，若體認得自己良知明白，即聖人氣象不在聖人，而在我矣」（王1975，48）。王陽明捍衛個人內心道德指南的自足性。他認為人們需要做的不是去向他人學習，模仿道德榜樣，或以社會制約來督促自己做正確的事；反過來說，人們需要與自己內在的道德自我建立直接的連結，並通過這種連結來認識自己內心固有的天理。每個人都有通向終極道德實在的先驗通道，我們只須反身內求就能認識這一道德實在。如果有人會問：關於道德真理的知識是如何可能的？王陽明的回答會是：道德知識之所以可能，就是因為它原本已在每個人的心中了。

一次，一個學生從外面回來，王陽明問他看到了什麼。學生回答說：「見滿街人都是聖人。」王陽明贊許地說：「你看滿街人都是聖人，滿街人倒看你是聖人在」（王1994，255）。在王陽明的評價中，聖人境界——這個對所有宋明理學家而言的最高道德成就——是很容易實現的，因為我們生來就是聖人是一個既定的事實。我們只需要認識到這一事實，並通過反躬自省來保持我們的先天之善。

這樣看來，王陽明的方法論關注的是內視（introspection），而非外觀（extrospection）。他主張人們不應該專注於研究或去格理外在的事物，而應該審視自己的內心，與自己的真實本性協調。這種對內觀的專一強調，也是他遠離程朱學派學說的另一個表現。王陽明的理論與中國禪宗的一個可能的關聯就是他

對「當下」的強調。知覺模式是必須要有對象在場時才能運用的；因此，良知作為一種道德覺知，也需要被感知的意念或思想的當下在場。只有當那些被感知的思想作為對象呈現時，人們對自己的思想才能進行反身性的道德覺知。從這裡我們也可以理解為什麼王陽明的道德方法論要求我們時時刻刻進行自我監控和自我糾正，「無一息之或停」（王1994，40）。

王陽明的道德方法論：恢復先天道德直覺的方法是「去除私欲」

雖然每個人都有與生俱來的良知和良能，但並不是所有的人都能根據自己的良知行事。按照王陽明的說法，「良知良能，愚夫愚婦與聖人同。但惟聖人能致其良知，而愚夫愚婦不能致，此聖愚之所由分也」（王1975，41）。對普通人來說，要實現每個人與生俱來的內在道德準則是有一個道德階梯要爬。王陽明把這一過程稱之為「致良知」──它是良知的實現，或者我們應該說，是良知的尋回。

然而，說到「尋回」，並不是暗示人在任何時候實際上丟失了良知。王陽明認為關於對與錯的先天覺知是一直存在的，但這種能力可能會被個人的錯誤想法，如私意與物欲所遮蔽。他的典型比喻是雲和太陽：良知好比太陽，錯誤的思想或私欲就像是烏雲遮住了太陽的光輝。但是即使太陽的光輝看不見了，太陽也從來沒有失去它的光輝。同樣地，即使是最卑劣的人，其內在的善也從沒有喪失；它只是隱藏在視線之外。而我們學習的目的就是要學會清除這些「障蔽」以回復良知之明

（王1975，51-52）。在這裡，太陽和烏雲的比喻再次支持了我們將王陽明的良知作為一種高階道德覺知的詮釋。當知覺對象被擋在視線之外時，我們會產生錯誤知覺；同樣地，當我們的良知被我們的私意所遮蔽時，它也就無法發現我們自己的錯誤。

王陽明建議的道德方法論在於我們不斷地思考去除欲望、保存我們與生俱來的天理（王1975，34）。對他而言，人欲與天理不能並存：「必欲此心純乎天理，而無一毫人欲之私」（王1994，150）。一個人只要心中有了欲望，他原初的道德意識就會從他的內省視野中消失。而良知所要打擊的對象正是私欲。王陽明宣稱：「勝私復理，即心之良知更無障礙，得以充塞流行」（王1994，16）。他所說的「私」到底是什麼意思？「私」為什麼如此糟糕呢？

一些當代學者（Ivanhoe 2013；Tien 2012）把王陽明對「私」的拒斥看作是對「以自我為中心」的批判。例如，David W. Tien認為所謂「自私」（selfishness），是指「幾乎全心或過度地關注個己的欲望，但不見得是以自我為中心」；反過來說，所謂「自我中心（self-centeredness）」，則是「幾乎全心或過度地關注自我，但不見得是以個己私欲為中心」（Tien 2012，57）。Tien認為，對王陽明而言，妨礙人們道德修養的是自我中心，而不是自私。

然而，王陽明是否真的會認為以自我為中心在道德上應該受到譴責是很有疑問的。如果以自我為中心僅僅是「使個人的自我成為世界的中心」，那麼這似乎是一種既常見又自然的人類心理特徵。在道德思維中，我們經常需要從以行動主體為

中心的視角開始——把自己定位在這個世界中並理解他人與我們之間的關係。儒學的「愛有差等」要求我們把近親放在我們情感世界的中心。孟子的「推」之說正是一個以行動主體為中心的方法，旨在將人們對近親的愛擴充為對全人類的人道主義關懷。當王陽明在談到「以天地萬物為一體」時，他似乎並沒有偏離這一「愛有差等」的學說，因為他承認我們對植物與動物、人類與禽獸，或家人與陌生人之間，都應該區別對待。他說，「至親與路人同是愛的，如簞食豆羹，得則生，不得則死，不能兩全，寧救至親，不救路人，心又忍得。這是道理合該如此」（王1975，133）。

在更深一層意義上，「以自我為中心」可以看作是陸王學派的精髓。正如陸象山所言：「宇宙內事，乃己分內事；己分內事，乃宇宙內事」（陸1980，483）。在解釋人與天地萬物同體時，王陽明也說「我的靈明，便是天地鬼神的主宰。……天地鬼神萬物離去我的靈明，便沒有天地鬼神萬物了」（王1994，273）。我們或許可以說王陽明所提倡的是一種「擴大」的自我中心意識，在這種意識下，天理的普遍性即存在於個己之心中，而整個宇宙是以個人的純淨心為中心的。因此，王陽明所拒斥的應該不是以自我為中心的想法，而是自私的想法[3]。

但是我們仍然需要去理解王陽明所謂的「自私」是什麼意思以及他為什麼譴責它。王陽明所拒斥的「自私」並不是指利己主義或是自利行為，而是指個人對私意或私欲的「我執」

3　Tien說他自己也「立即承認王陽明有時會直接在『自私』的意義上使用這個字」（Tien 2012，61）。

違背了普遍的天理。王陽明對一般人在「私」方面的道德瑕疵之批評中指出首要之過就是「過度」。有一次，住在學堂的一個弟子收到家書通知說兒子病重，於是這個弟子憂悶不堪，無法進食與研讀。王陽明告訴他：「父之愛子，自是至情。然天理亦自有個中和處，過，即是私意」（王1975，56）。他給這個弟子的建議是：「此時正宜用功。若此時放過，閒時講學何用？」（王1975，56）這一看起來很嚴厲的警告正表明了一般人真正擺脫一己之「私」的困難。王陽明認為這個弟子之「私」不在於他愛自己的兒子，而在於他讓自己被憂慮所困擾以至於失去了他內心的平靜。他的行為之所以是私，因為這種心理狀態違背了天理的普遍性。

對王陽明而言，「過度」是想得太多的結果。他說，「喜怒哀樂，本體自是中和的。才自家著些意思，便過不及，便是私」（王1994，52）。從這一評論我們可以看出，「私」的根源是我們做多餘的考慮，換言之，問題只是「想太多了（having one thought too many）」。由於王陽明主張行動者在自己的思想中要能「直接覺知」對與錯，行動者自己的額外思慮就會阻礙了他的直覺性道德覺知或是他的先天道德知識。這就是為什麼「私」為不善。是以王陽明言：「良知原是完完全全，是者還他是，非者還他非，是非只依著他，更無有不是處，這良知還是你的明師」（王1994，229）[4]。

王陽明對直接道德覺知的偏重勝於道德思慮，這可以說明為什麼在他對私的抨擊中會把重點放在行動主體對私意和私欲

4　這段引文是繁體版新增。——作者添注。

的執著是違反了普遍的道德原理。在回答學生關於閑思雜慮為什麼被認為是私欲時，王陽明說，「光光只是心之本體，看有甚閑思慮？此便是寂然不動，便是未發之中，便是廓然大公」（王1994，64）。他在這裡所描述的正是我們的先天良知。無思無慮與天理流行其實是同一枚硬幣的兩面。這就解釋了為什麼王陽明說，如果人們能去除自己的思慮，他就會立刻會復歸天理。正如他所言，「心即理也，無私心即是當理，未當理便是私心」（王1994，72）。

私心的相反是以「萬物為一體」，而這正是王陽明的「一體」說：「聖人之心，視天下之人無內外遠近，凡有血氣，皆其昆弟赤子之親，莫不安全而教養之，以遂其萬物一體之念」（王1994，129）。Philip J. Ivanhoe和David W. Tien都強調「一體（Oneness）」這一概念在王陽明道德哲學中的重要性。Tien認為「與他人、與世界其他部分、甚至與整個宇宙『合而為一』」構成了王陽明的自我概念（Tien 2012，52）。在Tien的分析中，「一體感」既是心理的又是形而上學的——它是「一種形上統一的感覺狀態，當人處在這種狀態中與其說是丟失了自我意識，不如說是有了更擴張的自我意識」（Tien 2012，55）。伴隨著自我的這一擴展感，人們會發現關心他人和世界上的事情是很自然的。Tien認為這種形而上的自我概念提供了強大的行為動力，因為「一體的狀態使人體驗到一種與整個天地（包括其他生物甚至無生命物）之間的情感認同和人際統一」（Tien 2012，68）。Ivanhoe（2013）進一步以這一概念為基礎構建了一種關懷倫理，他將其定義為「一種自我與世界的同一性」（Ivanhoe 2013，8）。他認為雖然理學家都共用這

個「一體」概念，王陽明通過強調自我與世界「一體」這一譬喻，使得這一概念更為強大有力：「大人者，以天地萬物為一體者也，其視天下猶一家，中國猶一人焉」（《大學問》，王2008，145）。在Ivanhoe看來，這一概念構成了「一種擴張的自我意識」，可以使個體超越孤立隔絕的自我概念與自我關注。根據Ivanhoe的看法，王陽明這個「一體」的預設（Oneness Hypothesis）「比其他移情利他主義的預設更有顯著優勢」，因為它讓我們能夠解釋人類的關懷何以會超出我們能夠移情感受的對象，而擴及無生命的物體，或甚至整個的生態環境（Ivanhoe 2013，23）。是以，「一體」這個關於自我的形而上學概念構成了一種更為全面的關懷倫理的基礎。

　　王陽明曾經與一位朋友就良知與他的一體學說之間的關係進行過長篇論述：

　　　天地萬物，本吾一體者也，生民之困苦荼毒，孰非疾痛之切於吾身者乎？不知吾身之疾痛，無是非之心者也。……世之君子惟務致其良知，則自能公是非，同好惡，視人猶己，視國猶家，而**以天地萬物為一體**。（王1994，173，黑體是作者所加）

　　在這一引文中，王陽明解釋說我們內心已經具備同情他人之不幸的能力，亦即我們的良知。只要我們能夠去除自己的閑思雜念，就能夠與世界的其他部分融為一體。這顯然是道德理論的一種直覺主義模式。

知行合一

王陽明還有一個獨特的論題：知行合一論。他聲稱知識的一個重要組成部分就是行其所知：「知而不行，只是未知」（王1994，10）。他的同儕已經注意到知行合一這一學說是王陽明自創的，但是有些人對它的真理性持懷疑態度。一位朋友給他寫信說：「自來先儒皆以學問思辯屬知，而以篤行屬行，分明是兩截事。今先生獨謂知行合一，不能無疑」（王2008，193）。王陽明在回答中明確表示，他所說的「行」是一種更寬泛意義上的行動，包括任何有意地「事態表現」。是以不僅肢體動作是一種行，甚至如他的朋友所舉的作為「知」的學、問、思、辯等心理活動，也是一種「行」。因此，王陽明的知行合一論可能是基於他與其他人在「知」與「行」的範圍層面的一種術語爭議。然而，王陽明之所以對這一命題如此積極的宣導，因為他所關注的並不是對定義的修正，而是對人們的心態和行為的改變。

按照Ivanhoe所論，王陽明所關注的知是道德知識，而他的知行合一論的關鍵在於「沒有哪種真正的道德知識不會引導人們去行動。一個人如果沒有正當地參與道德活動，就不可能真正地擁有道德知識」（Ivanhoe 2009，113）。換言之，王陽明的「知行合一」這一命題所提出的是一種規範性主張，為「真正的」道德知識和「真正的」道德行為建立規範標準。王陽明在這裡所提出的問題是：如果我知道應該做什麼，但沒有去做，那麼我真的知道嗎？我們可以替他引申舉例：我知道我不應該偷稅漏稅，但我還是繼續這樣做，那我真的知道它是不對

的嗎？我知道善待他人是件好事，但我並不這樣做，那我真的知道它是好的嗎？王陽明會說，在這兩種情況下，我的知識都不是真知。真知必須來自於人們的實際作為；換句話說，知必須來自於人們的表現（performance）[5]。

為了說明這一論點，王陽明以視覺和嗅覺來做類比：

> 見好色屬知，好好色屬行。只見那好色時已自好了，不是見了後又立個心去好。聞惡臭屬知，惡惡臭屬行。只聞那惡臭時已自惡了，不是聞了後別立個心去惡。（王 1994，10）

在這一與視覺、嗅覺的類比中，王陽明所考慮的知識是體驗性知識。道聽塗說或借助他人描述的學習無助於真正的認知。王陽明還舉過一個啞巴吃苦瓜的例子。這個啞巴不能告訴你苦瓜是什麼滋味。為了瞭解他的經驗的性質[或者用當代心靈哲學的術語，我們可以說是感受的性質（qualia）]，你必須自己吃苦瓜。換句話說，要知道x，就必須經歷x，而一旦經歷了x，人們對x的自發反應就已經形成了。這是對事物的一種前於反思的、直接的、直覺的和半認知的反應。我們可以從王陽明所舉的味覺、嗅覺、視覺等例子中看出，他運用了一種道德知識的知覺模式。道德覺知與感官知覺反應類似：它也是一種前於反

5　我們已經在二程兄弟的德性知識論語境中討論過「知識作為表現」。參見第九章。對宋明理學家來說，真正對我們有意義的知識只是道德知識，而如果道德知識沒有「表現」——沒有行其所知，這個道德知識就是空洞的。換句話說，「知識」的成功條件取決於人們的實際行動。

思的、直接的、直覺的和半認知的體驗。如果知的活動屬於體驗性知識，那麼我們對體驗的直接反應本身就是「行」。兩者是不可分離的。

不過在其他一些情況下王陽明也把知與行看為一個過程，以知為始，以行為終。正如他所言，「知是行之始，行是知之終」；「知者行之始，行者知之成」（王1994，11/33）。沒有行來完成這個過程，即使最初的知也不能被稱為知。知與行之「合一」並不是因為知與行這兩種狀態現在合併成一個整體了，而是因為它們本來就是一體的：「只說一個知已自有行在，只說一個行已自有知在」（王1994，11）。我們把這一知-行過程分別稱之為知與行，只是為了確認整個過程的關鍵特徵。按照王陽明的說法，「知之真切篤實處，即是行；行之明覺精察處，即是知」（王2008，204）。這一論述再次表明，王陽明在提出「知」與「行」是合一，或應當合一的時候，他在「知」與「行」的語意範圍和定義上與前人在術語上存在著歧義。

如果他的知行合一說只是一個術語上的重新分類，那麼王陽明為何如此強烈地提倡它呢？王陽明隱藏在這一學說背後的動機主要是實用性的，也就是說他希望藉此學說轉變人們對道德的態度。當有人問他知行合一時，他解釋道：

　　此須識我立言宗旨。今人學問，只因知、行分作兩件，故有一念發動，雖是不善，然卻未曾行，便不去禁止。我今說個「知行合一」，正要人曉得一念發動處，便即是行了。發動處有不善，就將這不善的念克倒了。須要徹根徹

底，不使那一念不善潛伏在胸中。此是我立言宗旨。（王
1994，207，黑體是作者所加）

換言之，王陽明的道德教導是：人心中不應該存一絲一
毫的不善之念。王陽明的道德標準不僅是設在道德主體的行為
上，而且是設在主體的內在心理狀態上。當其他理學家強調行
為的重要性時，王陽明卻把重點放在思想上。當然，如果有人
只是懷著善良意圖，卻從不付諸行動，他就不能被認為是一個
合格的道德主體。但是王陽明的知行合一說試圖建立一個更強
烈的主張：如果有人有任何惡毒的意念，自私的欲望，或不可
告人的想法，即使他成功地抑制了這種衝動並約束了自己的行
為，他已經是一個不道德的人了。由此可見，王陽明的知行合
一學說進一步支持了本章前面用道德反身主義來詮釋他的道德
理論，這理論可說是「完美主義（perfectionism）」的純粹形式。

對於王陽明來說，道德是建立在個人的心態上，而行動
主體甚至在採取任何行動之前，已經要受到多重的道德評斷。
在王陽明的定義中，一個念頭在心頭浮起，無論是善的還是
惡的，都被稱為「意」。意所指向的世間之事務，被稱之為
「物」。他把《大學》中被廣泛討論的「格物」這一術語解釋
為「格物者，格其心之物也，格其意之物也，格其知之物也」
（王1994，168）。所謂「格」，並非如朱熹所教導的那樣是向
外去探究有關個殊事物之理的知識；正相反，「格」只是「自
我審查」和「自我矯正」。王陽明的道德教導要求人們把目光
轉向內心，因為要防止不道德的行為，必須從淨化自己內心任
何不道德的思想開始。

　　我們現在可以看到王陽明的道德感理論與他的道德反身主義之間的關係。根據王陽明的說法，我們心靈的原初狀態就是天理，這就是他所說的「真己」：「這心之本體，原只是個天理……這個便是汝之真己，這個真己是軀殼的主宰」（王1994，95-96）。也就是說，真己是我們身體的主宰，驅動著我們的行動。由於我們原初的心理狀態就是這個純粹的「真己」，所以當我們越成熟，自己想法越多，我們就離原初的純粹性越遠。因此，道德修養是一個回歸，而非前進，的過程：是要恢復我們最初的、像嬰兒一般的原初純潔心靈的過程。王陽明言：「汝若真為那個軀殼的己，必須用著這個真己。便須常常保守著這個真己的本體。戒慎不睹，恐懼不聞。惟恐虧損了他一些。才有一毫非禮萌動，便如刀割，如針刺。忍耐不過。必須去了刀，拔了針。這才是有為己之心，力能克己」（王1994，96）。道德修養的首要條件是在一個私人獨處的空間中完成的，亦即在人們獨處獨思之時。王陽明發展了《中庸》中的「慎獨」觀念：「道也者，不可須臾離也，可離非道也。是故君子戒慎乎其所不睹，恐懼乎其所不聞。……故君子慎其獨也」（《中庸》）。關於慎獨這一觀念，王陽明說，「學者時時刻刻常睹其所不睹，常聞其所不聞，工夫方有個實落處。久久成熟後，則不須著力，不待防檢，而真性自不息矣」（《陽明語錄》，王2008，129-130）[6]。換言之，對王陽明而言，對道德更有關係的是人的心理狀態，而不只是人的行為。人若心懷惡念，即便沒有實際的惡行，也不能被看作是善

6　此段引文為中文版新添。——作者添注。

的。而如果人的心靈是真正純潔的，保持他先天的道德感，並且所思與天理相一致，那麼他無論在行為還是思想上都不會不道德。在這種情況下，他也就可以說是聖人了。

王陽明向我們展示的是一個非常嚴格的道德教導，他關注行動主體的心態，其隱私的思想與意念，並要求所有人表裡如一，內外完美。要想成為一個他心目中合格的道德主體，我們不應該有名利食色之欲。個人的心靈必須是純淨無染的，而只有對善惡的直接覺知。我們最後不得不問：這一學說是不是太理想化了？它真的可行嗎？一般人真的在其內心是聖人嗎？更進一步，我們要問：這種道德的生活真的是一種美好的生活嗎？一個對自己的意念和欲望如此神經質而又有潔癖的人，是很不容易做一個快樂的人。

我們可以針對王陽明和陸象山的道德普遍主義學說提出一個另外的問題，就是道德意見分歧這一無可爭辯的事實[7]。陸象山和王陽明確信只要我們的心靈純淨，我們就是聖人，而我們的良知就會交匯在同樣的道德真理上，因為所有過去、現在、和未來的聖人都有同樣的道德覺知能力。然而，即便是心靈純淨的聖人在某些道德判斷上似乎也極有可能犯錯誤。而且，兩位不同的聖人對道德真理的判斷也極有可能產生意見分歧，尤其是當外在的情況需要不同的解釋或不同的反應時。更進一步來說，時代在變遷，視角也在變化，所以我們怎麼能期望過去和未來的人們擁有和我們一樣的道德覺知，何況現在的我們甚至也沒有達成共識呢？如果兩個聖人有明顯不同的直覺答案該

7　我想感謝Kam-por Yu首先提出了這一問題。

怎麼辦？當人們有道德分歧時，是否有什麼客觀事實可讓我們憑藉以決定對錯呢？在陸王學派關於人類心靈的理想主義圖像中，這些問題以及許多其他問題似乎仍然沒有解決。

小結

　　簡而言之，王陽明的道德哲學關注的是行動主體的心態。要激勵道德行為，並阻止惡行發生，我們需要淨化心靈，去除任何私意私念，不道德的意圖，甚至是最輕微的壞念頭。王陽明的理論是「不善始於內心」，因此，我們需要像貓一樣努力去捕鼠——亦即我們的壞念頭。在王陽明的道德規劃中，道德主體需要勤於自我審視、自我反省和自我矯正，而第一步就是內視。正如王陽明所言，「只在此心去人欲、存天理上用功便是」（王1994，6）。這讓我們想起了耶穌的教導：「從人裡面出來的，那才玷污人；因為從人心裡發出種種惡念，如淫亂、偷盜、凶殺、姦淫、貪婪、邪惡、詭詐、淫蕩、嫉妒、誹謗、驕傲、狂妄。這一切的惡都是從裡面出來，且能玷污人」（《新約全書‧馬可福音》7：20-23）。我們可以把這種對心靈制裁的態度稱為「道德純粹主義（moral purism）」。然而，我們很自然地會想知道這個道德標準是否太嚴格、太崇高和太不切實際。如果有人覷覦鄰居的妻子（或他最好朋友之女友），但從來沒有採取任何不適當的行動，他也是不道德的嗎？我們難道不應該讚揚人們在壓制自己任何不道德行為的衝動方面所表現的自律和自控嗎？難道我們還必須指責並要求他們徹底消除任何私欲或邪念嗎？正如Owen Flanagan 和Amélie Rorty指出

的，「傳統的道德理論近來被批評為無藥可救的烏托邦式，是因為它們要求對我們的心理進行不可能的重建」（Flanagan 和 Rorty 1990，2）。基於王陽明對道德純粹性的要求，我們也可以得出這樣的結論說：王陽明的道德理論也是一種烏托邦式的道德理論——高度理想化而難以實現。

原始文獻：

王陽明1975，《王陽明全集》，臺北：正中書局。

王陽明1994，《傳習錄》。臺北：臺灣商務印書館。

英文選譯：

Chan, Wing-tsit (ed.) 1963. *A Sourcebook in Chinese Philosophy*. Princeton University Press. Chapter 36。陳榮捷，1963。《中國哲學文獻選編》，普林斯頓大學出版社，第35章。

Ivanhoe, Philip J. 2009. *Readings from the Lu-Wang School of Neo-Confucianism*. Indianapolis, IN: Hackett Publishing Company。Ivanhoe, Philip J. 2009，《理學陸王學派讀本》，印第安那，印第安那波利斯：Hackett出版公司。

第十二章

建構道德世界

王夫之的社會情感主義

引言

　　本章以王夫之所提出對於道德建設之社會倫理學方案來總結宋明理學的道德理論。王夫之這一方案背後的主要思想是：要構建一個道德世界，僅僅關注道德主體孤立的道德良知、道德理性、或道德情操是不夠的。個人的道德情操必須融入整個社會，從而使得道德行為成為一種社會規範。道德不應只屬於宗教聖徒或儒家聖人，道德要求也不應超出人類心理的共同模式。本章考察了王夫之如何從孟子的思想出發，而提出一個對構建道德世界更為現實的建議[1]。

　　王夫之受張載道德形而上學的影響最大，但在道德動機方面，王夫之採取的是情感主義走向，而不是張載的理性主義進路。我們在第八章已經看到張載強調學習和研究的重要性：

1　本章部分內容基於作者已發表的論文。參見劉2012。

道德修養必須通過教育來實現，特別是通過研讀先聖的著作並且學習與他們的思維方式同化。在道德教育的佐助下，人最終可以克服自己的自然傾向，成為一個純粹的道德主體而與聖人為伍。張載認為只要鞏固對人與人之間有普遍親緣關係的道德信念，加上道德主體「欲學孔子」、「欲以聖賢之欲為己欲」的二階次欲望，個人的利他行為就可以被激發。在張載的道德動機理論中，欲望確實可以激發道德行為，但只有當它是利他的欲望，並伴隨著道德主體有欲「成就聖賢人格」這種二階次的欲望時，這個欲望才能激發出道德的行為。以自己知性的轉變與同化作為起步，道德人最終可以發展出想幫助有迫切需要的陌生人之意願。張載的道德理論試圖將我們對家人之愛，擴展為我們對世人之關懷，並且在我們對自己與家人幸福的自然欲望之基礎上，去培養我們的利他之欲。我們要想培養「聖賢之欲」這一二階次的欲望就必須接受這樣一種信念——天下大同，世界一家，而每個人都是這個大家庭中的成員，是以息息相關。在張載看來，只要道德主體仿效聖人，就可以建立他對別人幸福的真誠關懷。

由於張載把道德上正當的利他欲望稱之為「聖賢之欲」，這明顯可見他認為道德教育的目標就是要把個己轉化為有如聖賢。一旦道德主體產生了這樣的轉變，他的道德信念本身就足以激發正確的道德行為，而不需假借額外的欲望。在當代美國倫理學家David Brink有關另一位倫理學家Michael Smith道德動機理論的討論中，他承認對有德之人而言，道德信念本身確實具有激發行為的效力（而不需要欲望之助力），但「這只是因為一個有德之人已經具有充分發展的心理剖面，由其種種認知

和意欲的心理狀態所構成的」（Brink 1997，15；黑體是作者所加）。同樣的詮釋也可以應用於張載的理性主義道德動機理論。張載心目中的道德主體可以完全為「民吾同胞，物吾與也。凡天下疲癃殘疾、惸獨鰥寡，皆吾兄弟之顛連而無告者也」（張2006，62）這一信念所激勵，但是先決條件是他們已經先被聖人同化了。我們可以把張載有關聖人境界的道德教導理解為一種關於自我的理想形而上學概念。這種道德理論強調的是理想的人格，是人在其一生所追求的最終目標。根據Flanagan和Rorty對理想人格的解釋，「這些理想或許呈現在個人對其整個人生的策劃或是他的基本企劃，或許呈現在個人在其生活中不斷演變的一系列計畫，也或許呈現在個人所堅定維持的不同信念」（Flanagan和Rorty，2010，4）。在張載看來，理想的人格是聖人，而我們都應該努力實現的道德目標是要思如聖人、欲如聖人、行如聖人。

　　然而，這種完美的道德主體一定是鳳毛麟角。張載的理論也許可以解釋那些少數有純粹利他心態之道德主體的道德動機，但不能為人類社會實現利他主義提供一個切實可行的策略。我們可以把Thomas Nagel對其他「奠基於欲望的利他道德動機理論」的批判運用到張載的理論上：「如果人們想要保證這種理論的普遍可行性，就必須使利他行為的理由建立在一種存在於所有人心中的欲望之上」（Nagel 1970，28；黑體是作者所加）。但是我們很難相信一般人對自己都有這樣一套理想的形而上理念，而都想要培養「聖賢之欲」。是以，張載的理論缺乏普遍的可行性。張載理論的基本問題在於其道德主體概念的過度理想化。而我們已經在第十一章的結論中也看到王陽明

的道德方法論也是極端理想化的，甚至到了烏托邦的地步。宋
明理學的道德方法論很可能都屬於烏托邦道德理論的範疇。不
過，最後這一章所介紹的王夫之的道德理論並沒有這一烏托邦
傾向，而是以對人類心理的一種合理闡釋所支持的。

王夫之關於道德動機的情感主義理論

在第七章我們已經解釋過王夫之將道德植根於道德情操之
中，而道德情操有別於自然情感並為之主導。在他的理論中，
使得利他行為之所以可能，是來自個人道德情操與自然情感的
結合，另外再加上個人的反思。所以他的理論既包含道德理
性，又融合道德情操。

王夫之對孟子所說的「四端」這四種道德情操的功能做了
更為詳盡的分析。他指出對陌生人苦難的惻隱之情是「仁」這
一德性的初步心理準備。惻隱之心和愛這個自然感情都包含著
心情的激盪和想要給予他人關愛的衝動；然而，這兩者有不同
的根源：愛源於父母對孩子基於生物性的情感，王夫之稱之為
「兒女之情」；惻隱之心則是基於一種普遍的天賦之性而不局
限於人的生物性親緣關係。正如王夫之所言，「惻隱是仁，愛
只是愛。情自情，性自性也」（王1974a，10：674）。因此，
體現「仁」的利他行為必須是被我們的先天惻隱之心所驅動，
去憐憫那些沒有血緣關係之陌生人的苦難。

其次，羞惡之心既包括對自己做過的錯事（個人的作為）
或是對自己未能做正確的事情（個人的沒有作為）感到羞恥，
也包括自己對他人做過的錯事產生的厭憎。羞恥感（孟子所言

之差）應該與Bernard William所說的「行動者的遺憾感（agent-regret）」區別開來，後者「指的是一個人雖然對未能履行某項要求沒有過錯，但她仍然感到有某種程度上的責任感」（Sherman 1990，151）。羞恥感跟遺憾感不同的是前者比消極的遺憾要強烈得多。羞恥感可以促使人們採取某些行動，或避免採取某些可預見的行為。Gabriele Taylor也在「感到慚愧」（她將其等同於遺憾）與「感到羞恥」之間做了一個有意思的區分：「一個人很有可能會真誠地說他為自己所說過或做過的事感到慚愧，而這只不過是意味著他對自己的行為感到遺憾，但並不意味著他對自己做了那件事感到羞恥。」相對之下，羞恥感則涉及到「行動者對自己名譽的信念」（Taylor 1985，53）。換言之，羞恥感與個體的自我價值感密切相關。人們不會願意降低身分去做他認為是可恥的事情。

至於厭憎感（孟子所言之「惡」），則應該和那種與衛生清潔或美學有關的不能自主的身體反應分開。「惡」尤其是一種道德上的厭惡，可以被理解為一種看到別人的錯誤行為或不恰當的建議時立刻感到「不贊許」的情緒化態度。羞與惡是密切相關的。按照朱熹的說法，：「羞，恥己之不善也；惡，憎人之不善也」（《四書章句集注》），也就是說，「羞」源於對自己不道德行為的自我批評，而「惡」則是針對他人的不道德行為。人們對自己行為感到強烈的羞恥與他們對別人的行為感到義憤填膺往往是密切相關的。Bernard Williams對希臘字語中「羞」與「惡」兩個概念之連結也有同樣的觀察。據Williams所言，希臘文中表示「羞恥」的字aidos，與希臘文中表示「義憤」的字nemesis是一對「反射詞（reflexive pair）」（借用

James Redfield的術語），「人們立刻就有對自己的榮譽感和對他人榮譽的尊重；所以當榮譽受到侵犯時，不管是他們自己的還是其他人的榮譽，他們就會感到義憤或其他形式的憤怒。這種情感是群體共享的，有相似的對象，而且正是這種情感將人們聚合為一個有情感的群體之中」（Williams 2008，80）。

　　雖然我們會受到社會文化的制約與影響而改變我們道德憎惡的對象，但是憎惡感本身卻是我們與生俱來的道德傾向。按照王夫之的說法，羞惡之心是「人皆有而各自有，彼此不能相襲」（王1974a，8：538）。這種道德情操正是我們義行的動機基礎。即使會讓我們採取正義行動的情境可能來自各自的生活經驗，然而，我們的心中都已經包含了合義之準則，就如王夫之所言：「義因事而見，而未見之前，吾心自有其必中之節」（王1996，35：676）。

　　第三，辭讓之心包含對自己所處社會環境的尊重，對他人的尊重，以及對具有專業知識或權威的人士在舉止上表現尊重。孟子認為恭敬之心是禮的基礎。王夫之解釋說，我們對長者的尊重最能體現辭讓之心。所謂長者，只是指比我們年長幾歲的人，這一自然事實本身並沒有任何道德意義。然而，在人類社會（至少在中國古代社會），人們會自然地尊敬長者。王夫之認為，這是因為我們天生就有辭讓之心，而當我們遇到長者時，這種情感就會被喚起：「吾本有不敢不敬之心，本於天性，而敬由是生焉，義由是生焉」（王1996，35：687）。所以，儘管辭讓行為的適當性（中節）可能取決於我們所遇到的對象：「是中節者雖因於物」，然而，「所發者根於性也」（王1974a，10：670）。基於我們的辭讓之心，我們會在不同

的情境中、對不同的對象，都設法舉止合宜；因此，這一道德
情操是我們行為合「禮」的動機基礎。

　　最後，是非之心是人們辨別對錯是非的能力，我們在第
十一章已經看到王陽明稱之為「良知」，而王夫之也認為它等
同於良知。跟羞惡之心相似，是非之心也是我們與生俱來的，
儘管有時人們對是非的判斷可能會隨社會文化不同而有所差
異。擁有辨別對錯是非的能力是我們的天賦，而不是社會制約
或文化建構的結果。王夫之宣稱心「具眾理，應萬事」，但是
未必能為善，所以人必須培養道德情操，並存之於心，才能夠
正確地判斷是非：「須養其性以為心之所存，方使仁義之理不
失」。這就是他所說的良心——辨別對錯的先天能力：「必須
說個仁義之心，方是良心」（王1974a，10：686）。換言之，
他認為對與錯的標準在於客觀的道德原理（禮），而如果我們
知道如何審視自己的內心，我們的道德判斷就能夠符合客觀標
準。

　　王夫之認為自然情感只是人類對外界事物的自然反應，就
它們本身來說並沒有任何道德價值。進一步而言，如果自然情
感不加控制，它們可能導致邪惡。王夫之還對自然情感的動機
力量和道德情操的動機力量進行了道德上的區分——只有由道
德情操激發的行為才能被認為是有倫理上的正當性。然而，王
夫之同時認為自然情感可以作為道德情操的動機基礎，因為自
然情感對人的行為有最強的驅動力：「蓋惻隱、羞惡、恭敬、
是非之心，其體微而其力亦微，故**必乘之以喜怒哀樂以導其所
發**，然後能鼓舞其才以成大用。喜怒哀樂之情雖無自質，而其
幾甚速亦甚盛」（王1974a，10：676，黑體為作者所加）。換

言之，在王夫之的道德情感主義中，道德情操是道德上正當的道德動機，然而，儘管如此，它們還是要依賴於自然情感的力量來維持其因果效力。王夫之並不提倡道德思考和道德動機需要抑止人的情感，因為自然情感確實對道德有貢獻。自然情感的影響不會破壞我們道德判斷的認知保證；反之，自然情感幫助我們獲得能量，將我們的道德判斷轉化為道德行動。

　　自然情感與人的生理存在層面的欲望相關聯。正如情感是「動焉而不自待者」，欲望一旦被激起，也是「不容已」的（王1974b，22）。與張載和其他許多譴責欲望的宋明理學家不同的是，王夫之把人欲看作是我們存在中自然和無咎的成分。他的道德動機理論可以接受當代情感主義哲學家Michael Slote所說的「自我關懷」──「對自身幸福的關懷」（Slote 2001，77）。對王夫之而言，道德始於認可人們的自然欲望，而人所需要做的只是推己及人，去認可他人的欲望。

　　我們已經在第七章看到王夫之對人類生存的基本需要──我們的生理需要和物質欲望──有著基本的肯定。對他而言，最高的道德原理，天理，就體現在人類的食色之欲上：「終不離人而別有天，終不離欲而別有理也」（王1974a，6：519）。如果一個道德主體沒有對物質的個人欲望，那麼她甚至無法與他人有所關連，也不會對他人的物質匱乏感同身受。利他主義的基礎在於理解人是生物性和社會性的存在，與他人擁有同樣的基本生理需要和物質欲望。不同於張載之僅僅稱許聖賢之欲，王夫之肯定普通的物質欲望的價值。聖人也有物欲，但是因為他們不以自我為中心，所以能夠移情共感他人之欲望：「以欲觀欲」（王1974a，4：246）。這一觀點是王夫之從孟子

那裡繼承的，孟子建議國君如果好貨、好色，那麼他應該「與民共之」（《孟子》1B：5）。王夫之解釋說，「於此聲色臭味，廓然見**萬物之公欲**，而即為**萬物之公理**」（王1974a，8：520；黑體是作者所加）。在這一陳述中，王夫之簡潔明瞭地排拒了在他之前的整個宋明理學道德論述中占主導地位的天理、人欲二分法[2]。對他而言，天理、人欲的差異「只爭公私誠偽」（王1974a，6：372）。換言之，道德區分不在於人們所認可的欲望之內容，而在於其所認可之欲望的普及範圍。王夫之並不譴責人們的物質欲望的內容，他認為道德差異僅僅在於人們對他人欲望的權利之尊重或認可的態度上。

自然情感以及對個己欲望的滿足具有最直接而強大的動機力量。然而，從「動機」到「合乎道德的動機」，個人所需要的步驟是認可他人對滿足他們自己欲望的權利。如果人們對自己親人的愛會導致他們違背客觀的道德原理（道），那麼這個情況下的自然情感就是在道德上不被允許的。如果人們的自我滿足會妨礙或甚至剝奪了他人的自我滿足，那麼這種對自我利益的追求在道德上也是不被允許的。整體來說，如果人們不能夠以道德上允許的方式表達自己的自然情感或滿足自己的欲望，那麼，在那種情況下遵循自己的情感或欲望就不再是善的了。在這一意義上我們可以說對王夫之而言，自然情感與欲望是一種「有條件的善」[3]。它們必須受到外在的、客觀的道

2　這種對人類欲望的道德價值的肯定後來成為清代理學家戴震（1724-1777）的道德哲學的一種重要論題。由於本書篇幅所限，我們無法涵蓋他的著作。

3　這一術語源自康德「無條件的善（unconditional good）」這一概念：「某一

德考量的制約，而且王夫之認為，只有在不違背「公」的前提下，人們對它們的追求才是善的。

王夫之宣稱，「人人之**獨得**，即公也」（王1967，141；黑體是作者所加）。「人欲之各得，即天理之大同；天理之大同，無人欲之或異」（王1974a，4：248）。換言之，他的道德理念不是去貶抑個人的私欲以實現絕對的利他精神，而是讓每個人公平地分享他們欲望之滿足。對他人之欲望的同情共感以及願意與眾人共享的心態，是人們能夠將自然情感提升至實現道德情操的關鍵所在。「蓋仁者，無私欲也」（王1974a，6：441）。要從私欲中解脫出來，人需要自我審查自己對幸福的追求會不會妨礙他人對其幸福的追求。我們需要平衡我們對自我的關注與對他人的關懷，使他人也能公平地得到他們的幸福。這一自我審查就是王夫之所說的「思」之功。

王夫之將「思」看作是心之良能，其目標是區分是非與利害：「思原是人心之良能 ……思者，思其是非，亦思其利害」（王1974a，4：266）。思與人的第四種先天道德情操——是非之心密切相關，但又不盡相同。是非之心是人與生俱來的，它是天之所賦，但是要去運用這種天生的道德情操，人需要付出自己的努力，這就是「思」的作用：「仁義自是性，天事也；思則是心官，人事也」（王1974a，10：700）。王夫之由此總結到：「凡為惡者，只是不思」（王1974a，4：268）。

事物如果在任何以及所有條件下都是善的，如果在任何背景下都是善的，那它就是無條件的善。要成為無條件的善，某物顯然必須有它自己的價值——擁有它自身的善（成為目的本身）」（Korsgaard 1996，257）。

對王夫之而言，道德德性不是僅僅為一種高貴的精神品格，它還需要實際道德行動。王夫之將「德」定義為「行焉而有得於心」[4]（王1974a，1：47，黑體為作者所添）。在這一意義上，人們的德性是好是壞，完全取決於他們在生活中建立什麼習性、如何為人處事，以及採取過什麼行動。王夫之承續孟子的觀點，認為個人要獲得道德德性，就需要擴大自己的關懷範圍，即擴大自己的移情共感的對象。孟子（1A：6）認為，古人超越後人的地方，就在於他們善於「推」其所為。王夫之將孟子的「推」這一概念做了如下理解：「所云『推』者，擴充也；所云『擴充』者，則『以不忍人之心，行不忍人之政』也」（王1974a，8：512）。他又說明：「夫老吾老、幼吾幼者，豈徒有是心哉？必有以老之、幼之矣。則及人之老、及人之幼，亦豈徒心恤之哉？必實有以及之矣」（王1974a，8：513；黑體是作者所加）。由此可見，如何將人們的道德意圖實踐於其行為中是王夫之道德學說的終極目標。

王夫之以孟子的道德情操理論為基礎而提出如下主張：道德的動力始於認清自我以及自我的種種情感和欲望，再加上：

---

4 中文中對應virtue的字是「德」，對應obtain的字是「得」。這兩個漢字擁有相同的發音，但意思不同。王夫之在這裡利用語音上相似性來連接這兩個詞。在這本書稿的評審意見書中，Kam-por Yu 建議「以得釋德是非常普遍的，在中國學術史上有著悠久的歷史。在王弼對《老子》的注釋以及朱熹對《論語》的注釋等眾多著作中都可以看到。事實上，這正是《說文解字》中給出的定義（惪者，得也。內得於己，外得於人）」。我對他的修正表示感謝。

1）對那些基本需要和權利被嚴重剝奪的人的惻隱之心；

2）對自己未能按照自己的道德情操所要求的去行動而有羞愧感；

3）遵從眾人認為在特定情境下適合做的（亦即「時中」的）事情的辭讓之心；以及

4）自己對在那種情境中應該如何行事的是非判斷。

然而，王夫之不是僅僅運用孟子的四端說，而是進一步將孟子的道德情操理論發展為一種道德情操複合體（complex sentiments）的理論：也就是說，他認為這四種道德情操並不是相互獨立的，而是必須結合在一起「共同」構成道德上正當的動力。例如，惻隱之心需要受到其他三種道德情操的核查。王夫之言：「惻隱之心，元與羞惡、辭讓、是非，同條互用，那得只任此一念一直做去，更無回顧？」（王1974a，8：551）行動主體的惻隱之心可能只是一種純粹的主觀心理狀態——一個人是否會對旁人有惻隱之心，取決於他有多敏感以及其它跟情境有關但在道德上無關的因素，比如這個旁人所在的地理距離、年齡和外貌等等。然而，其他三種道德情操——羞惡、辭讓、是非——則涉及到行動主體的自覺，以及他對由社會成規所建立之規範性的意識。王夫之的道德情操理論不是一種原子化的情感理論，只關注有關惻隱之心這一個人主觀的道德情操；他的理論是一種道德情操複合體的理論，包含個人對社會規範的認知與尊重。因此，他的理論不會導向一種極端的主觀倫理學[5]。

5　在Marcia Lind對休謨的道德情操主義的辯護中，她提出休謨的道德情操理

　　張載和王夫之都強調認可「他者之真實性」的重要；對他們而言，道德的可能性就在於對他者之真實的認同。但是他們兩人提出了不同的想像模式：張載要求道德主體把他人想像成自己的兄弟姊妹，因為他們來自共同的生命源頭——天地。這是一種以行動主體為中心（而非以行動為中心）的走向，旨在使人們擴充他們對近親之愛，以培養他們對全人類的人道關懷。王夫之則沒有要求道德主體放棄以自己為主位的思考模式；他也沒有要求道德主體要把自己提升到聖賢境界，以純粹的普及人道關懷來主宰行動。由於王夫之是張載的仰慕者，他們倆的觀點常常被混為一談，而其間差異往往被忽視。但是如果我們閱讀王夫之的《張子正蒙注》，我們可以看到，王夫之並沒有完全接受張載的世界觀。例如，在《西銘》中，張載寫到「乾稱父、坤稱母」，王夫之在評論中則是用人們的親生父母，而不是用抽象的天地，來解釋父母的觀念：

　　　從其切者而言之，則別無所謂乾，父即生我之乾，別無所謂坤，母即成我之坤……**若舍父母而親天地，雖極其心以擴大而企及之，而非有惻怛不容已之心動於所不可昧。**
　　（王1967，265-266；黑體是作者所加）

論應該被理解為一種道德情操複合體的理論，而不是原子的理論。Lind聲稱，「我認為休謨所說的情感可以分析為一種複合體……然後，我將情感作為一種複合體的特殊觀點再應用到休謨的道德情感中，並表明這種分析至少可以替休謨避免了常見的指責他接受一種極端的主觀道德理論的批評」（Lind 1990，133）。在此，我們對王夫之的道德情操論也作同樣的闡釋和論證。

　　這一引文表明在王夫之的看法中，個體首先且最主要的位置是在他們的血親家庭之中。王夫之要求道德主體想像他人與自己相似，有與自己相似的需求和欲望。這也是一種以行動主體為中心的走向，但它只要求道德主體將對自我的關注擴充到對他人採取「公平的考慮」。

　　張載和王夫之都把信念／理性和欲望／情感結合起來作為行為動力。張載的理論承認情感和欲望對行為的激動力量，但卻把理性作為情感和欲望的指導原理。他的理論是理想人格理論的一個版本，以聖人為理想人格。王夫之的理論把情感和欲望作為行為的主要動力，但他主張平衡個人的自我關注和對他人的關注，以實現公平（「公」）。「公」的觀念是植根於理性的反思功能（心之思）。因此，王夫之的道德動機理論基本上是一種情感主義，而以理性為行為的終極監控者。我們可以將這張載跟王夫之這兩種道德動機理論的區別表述為一者是將動機建立在「奠基於理性的欲望」（張載），而另一者是將動機建立在「奠基於欲望的理性」之上（王夫之）。不過兩者都強調道德行為的動力既離不開理性，也離不開情感所激發的欲望。

　　本章的最後一節將以王夫之的思想為基礎勾勒出一種道德動機理論，並在此基礎上加以擴展，以構建一種不僅對經驗事實負責而且可以得到當代心理學研究支持的道德理論。我們將其稱之為「社會情感主義（social sentimentalism）」，因為這一理論強調道德情操的動力，並強調尤其是在羞惡以及辭讓等道德情操中表現出來的社會情感作用。

擴充我們的關懷範圍——對王夫之社會情感主義的拓展

宋明理學家都致力於擴充我們的關懷範圍而為他人著想，而他們所呈現的道德圖景通常是個宏偉願景如張載的「民吾同胞」、程顥的「視民如傷」，以及王陽明的「以天地萬物為一體」等等。我們已經考察了他們所提出的不同理想方案，建議如何使每個道德主體都能擁有這種心態：比如讀聖賢書、學聖人之欲、培養穩健的德性、保持內心的恭敬，或進行嚴格的自我監控和自我矯正，等等。然而，王夫之的道德方案是由常人的心理學入手，並認可人們的自然情感和世俗欲望。

從人類心理學的經驗科學研究中（Hoffman 1981；Darley和Latané1968；Latané和Rodin 1969）我們知道，真正的利他行為往往是一種對他人當前痛苦或即將到來的傷害所做出的自發性反應。這些關於利他主義的經驗研究是基於如下標準：所謂利他的行為，「是一種在缺乏有意識的對自我利益之考量下去促進他人福祉的行為」（Hoffman 1981，124）。Martin Hoffman引用他人（Darley和Latané 1968；Latané和Rodin 1969）以及他自己的實驗證明，人們在幫助他人擺脫困境之前通常不會想太多。他說，「我問人們當他們在現實生活中幫助別人時，他們的腦子裡想的是什麼；典型的回答或者是他們沒有思考就採取了行動，或者僅僅是因為對方明顯需要幫助」（Hoffman 1981，134）。這種自發性是同情感（sympathy）或移情共感（empathy）等道德情操的表現。Hoffman引用許多經驗研究來證明人們在看到旁人處於痛苦時，會自然產生移情共感的激動。他總結到：

　　這些研究的整體結果，表明（a）個人移情共感的激動先於其助人的行為；（b）來自受害者的痛苦信號越強烈，觀察者的共感激動就越強烈；（c）在個人共感激動的強度以及其隨後的助人行為之間有系統性的關聯。（Hoffman 1981，131）

　　這類經驗資料表明，許多的（或至少是大多數的）利他行為都是由移情共感的道德情操所激發的。道德理性主義所強調的有關自己長遠利益的明智利己心態，或是以自我為中心的推理模式，並不必然是利他主義的基礎。

　　不過，很重要的一點是要強調同情或惻隱之心並不能單獨起作用。同情心或許是自發地利他行為的必要條件（如果我甚至一點都不關心旁人的痛苦，那麼我一開始就缺乏去幫助他人的動力），但它並沒有足夠的因果效力。以2011年日本發生的毀滅性地震和海嘯為例。對那些失去生命、家人、房子、財產等的人的同情，肯定是那些看過新聞報導的人都會有的共同道德情操，但向慈善機構捐款的行為並不像感受到道德情操那麼普遍。人們如何才會從「有同情心」轉變為「主動伸出援助之手」，這正是社會情感主義研究的目標。

　　簡而言之，社會情感主義並不把行為動力僅僅放在同情心這一道德情操上；反之，它提倡由孟子所提出、而王夫之所發展的四種道德情操的綜合激發力。社會情感主義所強調的是七情和四端應該被看作是一個「複合體（complex）」，因為它們共同構成了人們道德行為的動力基礎。例如，憤怒和憎惡等自然情感與羞惡這一道德情操緊密相關。如果人們能夠把這些

情感／道德情操再與是非之心結合起來，並且對被自己的是非之心所判斷的錯誤行為感到羞惡，那麼，他們就至少會傾向於避免這樣做。「四端」不僅包括個人的同情感和個己對道德善的感知，也包括人們對社會中人際交往模式的尊重和遵從的願望，以及由於自己未能履行那些自己認可為社會規範行為而產生的羞恥感。因此，這四種道德情操綜合起來構成了我們在社會中遵守共同道德規範的基礎。社會情感主義來自社會心理學家的共同觀察，這些觀察顯示在適當的社會情境下，個人的道德行為可以被相關的社會倫理模式來提升或抑制[6]。換言之，社會情感主義不是一種個人主義的，而是一種社會倫理學的規劃。在王夫之的情感主義道德動機論的啟發下，以下我們對如何構建一個道德世界提出一些建議。

首先，要確立惻隱之心，我們需要運用移情想像來增強人的同情心。按照通常的字義，「同情感（sympathy）」是人們從自身所在的地位出發而對他人所遭受的苦難發出惻隱之心，「移情共感（empathy）」則是把自己置身於他人的處境中，對他人的痛苦進行生動的想像。移情需要想像力。正如亞當・斯密（Adam Smith）所指出的：「由於我們對他人的感受沒有直接的經驗，所以我們無法瞭解他們本人如何感受，只能通過設想我們自己在類似情況下會如何感受來建立理解。」我們的感官無法讓我們直接進入他人的感受，而「只有通過想像，我們才能對他人的感受形成任何概念」（Smith 2002，11）。移情想像比起單純的同情感能夠為利他主義提供更多的動力。

6　下文將會給出一些社會心理學實驗的例子。

　　為了增強移情想像，我們需要為人如何能生動地想像他人的憂苦找到基礎，而家庭之愛是一種我們很容易產生共鳴的自然激情。從王夫之的理論中所衍生出來的移情想像可以建立在人們與其家庭成員之間的關係以及對家庭之愛的熱情。按照法國哲學家吉爾・德勒茲（Gilles Deleuze）的說法，家庭是原始自然狀態下的一種自然的關懷單位：「我們在自然界所發現的，無一例外是家庭。原始自然界的狀態早已經不僅僅為一種簡單的自然狀態。家庭單位獨立於一切人類立法之外存在，家庭的存在可以由人的性本能和同情感來解釋——其中包括父母之間的同情感和父母對子女的同情感」（Deleuze 2001，39）。如果人類社會成立之前的原始自然狀態就有家庭關係為其基本結構，那麼個人從「作為自己家庭一成員」的角度來考量問題就是一種自然的人類傾向。移情想像的功能必須首先與個人在家庭的多重關係中的立場相結合，再下一步就是擴展（「推」）人們對自己家庭的情感，來培養他們對陌生人的關懷。

　　在由王夫之所啟發的社會情感主義中，要實現這種「移情擴展」並不是要求人們像愛自己的父母或孩子一樣去愛別人的父母或孩子，而是要求他們去想像如果他人的父母或孩子受到傷害，他人會有怎樣的感受。換句話說，人們對陌生人的考慮不是只從一個獨立個體擴展到另一獨立個體，而是從一個「處於自己家庭關係中的個體」擴展到另一個「處於他們家庭關係中的個體」。如果個人對自己的父母、兄弟姊妹和孩子有真誠而深刻的感情，那麼他就能與其他陌生人建立情感上的連線，不是僅僅將他們當作陌生人看待，而是當作其他人的父母、其

他人的兄弟姊妹或其他人的孩子來看待。媒體的一種常見做法可以看作是這種移情擴展的運用。災難新聞報導往往選擇採訪家庭成員這一角度來談論他們的損失。這種報導方法隱含的假設是家庭的溫情是可以共通的而且是眾人可以體會的。如果我們想在我們的社會中增強利他主義，從而培育利他主義文化，那麼我們可以鼓勵用家庭故事和個人軼事來報導重大災難。當遠方的受害者不再是素不相識的陌生人或一串傷亡數字資料，而是我們所見過或聽過的某個人所失去的親人，我們就會更願意向救災機構捐款。這可能是一個簡單的做法，但它已經一次又一次地被證明是有效的。

　　其次，羞惡之心對社會監管和行為矯正而言是一個有力的媒介。社會心理學家Jennifer Jacquet等人（2011）指出，羞恥感可以促進社會合作。在一系列實驗中，他們證明參與者對負面（就羞愧而言）或正面（就榮譽而言）聲譽的預期，會促使參與者在考慮公共利益時採取社會化的合群行為。這些心理學家的假設是羞恥心甚至可能「比榮譽心更有效」，因為參與者「會特別努力避免負面性的揭發，從而為公共利益做出更多貢獻」（Jacquet et al. 2011，900）。實驗結果使他們得出這樣的結論：「如果實驗宣布會最後挑出占便宜的人來接受公眾的評判，那就更可以促進在實驗中整個群體的合作」（Jacquet et al. 2011，900）。他們提出一個充滿希望的結論：同時運用人們對羞辱的恐懼以及他們的榮譽感「甚至可能有助於將一幫懦夫轉變成一個社群」（Jacquet et al. 2011，901）。

　　個人自身的羞恥感還必須與旁人對他的道德厭憎相配合。從情感主義者的角度來看，道德社會的最大敵人是眾人的冷漠

無感。若想確立以羞恥和厭惡為基礎的社會制裁的力量，我們需要傳播這種思想：對他人處於困境而不伸出援助之手是可恥的行為。美國1964年Kitty Genovese的謀殺案引發了一系列關於旁觀者冷漠現象的心理學文章。Genovese就在她家門前被襲擊。她大聲呼救，但沒有人來幫助她，也沒有人報警。十分鐘後，行凶者返回現場，發現她還躺在地上。他又捅了她幾刀。社區裡共有38名鄰居在窗簾後目睹了襲擊，但最終只有一人報警[7]。而這對Kitty Genovese來說已經太晚了。兩位社會心理學家John M. Darley和Bibb Latané著手調查為什麼目擊者表現出「如此明顯地缺乏良知和不人道的不干預態度」（Darley和Latané 1968，377）。Darley和Latané的假設是，當有人處在危急情況下，旁觀者越多，就越不可能有任何旁觀者介入去提供援助。他們的實驗顯示當受試者認為他是唯一的證人時，他更有可能採取行動去提供幫助（當他們以為自己是唯一的旁觀者時，85%的受試者提供了幫助；與此相對，當他們認為其他人也在目睹同樣的困境時，只有31%的受試者提供幫助）（Darley和Latané 1968）。另外，Latané和Rodin（1969）也指出「在場有一個無動於衷的旁觀者會強烈地抑制了其他受試者想提供幫助的意願」（Latané和Rodin 1969，194）。然而，Latané和Rodin還有一個有趣的發現，就是說即使當受試者沒有對受害者的痛苦呼喚做出反應，他們也是處於一種情感衝突的狀態：「受試者擔心如果他們不幫助處於困境中的人，心中會感到內疚和羞恥」（(Darley和Latané 1968，382）。Darley和Latané的結論是，旁

7　這份報告是基於標準的教科書描述，但細節近年來受到了挑戰。

觀者的無動於衷並不一定是反映他們的冷漠無感或其他的人格缺陷（Darley和Latané 1968，383）。旁觀者實際上是同情處於困境中的人，但他們只是沒有受到足夠的激發而去採取適當行動來提供援助或甚至呼救求助。這一觀察結果可以支持孟子的論點，即同情心的確是人類對他人痛苦的自然反應，但它也支持Deleuze的推測，亦即僅僅依靠同情心是無濟於事的。

　　要在我們與生俱來的羞惡之心上建立一個道德世界，我們需要對評價行為是非的社會標準開始「改變底線」（Jacquet之詞）。會抑制見義勇為行為的社會因素可能是一種強調「各人自掃門前雪，不管他人瓦上霜」的文化心態。我們對冷漠的旁觀者作出社會批判是培育一個以助人為樂的社會的方法之一。我們需要繼續對冷漠心態和不關心道德的無所作為進行社會省察，而把對這種態度的厭憎感和憤慨感發展成我們的社會良知。要建設一個道德世界，我們首先需要灌輸有關人際關係和人際交往的一種截然不同的社會態度：當（i）一個人有能力，並且（ii）沒有其他更重要的道德考慮時，她就顯然在道德上有義務去幫助那些處於困境中的人。一旦這一規範性的道德原理根植於社會的良知之中，一個行動主體不遵守這個社會規範就會讓他自己產生羞恥感，同時讓他人對他產生厭憎感。這些道德情操會促使行動主體去做正確的事情。

　　有人可能會質疑這樣一個建立在羞恥感基礎上的道德規劃是否會過於依賴社會制裁和同儕壓力。然而，根據王夫之所發展的孟子學派的社會情感主義，羞恥感本身並不是受社會制約產生的，而是我們每個人的先天傾向。按照王夫之的說法，「『無欲穿窬之心』，人皆有之」（王1974a，10：752）。

「『無欲穿窬』，羞也……羞則固羞諸己，即此用之而義已在」（王1974a，10：751）。換言之，人們的道德行為中最重要的事是思考去做正確的事情，而羞恥感就是避免我們做錯事的最大功臣。這種情感是我們與生俱來的；要是人本來沒有羞恥感，就沒有任何社會壓力能讓我們感到羞恥。我們對自己所做的或所要做的事感到羞愧，不是僅僅因為外在世界會以輕蔑或厭惡的眼光看待我們，而是因為如果我們那樣做的話，我們就根本無法接受自己。羞恥感可以說是我們自己道德行為的內在防線。它在人們把自己的行為看作是道德上可接受的還是道德上無法容忍的之間設定了一個心理界線。羞恥感可以看作是人們的道德指南，沒有它，人們就不能成為一個自主的道德主體而被自己的道德感所指引。

　　第三點與此相關的建議是，基於我們與生俱來的辭讓之心，我們可以通過改變社會規範來調整個人對自己的道德預期以及她對正當行為的看法。Darley和Latané 1968 以及Latané和Rodin 1969 都表明，當看到某人處於困境時，每個旁觀者都可能在採取行動前先從旁人那兒尋找行為的指點。在他們的實驗中，其他旁觀者的無動於衷往往會導致受試者也不採取任何行動。然而，儘管一般來說其他旁觀者的在場會抑制援助的行為，但具有利他行為傾向的觀察者或評估者的存在，則會產生相反的效果。這些心理學家把這種因素稱為「社會影響」的過程。他們的研究證明，當我們在判斷什麼是當下情境中適當的行動時，確實有接受他人意見的傾向。當旁人不介入去幫助那些處於困境中的人時，我們也更有可能不伸出援助之手。正如社會心理學家Ruben Orive所總結的，「在相似群體中採取

行動的可能性似乎不僅取決於當時主流觀點的強烈度，而且還取決於其他與自己類似的旁人所提供的行動線索。這些旁人的行動線索所提供的外在訊號，可能會起到促進或抑制個體行為的作用，而這完全是看當時群體的傾向為何」（Orive 1984，736）。因此，要形成一個適當的社會影響過程以增強利他主義文化，我們需要建立以助人為「常態」而非「特例」的社會習俗。

儒家建立禮儀等社會規範的方法論，就是建立在人類與生俱來的辭讓之心的基礎上。這種社會情感主義不同於其他關於道德動機的情感主義理論之處，就在於它特別強調體現在文化習俗和禮儀規範之中的社會道德情操和社會情境。按照王夫之的說法，我們應該「以義制事，**以禮制心**」（王1974a，10：754，黑體為作者所添）。辭讓之心連結了「公」與「私」之域。以對他人在特定社會情境中的所作所為之尊重為基礎，個己會逐漸與社會道德情操相調和，而發展出他對社會習俗的自然遵從。因此，個人的辭讓之心可以看作是人類社會合作與公民服從的心理基礎。在我們先天的辭讓之心之上，我們需要提倡正確的社會風氣和道德態度。文化風情和道德規範是可以結合在一起的。當它們結合在一起時（而且只有當它們結合在一起時），個人之遵從社會習俗和既定規範才是善的。要構建一個以利他主義為社會規範的道德世界，我們就需要找到那些能在我們的社會中發揮作用的社會制度和禮儀規範，以減少人與人之間的疏離，並增強個人向那些處於困境中的人提供援助的意願。

最後，在個體的是非之心方面，我們需要在服從公論與獨立思考之間找到平衡。遵守社會習俗和禮儀並不總是對

的，因為人們可能會因此而迷失在群體中，盲目服從。Hagop
Sarkissian指出了這一困境：「如果一個人沒有參與社會禮儀
和習俗成規，他甚至不能開始學習道德行為，然而禮儀的『儀
式性』層面也同時會使道德主體對特殊環境之需要不同反應變
得麻木或視而不見」（Sarkissian 2010，7）。著名的Asch實驗
（Asch 1955，1956）提供例證顯示來自同儕的從眾壓力常常會
影響人們的判斷。受試者（Asch稱之為「單一的少數派」）被
置於一組陌生人當中，這些陌生人一致就一個很簡單的知覺事
實給出了錯誤的答案。儘管受試者原先給出的答案是正確的，
但他們中的很大一部分人（在一項這樣的研究中，50人中有37
人）妥協了，屈服於同儕壓力而再次給予大多數人所一致給出
的錯誤答案。Asch寫到：

> 這些屈服於大眾意見的受試者……所賦予多數派的一
> 種正確性或權威性遠遠超越了所討論的直接問題，而使得
> 多數派的意見具有一種普遍的、沒有界定的優越性，能夠
> 壓倒他們對自己在那個情況下原本正確的信念。（Asch
> 1956，50）

Festingei等人（1952）以及其他人（Orive 1984；Prentice-
Dunn, S. and Rogers, R. W. 1980）將這種在群體中喪失獨立性和
批判性思考的現象描述為「去個人化的效應」。去個人化的效
應有時是社會化和群體同化所需要的，但它也可能會導致個人
批判性思考能力和對自己觀點之自信的喪失，就像Asch實驗中
的受試者。這顯示出遵從同儕壓力和社會規範也可能會破壞個

體的獨立思考性。因此，公共思考和個人思考還是需要分離開來。重點在於，只有當社會規範是好的之時，個人才應該遵守它們，而不是盲目地追隨社會上其他人的任何行為。人們需要有自己的道德判斷。個體自身的道德感和道德判斷在衡量集體道德情操是否值得尊重方面，發揮著重要作用。在Asch的一系列實驗中，有相當數量的人仍然保持獨立思考，即使面對大多數人一致反對的觀點，他們也堅持自己的正確答案。按照Asch的說法，「有關這些堅持己見的人最重要的一點不是他們對大多數人的看法缺乏回應，而是他們有一種**從懷疑中恢復並重新建立平衡的能力**」（Asch 1955/1972，7；黑體是作者所加）。要培養這種判斷是非的自信能力，我們需要加強的就是個人的「思」。

　　孟子認為，「思」是心的一種能力，而正是這種能力的運用將「大人」與「小人」區分開來：「心之官則思，思則得之，不思則不得也。此天之所與我者，先立乎其大者，則其小者弗能奪也。此為大人而已矣」（《孟子》11：15）。基於孟子的觀點之上，王夫之進一步強調了思的重要性。在他看來，「思」是人與禽獸的唯一區別：「思為人道，即為道心，乃天之寶命而性之良能。人之所以異於禽獸者，唯斯而已」（王1974a，705）。他將「思」的功能定義為對仁義的形而上學反思，而不假於耳目之覺知：「使其為思仁思義，則不因色起，不因聲起，不假於視，不假於聽，此心亭亭特特，顯出他全體大用來」（王1974a，701）。同時，只有當人思考仁與義時，他才會運用自己的思，而他對物質欲望的考慮並不是「思」：「唯思仁義者為思，而思食色等非思也」（王1974a，702）。

王夫之將「思」與「覺知」區分開來，後者是通過我們的感官獲取知覺性的知識。王夫之認為思的對象並不是可覺知的事物。在他看來，人們所反思的只是形而上之道：「蓋形而上之道，無可見，無可聞，則為思為獨效」（王1974a，701）。因此，思的能力使個人能夠確立客觀正確的判斷標準。對與錯的區別最終取決於一個普遍客觀的規範性原理：道。對錯是非不是僅僅由社會習俗或社會規範來決定的。個人必須運用自己反思的能力來辨別社會習俗是否符合道，以及自己是否應該去遵守這一社會習俗。

個體反思的重要性在當代世界可以通過Owen Flanagan的分析得到進一步的說明：

反思具於兩方面的好處：首先，它可以幫助極端自由主義者用更少的原子化術語來理解他們自己，從而瞭解他們所要承擔公共義務的根基；其次，反思的好處是它為人們提供了評估其生活形式的內容所需要的批判性工具，以進而判斷這種公共義務的倫理基礎。（Flanagan和Rorty 1990，62）

個人有了對自己道德情操的反思，就不可能盲目地屈從於群體的壓力，也不可能輕易地入境隨俗，人云亦云。正如Flanagan所指出的，「如果人們所在的群體是善的，那麼擁有社群情感當然是好的；但是如果人們所在的群體有錯誤的價值觀，而這種社群情感又會激發個人去保持和維護那些價值觀，那麼擁有社群情感顯然就是不好的。這就是第二種有內容敏感

度層面的反思變得重要之時」（Flanagan和Rorty 1990，62-63）。

另外一種避免盲從的方法，是將王夫之對個體反思的強調與張載對「學如聖賢」之重要性的教導結合起來。在張載的用法中，聖人應該被看作是一種理想人格，代表客觀普遍的道德原理的闡釋者和制定者。張載教導我們通過研讀聖人之書來向他們學習（他特別提到了《論語》和《孟子》）。他認為要是有人不學習而只是運用自己的智力，卻認為自己比別人優越，那麼這個人實際上就是個白癡：「人不知學，其任智自以為人莫及，以理觀之，其用智乃癡耳」（張2006，272）。張載認為，「蓋書所以維持此心，一時放下則一時德性有懈，讀書則此心常在，不讀書則終看義理不見」（張2006，275）。對張載而言，學習可以使我們的心靈維持在正確的道路上，是我們道德修養的重要成分。孔子強調學與思相結合的重要性：「學而不思則罔，思而不學則殆」（《論語》2：15）。王夫之對此進行了如下闡述：

> 學於古而法則俱在，乃度之於吾心，其理果盡於言中乎？抑有未盡而可深求者也？則思不容不審也。……蓋吾心以度其理，乃印之於古人，其道固可據為典常乎？抑未可據而俟裁成者也？則學不容不博矣。（王1996，7：301）

向聖人學習與個人反思普遍的道德原理（道）兩者共同構成了我們的道德理性。通過這種方式，我們看到了道德理性是如何補充我們的道德情操之所不足：道德理性在我們傾向於被社會同化的過程中，重建了我們的個體性和獨立思考能力。

　　在此我們扼要地重述一下本章最後這一部分的內容：本章辯護了一種關於道德的社會倫理學動機理論。這個道德理論的社會倫理學層面，是建立在由四種我們與生俱來的道德情操（四端）所共同構成的複合體之上。同情或移情已經被Hoffman等心理學家挑出來作為道德動力的關鍵性道德情操。然而，僅僅有同情心是不夠的，因為它經常被個人的其他道德缺陷，如拖延、惰性、懶惰等等惡習所打敗；對道德成就而言，僅僅有羞惡之心也是不夠的，因為它也可能伴隨著對他人苦難的完全冷漠。這兩種道德情操都需要配以正確的道德判斷——亦即完全以自我為中心而忽視他人的不幸是錯誤的，從而人們可以受到其羞恥感的激發而出自對他人的憐憫來採取行動。最後，在一個利他行為已經成為其他社會成員行為規範的社會環境中，每一個有能力的成員都可能被他們的恭敬辭讓之心所推動，而採取與他人相同的行為。這四種道德情操構成了培養我們的社會性和倫理性存在的基礎。這四種道德情操的心理「複合體」將人們對家庭成員的愛擴展為一種人道主義關懷。除了這四端，我們還需要強調個人反思和學習的重要性，這樣人們的道德判斷就不會變成對社會規範的盲從，或是對規範的一種麻木反應。

　　當他人受苦時，我個人可能會被惻隱之心這個道德情操所驅動，而渴望減輕他們的痛苦，但這種情感是轉瞬即逝的，容易被遺忘，因此往往在因果性上無效力；然而，如果我處於社會文化中其他像我一樣的人都採取行動來緩解陌生人之痛苦，那麼，我將進一步被我的羞恥感、我想要行義的渴望，以及我對社會情境中被肯定為「合宜」行為的尊敬所推動，而去採取對應的行動。一個人未能符合自己社會的標準會帶來他的羞惡之心，為了

避免羞愧、尷尬或他人的輕視，他就可能會去遵循社會規範。如果利他主義成為一種社會規範，那麼在這個社會中利他的行為就將會比其他的社會更為普及。換言之，利他主義的實現不能僅僅建立在個人的道德感之上，還必須依賴於社會的道德期望。如果有人覺得自己「在道德上不得不」去幫助他人，那麼他原初的惻隱之心就會得到更進一步的加強，而這是產生利他行為所必需的條件。憑藉個人私下的惻隱之心這一道德情操，是不足以引發利他行為的；我們進一步所需要的是一個道德的世界，在其中利他精神是一種常態，而不是特例。

小結

　　其他的宋明理學倫理學關注於個體道德主體本身的道德理性、道德人格、道德品格、道德意志、道德德性或道德直覺；概略來說，他們關注的是個體的自我道德修養能力。本章所表明的是道德修養不僅需要個體自己的努力，還更需要適當的道德文化和社會環境。在王夫之的道德德性理論中，德性如果沒有可實現性便是空的，而德性的實現則需要一種道德文化。王夫之對四種道德情操的共同作用之強調，促使我們看到我們需要超越道德主體孤立的道德良知或道德情操，而來建立一個社會倫理環境，在這一環境中個人更有可能受到社會影響而採取正確的行動。個人的良知必須擴大到社會文化之中，這樣一來，道德成就就不再被認為是超乎義務的善行——那種是「好的」，但不是在道德上一定被要求的行為。當道德作為一種共同的道德良知融入到社會文化中時，它就不再是只有聖徒或聖

人才能完成的理想壯舉。我們經常看到有些特定社會團體或宗教組織的成員在做出利他行為時，很少有心理掙扎而是自然為之的，這表明群體中其他人如何行動能夠影響到個人如何行動。社會文化具有感染性，因此，我們需要以我們共有的、與生俱來的道德情操為基礎，而在我們的社會中構建一個道德世界。王夫之的社會情感主義已經為我們提供了一套如何構建這樣一個道德世界的思路。

原始文獻

王夫之1967，《張子正蒙注釋》，臺北：世界書局。

──1974a，《讀四書大全說》1665，臺北：河洛圖書出版社。

──1974b，《詩廣傳》，臺北：河洛圖書出版社。

──1977a（1673-1677），《禮記章句》，臺北：廣文書局。

──1977b（1655），《周易外傳》，臺北：河洛圖書出版社。

──1980（1685），《周易內傳》，《船山易傳》，臺北：夏學社。

──1996《四書訓義》1679，《船山全書》，長沙：岳麓書社。

英文選譯：

Chan, Wing-tsit (ed.) 1963. *A Sourcebook in Chinese Philosophy*. Princeton University Press. Chapter 36。陳榮捷，1963。《中國哲學文獻選編》，普林斯頓大學出版社，第36章。

參考文獻[1]

Adler, Joseph A. 2008. "Zhu Xi's Spiritual Practices as the Basis of His Central Philosophical Concepts." *Dao: A Journal of Comparative Philosophy* 7(1):57-79.

——1981. "Descriptive and Normative Principle (li) in Confucian Moral Metaphysics: Is/ought from the Chinese Perspective." *Zygon* 16(3): 285-293.

Angle, Stephen and Slote, Michael (eds.) 2013. *Virtue Ethics and Confucianism*. New York: Routledge.

Angle, Stephen C (安靖如). 2011. "A Productive Dialogue: Contemporary Moral Education and Zhu Xi's Neo Confucian Ethics." *Journal of Chinese Philosophy* 38:183-203.

——2010. "Wang Yangming as a Virtue Ethicist." In John Makeham

---

1　為了方便中文讀者查閱本書作者所使用過的英文文獻，因此本參考文獻中的英文著作和論文保留為英文，只將其中已經有中文譯文的在括弧中標注相關中文版資訊。部分英文文獻雖然沒有中文譯本，但其作者在中文學界有成熟譯名的，則在括弧中標注。作者所使用的中文文獻，則全部重新翻譯回中文。

(ed.), *Dao Companion to Neo-Confucian Philosophy*. Dordrecht, Heidelberg, London, New York: Springer, 315-335.

――2009. *Sagehood: The Contemporary Significance of Neo-Confucian Philosophy*. New York: Oxford University Press.（安靖如：《聖境：宋明理學的現代意義》，北京：中國社會科學出版社，2017。）

――1998. "The Possibility of Sagehood: Reverence and Ethical Perfection in Zhu Xi's Thought." *Journal of Chinese Philosophy* 25(3): 281-303.

Armstrong, David 2004. "What Is Consciousness?" In John Heil (ed.), *Philosophy of Mind*. New York: Oxford University Press, 607-616.

Arpaly, Nomy 2005. "Comments on Lack of Character by John Doris." *Philosophy and Phenomenological Research* Vol. LXXI, No. 3: 643-647.

Asch, Solomon 1956. "Studies of Independence and Conformity: A Minority of One Against a Unanimous Majority." *Psychological Monographs: General and Applied* 70(9): 1-70.

――1955/1972. "Opinions and Social Pressure." Scientific American 193: 31-35. Reprinted in Richard A. Condon & Burton O. Kurth (eds.), *Writing from Experience*. North Stratford, NH: Ayer Publishing, 1972，3-11. 286 Ayala, Francisco J. 2010. "The Difference of Being Human: Morality." *PNAS* 107(2): 9015-9022.

Bai, Tongdong (白彤東) 2008. "An Ontological Interpretation of

'You' (Something) and 'Wu' (Nothing) in the Laozi." *Journal of Chinese Philosophy* 35(2): 339-351.

Behuniak Jr., James 2009. "Li in East Asian Buddhism: One Approach from Plato'sParmenides." *Asian Philosophy* 19(1): 31-49.

Blasi, Augusto 2005. "Moral Character: A Psychological Approach." In D. K.Lapsley & F. C. Power (eds.), *Character Psychology and Character Education*. Notre Dame, IN: University of Notre Dame Press, 67-100.

——1999. "Emotions and Moral Motivation." *Journal for the Theory of Social Behavior* 29(1): 1-19.

——1984. "Moral Identity: Its Role in Moral Functioning." In W. M. Kurtines &J. J. Gewirtz (eds.), *Morality, Moral Behavior and Moral Development*. NewYork: Wiley, 128-139.

——1983. "Moral Cognition and Moral Action: A Theoretical Perspective." *Developmental Review* 3: 178-210.

Brink, David O.1997. "Moral Motivation." *Ethics* 108(1): 4-32.

——1989. *Moral Realism and the Foundations of Ethics*. New York: Cambridge University Press.

Chan, Wing-cheuk 2011. "Mou Zongsan and Tang Junyi on Zhang Zai's and Wang Fuzhi's Philosophies of Qi: A Critical Reflection." *Dao: A Journal of Comparative Philosophy* 10(1): 85-98.

——2000. "Leibniz and the Chinese Philosophy of Nature." *Studia Leibnitianna, Supplementa* 33: 210-223.

陳榮捷：《朱熹》，臺北：東大圖書公司，1990。

——1964。《理的思想之進化》，《清華學報》（臺北），4(2): 123-149。

——1978. "Patterns for Neo Confucianism: Why Chu Hsia differed from Ch'eng I." *Journal of Chinese Philosophy* 5(2): 101-126.

——(trans.) 1967. *Reflections on Things At Hand: The Neo-Confucian Anthology*. New York: Columbia University Press.

——(ed.) 1963. *A Sourcebook in Chinese Philosophy*. Princeton University Press.（陳榮捷：《中國哲學文獻選編》，楊儒賓等譯，北京：北京聯合出版公司，2018。）

Chang, Carsun (a.k.a Zhang, Junmai 張君勱) 1962. *The Development of Neo-Confucian Thought*. Volume II. New York: Bookman Associates.

——1957/1963. *The Development of Neo-Confucian Thought*. Volume I. New York: Bookman Associates.

陳來2005。《宋明理學》。上海：華東師範大學出版社，第2版。

——2004。《詮釋與重建：王船山的哲學精神》。北京：北京大學出版社。

——1991。《有無之境：王陽明哲學的精神》。北京：人民出版社。

陳郁夫1990。《周敦頤》。臺北：東大圖書公司。

陳贇2002。《回歸真實的存在——王船山哲學的闡釋》。上海：復旦大學出版社。

Cheng, Chung-Ying (成中英) 2002. "Ultimate Origin, Ultimate

Reality, and the Human Condition: Leibniz, Whitehead, and Zhu Xi." *Journal of Chinese Philosophy* 29(1): 93-118.

—— 1979. "Categories of Creativity in Whitehead and Neo-Confucianism." *Journal of Chinese Philosophy* 6: 251-274.

程顥、程頤1981。《二程集》，四卷。北京：中華書局。

程宜山1986。《中國古代元氣學說》。武漢：湖北人民出版社。

秦家懿1987。《王陽明》。臺北：東大圖書公司。

Ching, Julia (秦家懿) 1974. "The Goose Lake Monastery debate (1175)." *Journal of Chinese Philosophy* 1(2): 161-178.

Colby, Anne and Damon, William 1995. "The Development of Extraordinary Moral Commitment." In Melanie Killen & Daniel Hart (eds.), *Morality in Everyday Life: Developmental Perspectives* (Cambridge Studies in Social and Emotional Development). New York: Cambridge University Press, 342-370.

戴景賢1981。《周濂溪之〈太極圖說〉》，見《易經研究論集》。臺北：黎明文化出版社。再版於黃壽祺、張善文編1988。《周易研究論文集》，卷3，202-219。

Darley, John M., & Latané, Bibb 1968. "Bystander Intervention in Emergencies:Diffusion of Responsibility." *Journal of Personality and Social Psychology*, Vol. 8, Pt.1: 377-383.

Darwin, Charles 1871. *The Descent of Man, and Selection in Relation to Sex*. New York: D. Appleton and Company.（查理斯・達爾文：《人類的由來及性選擇》，葉篤莊，楊習之譯，

北京：北京大學出版社，2009。）

Davidson, Philip and Youniss, James 1991. "Which Comes First, Morality or Identity?" In William Kurtines & Jacob L. Gewirtz (eds.), *Handbook of Moral Development and Behavior*. Volume 1. Hillsdale, NJ: Lawrence Erlbaum, 105-121.

De Bary, William Theodore and Bloom, Irene (eds.) 1999. *Sources of Chinese Tradition*. second edition. Volume I. *From Earliest Times to 1600*. New York: Columbia University Press.

De Bary, William Theodore and Lufrano, Richard John (eds.) 2001. *Sources of Chinese Tradition, second edition*. Volume II. *From 1600 Through the Twentieth Century*. New York: Columbia University Press.

De Sousa, Ronald 2014. "Emotion." In Edward N. Zalta (ed.), *The Stanford Encyclopedia of Philosophy* (Spring 2014 Edition), HTTP://plato.stanford.edu/archives/spr2014/entries/emotion/288

De Waal, Frans 2010. *The Age of Empathy: Nature's Lessons for a Kinder Society*. New York: Three Rivers Press.（弗朗斯・德瓦爾：《共情時代》，劉暘譯，長沙：湖南科學技術出版社，2014。）

Deleuze, Gilles（吉爾・德勒茲）2001. In Constantin V. Boundas (trans.), *Empiricism andSubjectivity*. New York: Columbia University Press.

Deonna, Julien A. and Teroni, Fabrice 2012. *The Emotions: A Philosophical Introduction*. London and New York: Routledge.

Descartes, René（勒內・笛卡爾）1644/2004. *Principles of Philosophy*. Whitefish, MT: Kessinger Publishing, LLC.

丁為祥2002。《張載太虛三解》，《孔子研究》6：44-53。

──2001。《張載虛氣觀解讀》，《中國哲學史》2：46-54。

──2000。《虛氣相即：張載哲學體系及其定位》，北京：人民出版社。

Doris, John M. 2002. *Lack of Character: Personality and Moral Behavior.* New York: Cambridge University Press.

Downes, Stephen M. 2008. "Evolutionary Psychology." In *Stanford Encyclopedia of Philosophy*, HTTP://plato.stanford.edu/ entries/evolutionary-psychology/.

Dweck, Carol S. and Leggett, Ellen L. 1988. "A Social-Cognitive Approach to Motivation and Personality." *Psychological Review* 95(2): 256-273.

Ericsson, K. Anders and Smith, Jacqui 1991. *Toward a General Theory of Expertise.* New York: Cambridge University Press.

Feng, Youlan（馮友蘭）1983. In Derk Boddd (trans.), *A History of Chinese Philosophy*. Volume II. Princeton University Press. （馮友蘭：《中國哲學史》，上海：華東師範大學出版社，2011。）

──1966. In Derk Bodde (ed.), *A Short History of Chinese Philosophy*. New York: The Free Press.（馮友蘭：《中國哲學簡史》，趙復三譯，北京：生活・讀書・新知三聯書店，2009。）

Festingei, L., Pepitone, A., and Newcomb, T. 1952. "Some Consequences of Deindividuation in a Group." *Journal of Abnormal and Social Psychology* 47: 382-389.

Flanagan, Owen and Rorty, Amélie Oksenberg (1990) (eds). *Identity, Character, and Morality: Essays in Moral Psychology.* Cambridge, MA: The MIT Press.

Flanagan, Owen and Williams, Robert Anthony 2010. "What Does the Modularity of Morals Have to Do With Ethics? Four Moral Sprouts Plus or Minus a Few." *Topics in Cognitive Science* 2(3): 430-453.

Frankfurt, Harry 1971. "Freedom of the Will and the Concept of a Person." *Journal of Philosophy* LXVIII(1): 5-20.

Ganeri, Jonardon 2012. *The Self: Naturalism, Consciousness & the First-Person Stance.* London: Oxford University Press.

Gardner, Daniel K. 1990 (trans.). *Learning to Be a Sage: Selections from the Conversation of Mater Chu, Arranged Topically.* Berkeley, CA: University of California Press.

Graham, Angus C.（葛瑞漢）1999. *Disputers of the Tao: Philosophical Arguments in Ancient China.* Peru, IL: Open Court.（葛瑞漢：《論道者──中國古代哲學論辯》，張海晏譯，北京：中國社會科學出版社，2003。）

── 1959/1990. "Being in Western Philosophy Compared with shih/fei and yu/wu in Chinese Philosophy." *Originally in Asia Major* 7: 79-112. Reprinted in Angus C. Graham 1990. *Studies in Chinese Philosophy and Philosophical Literature,* 322-359.

——[1958] 1992. *Two Chinese Philosophers: The Metaphysics of the Brothers Ch'eng*. Originally published in 1958. London: Lund Humpries. LaSalle, IL: Open Court.（葛瑞漢：《中國的兩位哲學家：二程兄弟的新儒學》，程德祥譯，鄭州：大象出版社，2000。）

Greco, John and Turri, John 2011. "Virtue Epistemology." In Edward N. Zalta (ed.), *The Stanford Encyclopedia of Philosophy* (Winter 2011 Edition), HTTP://plato.stanford.edu/archives/win2011/entries/epistemology-virtue/).

顧駿（出版人）1980。《中國歷代哲學文選：兩漢隋唐卷》，臺北：木鐸出版社。

郭彧2003。《周氏〈太極圖〉原圖考》，HTTP://www.11665.com/Philosophy/nationalstudies/201103/49399.html。

——2001。《〈太極圖〉淵源研究之我見》HTTP://www.confucius 2000.com/zhouyi/tjtyy.htm。

——2000。《周易圖像集解》. 北京：文聯出版社。

Haidt, Jonathan 2010. "Moral Psychology Must Not be Based on Faith and Hope: Commentary on Narvaez (2010)." *Perspectives on Psychological Science* 5(2):182-184.

——2003. "The Emotional Dog Does Learn New Tricks: A Reply to Pizzaro and Bloom (2003)." *Psychological Review* 110(1): 197-198.

——2001. "The Emotional Dog and Its Rational Tail: A Social Intuitionist Approach to Moral Judgment." *Psychological Review* 108(4): 814-834.

Harman, Gilbert 2009. "Skepticism about Character Traits." *Journal of Ethics* 13(2/3): 235-242.

──2003. "No Character or Personality." *Business Ethics Quarterly* 13(1): 87-94.

──2000. "The Nonexistence of Character Traits." *Proceedings of the Aristotelian Society* 100(2): 223-226.

──1999a. "Moral Philosophy Meets Social Psychology: Virtue Ethics and theFundamental Attribution Error." *Proceedings of the Aristotelian Society* 99: 315-331.

──1999b. "Virtue Ethics without Character Traits." HTTP://www. princeton.edu/~harman/Papers/Thomson.html

──1996. *Moral Relativism and Moral Objectivity*. Blackwell.

韓非子2007。《韓非子》。北京：中華書局。

鶡冠子2004。《鶡冠子匯校集注》。北京：中華書局。

何祚庥。〈元氣學說是否真的影響到近代物理學「場」的觀念的形成〉，《哲學研究》，1997（4）：60-65。

Hoffman, Martin L. 1981. "Is Altruism Part of Human Nature?" *Journal of Personality and Social Psychology* 40(1): 121-37.

洪景潭2008。《魏晉玄學「以無為本」的再詮釋》。博士論文。國立成功大學，臺灣。

淮南子1990。《淮南子全譯》。許匡一。貴陽：貴州人民出版社。

胡適1931。《淮南王書》。上海：新月書局。

Huang, Chin-Hsing 1987. "Chu Hsi versus Lu Hsiang Shan: A Philosophical Interpretation." *Journal of Chinese Philosophy*

14(2): 179-208.

Huang, Siu-Chi（黃秀磯）1999. *Essentials of Neo-Confucianism: Eight Major Philosophers of the Song and Ming Periods.* Westport, CT: Greenwood.

——1978. "Chu Hsi's Ethical Rationalism." *Journal of Chinese Philosophy* 5:175-193.

黃秀磯1987。《張載》。臺北：東大圖書公司。

Huang, Yong（黃勇）2014. *Why Be Moral? Learning from the Neo-Confucian Cheng Brothers.* Albany, NY: SUNY Press.

——2010. "Cheng Yi's Moral Philosophy." In John Makeham (ed.), *Dao Companion to Neo-Confucian Philosophy.* Dordrecht, Heidelberg, London, NewYork: Springer, 59-87.

——2008. "Why Be moral? The Cheng Brothers' Neo-Confucian Answer." *Journal of Religious Ethics* 36(2): 321-353.

——2007. "The Cheng Brothers' Onto-theological Articulation of Confucian Values." *Asian Philosophy* 17(3): 187-211.

——2005. "Confucian love and global ethics: How the Cheng brothers would help respond to Christian criticisms." *Asian Philosophy* 15(1): 35-60.

——2003. "Cheng Brothers' Neo-Confucian Virtue Ethics: The Identity of Virtue and Nature." *Journal of Chinese Philosophy* 30(3-4): 451-467.

——2000. "Cheng Yi's Neo-Confucian Ontological Hermeneutics of Dao." *Journal of Chinese Philosophy* 27(1): 69-92.

黃宗羲1975。《宋元學案》。臺北：河洛出版社。

黃宗炎1995。《圖學辨惑》。施維、邱小波編。《周易圖釋大典》。北京：中國工人出版社，1173-1192。

Hudson, William Henry 1904. *An Introduction to the Philosophy of Herbert Spencer*. London: Watts & Co.

Hume, David 1983. *An Enquiry Concerning the Principals of Morals*. Indianapolis, IN: Hackett Publishing Company.（休謨2011。《道德原理研究》。周曉亮譯。北京：中國法制出版社。）

Hutton, Eric L. 2006. "Character, Situationism, and Early Confucian Thought." *Philosophical Studies* 127: 37-58.

Isen, Alice M. and Levin, Paula F. 1972. "Effect of Feeling Good on Helping: Cookies and Kindness." *Journal of Personality and Social Psychology* 21(3): 384-388.

Ivanhoe, Philip J. 2015. "Senses and Value of Oneness." In Brian Bruya (ed.), *Philosophical Challenge from China*. Boston, MA: The MIT Press, 231-254.

——2013. "Virtue Ethics and the Chinese Confucian Tradition." In StephenAngle and Michael Slote (eds.), *Virtue Ethics and Confucianism*, 1st edition. New York: Routledge, 28-46.

——2010. "Lu Xiangshan's Ethical Philosophy." In John Makeham (ed.), *Dao Companion to Neo-Confucian Philosophy*. Dordrecht Heidelberg, LondonNew York: Springer, 249-266.

——2009. *Readings from the Lu-Wang School of Neo-Confucianism*. Indianapolis, IN: Hackett Publishing Company.

——2002. *Ethics in the Confucian Tradition: The Thought of Mengzi and WangYangming*. Hackett Publishing Company, Inc.; 2 edition.

Jacquet, Jennifer, Hauert, Christoph, Traulsen, Arne, and Milinski, Manfred 2011. "Shame and Honor Drive Cooperation." *Biology Letters* (November 11): 899-901.

Jiang, Yi（江怡）2008. "The Concept of Infinity and Chinese Thought." *Journal of Chinese Philosophy* 35(4): 561-570.

Joyce, Richard 2007. *The Evolution of Morality*. Cambridge, MA: The MIT Press.

Jullien, Francois 1993. "Un yin-Un yang, C'est le 'Tao.'" In his "Figures de L'Immanence: Pour une lecture philosophique du Yi king." *In La Pensée Chinoise dans le miroir de la philosophie*. Paris, France: Éditions du Seuil, 2007.

康中乾2003。《有無之辨》。北京：人民出版社。

Kasoff, Ira E. 1984. *The Thought of Chang Tsai* (1020-1077). New York: Cambridge University Press.

Kiehl, Kent A. 2006. "A Cognitive Neuroscience Perspective on Psychopathy: Evidencefor Paralimbic System Dysfunction." *Psychiatry Research* 142(2-3): 107-128.

Kim, Jaegwon 1984. "Epiphenomenal and Supervenient Causation." *Midwest Studies in Philosophy* 9(1): 257-270. Reprinted in Jaegwon Kim 1993. *Supervenience and Mind: Selected Philosophical Essays*. New York: CambridgeUniversity Press.

Kim, Jung-Yeup 2011. "A Revisionist Understanding of Zhang Zai's Development of Qi in the CoNtext of His Critique of the

Buddhist." *Asian Philosophy* 20(2): 111-126.

Kim, Yung Sik 2000. *The Natural Philosophy of Zhu Xi* (1130-1200). Philadelphia, PA: American Philosophical Society.

Korsgaard, Christine M. 1996. *Creating the Kingdom of Ends.* Cambridge, UK: Cambridge University Press. （克莉絲蒂娜·科斯嘉德，《創造目的王國》，北京：中國人民出版社，2013。）

Lach, Donald F. 1945. *Leibniz and China.* Journal of the History of Ideas 6(4): 436-455.

勞思光1980.《中國哲學史》（3卷本）。香港：Union Press Ltd.

《老子》2003. In Ames, Roger & David Hall (trans.), *Dao De Jing: A Philosophical Translation.* New York: Ballantine Books. （安樂哲、郝大維：《道不遠人：比較哲學視域中的〈老子〉》，何金俐譯，北京：學苑出版社，2004。）

Latané, Bibb and Rodin, J. 1969. "A Lady in Distress: Inhibiting Effects of Friends and Strangers on Bystander Intervention." *Journal of Experimental Social Psychology* 5: 189-202.

Lau, D. C. 1979. (trans.) *Confucius: The Analects. Penguin Classic.* New York:Penguin Books.

Lapsley, Daniel K.and Hill, Patrick L. 2009. "The Development of the Moral Personality." In Daniel K. Lapsley & Darcia Narvaez (eds.) 2009. *Personality, Identity and Character: Explorations in Moral Psychology.* New York: Cambridge University Press, 185-213.

Lapsley, Daniel K. and Narvaez, Darcia (eds.) 2009. *Personality,*

Identity and Character: Explorations in Moral Psychology. New York: Cambridge University Press.

──(eds.) 2004a. *Moral Development, Self and Identity.* Mahwah, NJ: Erlbaum.

──2004b. "A Socio Cognitive Approach to the Moral Personality." In D. K.Lapsley and D. Narvaez (eds.) *Moral Development, Self and Identity.* Mahwah, NJ: Erlbaum, 189-212.

Lapsley, Daniel K. 1999. "An Outline of a Socio Cognitive Theory of Moral Character." *Journal of Research in Education* 8: 25-32.

Lee, Chan 2010. "Zhu Xi on Moral Motivation: An Alternative Critique." *Journal of Chinese Philosophy* 37(4): 622-638.

Leibniz, Gottfried Wilhelm 1896. *New Essays on Human Understanding.* NewYork: The Macmillan Books. Book II. Chapter 4 (of Solidity), Section3.（萊布尼茲，《人類理解新論》。陳修齋譯。臺灣商務印書館，1982。）

李日章1986。《程顥程頤》。臺北：東大圖書公司。

李申2001。《易圖考》。北京：北京大學出版社。

Lind, Marcia 1990. "Hume and moral emotions." In Flanagan, Owen & Rorty, Amélie Oksenberg Rorty (1990) (eds). *Identity, Character, and Morality: Essaysin Moral Psychology.* Cambridge, MA: The MIT Press, 133-147.

Liu, JeeLoo (劉紀璐) 2015. "In Defense of Chinese Qi-Naturalism." In Chenyang Li, Frank Perkins and Alan K.L. Chan (eds.), *Chinese Metaphysics and Its Problems.* New York: Cambridge

University Press. References 293

——2012. "Moral Reason, Moral Sentiments and the Realization of Altruism:A Motivational Theory of Altruism." *Asian Philosophy* 22(2): 93-119.

——2010. "Wang Fuzhi's Philosophy of Principle (li) Inherent in Qi." In John Makeham (ed.), *Dao Companion to Neo-Confucian Philosophy.* Dordrecht, Heidelberg, London, New York: Springer, 355-380.（劉紀璐，《王夫之「理在氣中」的哲學思想》。蘇曉冰譯。《思想與文化》15：250-277。）

——2005. "The Status of Cosmic Principle (Li) in the Neo-Confucian Metaphysics." *Journal of Chinese Philosophy* 32(3): 391-407.

劉牧1995。《易數鉤隱圖》。施偉、邱小波編。《周易圖解大典》。北京：中國工人出版社，1-33。

劉兆彬2010。《古代「元氣論」哲學的邏輯演進》。《東嶽論叢》31(6): 91-94。

柳宗元1979。《柳宗元集》。北京：中華書局。

陸象山1981。《陸九淵集》。臺北：里仁書局。

Marchal, Kai 2013a. "The Virtues, Moral Inwardness, and the Challenge of Modernity." *Dao: A Journal of Comparative Philosophy* 12(3): 369-380.

——2013b. "The Virtues of Justice in Zhu Xi." In Stephen Angle and Michael Slote (eds.) (2013). *Virtue Ethics and Confucianism.* Routledge, 192-200.

Major, John S.and Queen, Sarah, Meyer, Andrew, Roth, Harold

D.(trans.) 2010. *The Huainanzi: A Guide to the Theory and Practice of Government in Early Han China* (Translations from the Asian Classics). New York: Columbia University Press.

McDougall, William 2001. *An Introduction to Social Psychology.* Ontario, Canada: Batoche Books. Originally published in 1919.

McMorran, Ian.1975. "Wang Fu-chih and the Neo-Confucian tradition." In Wm.Theodore de Bary (Ed*.) The Unfolding of Neo-Confucianism.* New York: Columbia University Press, 447-58.

Miller, Alexander 2010. "Realism." In Edward N. Zalta (ed.), *The Stanford Encyclopedia of Philosophy*, HTTP://plato.stanford.edu/entries/realism/

Monroe, Kristen Renwick 1998. *The Heart of Altruism: Perceptions of a Common Humanity.* Princeton University Press

牟宗三1999。《心體與性體》。上海：上海古籍出版社。

——1979。《從陸象山到劉蕺山》。臺北：學生書局。

Munro, Donald J. 2002. "Reciprocal Altruism and the Biological Basis of Ethics in Neo-Confucianism." *Dao: A Journal of Comparative Philosophy* 1(2):131-141.294

Nagel, Thomas 1970. *The Possibility of Altruism.* Princeton, NJ: Princeton University Press.

Narvaez, Darcia 2010a. "Moral Complexity: The Fatal Attraction of Truthiness and the Importance of Mature Moral Functioning." *Perspectives on Psychological Science* 5(2): 163-181.

——2010b. "The Embodied Dynamism of Moral Becoming: Reply to Haidt(2010)." *Perspectives on Psychological Science* 5(2): 185-186.

Narvaez, Darcia, Lapsley, Daniel K., Hegele, Scott and Lasky, Benjamin 2006. "Moral Chronicity and Social Information Processing: Tests of a Social Cognitive Approach to the Moral Personality." *Journal of Research in Personality* 40: 966-985.

Narvaez, Darcia and Lapsley, Daniel K. 2005. "The Psychological Foundations of Everyday Morality and Moral Expertise." In D. Lapsley & C. Power (eds.), *Character Psychology and Character Education*. Notre Dame, IN: University of Notre Dame Press, 140-165.

Needham, Joseph 1994. *The Shorter Science and Civilization in China*. Abridgedby Colin A. Ronan, Volume 4. New York: Cambridge University Press.

Neville, Robert C. 1983. "The Unity of Knowledge and Action." *Review of Metaphysics* 36 (3):703-706.

——1980. "From Nothing to Being: The Notion of Creation in Chinese and Western thought." *Philosophy East & West* 30(1): 21-34.

Orive, Ruben 1984. "Group Similarity, Public Self-awareness, and OpinionExtremity: A Social Projection Explanation of Deindividuation Effects." *Journal of Personality and Social Psychology* 47(4): 727-737.

龐朴1995。《一分為三》。深圳：海天出版社。

Perkins, Franklin 2004. *Leibniz and China: A Commerce of Light.* New York: Cambridge University Press.（方嵐生：《互照：萊布尼茨與中國》，北京大學出版社，曾小五、王蓉蓉譯，北京：北京大學出版社，2013。）

Peterson, Willard 1986. "Another Look at Li." *The Bulletin of Sung and Yuan Studies* 18: 13-32.

Pihlström, Sami 2009. *Pragmatist Metaphysics: An Essay on the Ethical Grounds of Ontology.* London: Continuum International Publishing Group.

——2005. *Pragmatic Moral Realism: A Transcendental Defense.* Value Inquiry Book Series, Volume 171. Amsterdam; New York: Rodopi.

Prentice-Dunn, S. and Rogers, R. W. 1980. "Effects of Deindividuating Situational Cues and Aggressive Models on Subjective Deindividuation and Aggression." *Journal of Personality and Social Psychology* 39: 104-113.

Putnam, Hilary 1992. *Renewing Philosophy.* Cambridge, MA: Harvard University Press.（希拉蕊・普特南2008。《重建哲學》。楊玉成譯。上海：上海譯文出版社。）

——1990. In James Conant (ed.), *Realism with a Human Face.* Cambridge, MA: Harvard University Press.（希拉蕊・普特南2005。《實用主義的多副面孔》。馮豔譯。北京：中國人民大學出版社。）

——1981. *Reason, Truth and History.* Cambridge, UK: Cambridge University Press.（希拉蕊・普特南1997。《理性、真理與

歷史》。童世駿、李光程譯。上海：上海譯文出版社。）

Reber, Rolf and Slingerland, Edward G. 2011. "Confucius Meets Cognition: New Answers to Old Questions." *Religion, Brain and Behavior* 2: 1-11.

Rees, Martin 2000. *Just Six Numbers*. New York: Basic Books.

Robinson, Howard 2014. "Substance." In Edward N. Zalta (ed.), *The Stanford Encyclopedia of Philosophy* (Spring 2014 Edition), HTTP://plato.stanford.edu/archives/spr2014/entries/substance/.

Rosati, Connie S. 2014. "Moral Motivation." In Edward N. Zalta (ed.), *The Stanford Encyclopedia of Philosophy* (Spring 2014 Edition), HTTP://plato.stanford.edu/archives/spr2014/entries/moral-motivation/. [pdf. format]

Sabini, John and Silver, Maury 1982. *Moralities of Everyday Life*. New York: Oxford University Press.

Sarkissian, Hagop 2010. "Confucius and the Effortless Life of Virtue." *History of Philosophy Quarterly* 27(1): 1-16.

Sartre, Jean-Paul 2007. *Existentialism Is A Humanism*. [Originally a lecture givenin 1946.] New Haven, CT: Yale University Press. Trade Paperback Edition. （讓—保羅・薩特：《存在主義是一種人道主義》，周煦良、湯永寬，上海：上海譯文出版社，2012。）

Sayer-McCord, Geoffrey 1988. "The Many Moral Realisms." In Geoffrey Sayer-McCord (ed.), *Essays on Moral Realism*. Ithaca, NY: Cornell University Press, 1-23.

Schwitzgebel, Eric 2012. "Self-Ignorance." In Jee Loo Liu & John Perry (eds.), *Consciousness and the Self.* New York: Cambridge University Press.

Seok, Bongrae 2008. "Mencius's Vertical Faculties and Moral Nativism." *Asian Philosophy* 18(1): 51-68.

Sherman, Nancy 1990. "The Place of Emotions in Kantian Morality." In Owen Flanagan & Amélie Oksenberg Rorty (eds). *Identity, Character, and Morality:Essays in Moral Psychology.* Cambridge, MA: The MIT Press, 149-170.

Shien, Gi-Ming 1951. "Being and Nothingness in Greek and Ancient Chinese Philosophy." *Philosophy East & West* 1(2): 16-24.

Shun, Kwong-loi（信廣來）2010. "Zhu Xi's Moral Psychology." In John Makeham (ed.), *Dao Companion to Neo-Confucian Philosophy.* Dordrecht, Heidelberg, London, New York: Springer, 177-195.

——2000. *Mencius and Early Chinese Thought.* Pala Alto, CA: Stanford University Press.

——1997. "Mencius on Jen-hsing." *Philosophy East & West* 47(1): 1-20.

Sim, May 2007. *Remastering Morals with Aristotle and Confucius.* Cambridge: Cambridge University Press.

Slingerland, Edward 2011a. "The Situationist Critique and Early Confucian Virtue Ethics." *Ethics* 121(2): 390-419.

——2011b. "Of What Use Are the Odes? Cognitive Science, Virtue Ethics, andEarly Confucian Ethics." *Philosophy East and*

West 61(1): 80-109.

——2010. "Toward an Empirically Responsible Ethics: Cognitive Science, Virtue Ethics and Effortless Attention in Early Chinese Thought." In Brian Bruya (ed.), *Effortless Attention: A New Perspective in the Cognitive Science of Attention and Action*. Cambridge, MA: MIT Press, 247-286.

Slote, Michael（邁克爾・斯洛特）2001. *Morals from Motives*. New York, NY: Oxford University Press.

Smith, Adam 2002. *A Theory of Moral Sentiments*. Cambridge: Cambridge University Press.（亞當・斯密1997。《道德情操論》。蔣自強等。臺灣商務印書館。）

Sorensen, Roy 2009. "Nothingness." The Stanford Encyclopedia of Philosophy, HTTP://plato.stanford.edu/entries/nothingness/

Swartz, Norman 2009. "Laws of Nature." Internet Encyclopedia of Philosophy, HTTP://www.iep.utm.edu/lawofnat/.

Tang, Chün-I（唐君毅）1956. "Chang Tsai's Theory of Mind and its Metaphysical Basis." *Philosophy East and West* 6(2): 113-136.

湯用彤2001。《魏晉玄學論稿》。上海：上海古籍出版社。

Taylor, Gabriele 1985. *Pride, Shame and Guilt: Emotions of Self-Assessment*. New York: Oxford University Press.

Tien, David W. 2012. "Oneness and Self-centeredness in the Moral Psychology of Wang Yangming." *Journal of Religious Ethics* 40(1): 52-71.

——2010. "Metaphysics and the Basis of Morality in the Philosophy of Wang Yangming." In John Makeham (ed.). *Dao Companion to Neo-Confucian Philosophy*. Dordrecht, Heidelberg, London, New York: Springer, 295-314.

Tiwald, Justin and Van Norden, Bryan W. (eds.) 2014. *Readings in Later Chinese Philosophy: Han Dynasty to the 20th Century*. Indianapolis, IN: Hackett Publishing Company.

Trivers, Robert L. 1971. "The Evolution of Reciprocal Altruism." The QuarterlyReview of Biology, Vol. 46, No. 1, 35-57.

Yu, Jiyuan 2007. *The Ethics of Confucius and Aristotle*. New York: Routledge.（余紀元2009。《德性之鏡：孔子與亞里斯多德的倫理學》。林航譯。北京：中國人民大學出版社。）

Van Norden, Bryan（萬百安）2014. "Wang Yangming." In Edward N. Zalta (ed.), *The Stanford Encyclopedia of Philosophy* (Fall 2014 Edition), HTTP://plato.stanford.edu/archives/fall2014/entries/wang-yangming/.

──(trans.). 2008. *Mengzi:With Selections from Traditional Commentaries*. Indianapolis, IN: Hackett.

──2007. *Virtue Ethics and Consequentialism in Early Chinese Philosophy*. Cambridge: Cambridge University Press.

王弼1980。《王弼集校釋》。樓宇烈。北京：中華書局。

王充1990。《論衡全譯》。貴陽：貴州人民出版社。

王夫之1967。《張子正蒙注》，1685-1690。臺北：世界書局。

──1972。《船山遺書全集》。22卷。臺北：中國船山學會與自由出版社。

──1974a。《讀四書大全》，1665。臺北：河洛圖書出版社。

——1974b。《詩廣傳》，1683。臺北：河洛圖書出版社。

——1974c。《思問錄》，1686。《梨州船山五書》。臺北：世界書局。

——1975。《尚書引義》，1663。臺北：河洛圖書出版社。

——1977a (1673-1677)。《禮記章句》。臺北：廣文書局。

——1977b (1655)。《周易外傳》。臺北：河洛圖書出版社。

——1980 (1685)。《周易內傳》。《船山易傳》。臺北：夏學社。

——1996 (1679)。《四書訓義》，1679。《船山全書》。卷7-8。長沙：岳麓書社。

王海成2009。《張載太虛意義辨析》。《唐都學刊》25(2): 88-91。

Wang, Robin 2005. "Zhou Dunyi's Diagram of the Supreme Ultimate Explained (taijitu shuo): A construction of the Confucian metaphysics." *Journal of the History of Ideas* 66(3): 307-323.

Wang, Robin and Ding, Weixiang 2010. "Zhang Zai's Theory of Vital Energy." In John Makeham (ed.), *Dao Companion to Neo-Confucianism.* Dordrecht: Springer, 39-57.

王陽明1975。《王陽明全書》。臺北：正中書局。

王陽明1994。《傳習錄》。臺北：臺灣商務印書館。

王陽明2008。《陽明先生集要》。北京：中華書局。

Williams, Bernard 2008 [1993]. *Shame and Necessity.* Berkeley, CA: University of California Press.（伯納德‧威廉斯2014。《羞恥與必然性》。吳天岳譯。北京：北京大學出版社。）

Wilson, Edward O. 1998. *Consilience: The Unity of Knowledge.* 1st edition. New York: Alfred A. Knopf.（愛德華‧威爾遜，《契

合：知識的統合》，田洺譯，北京：三聯書店，2002。）

Wittenborn, Allen 1982. "Some Aspects of Mind and the Problem of Knowledge in Chu Hsi's Philosophy." *Journal of Chinese Philosophy* 9: 11-43.

Wong, David 1986. "On Moral Realism Without Foundations." *Southern Journal of Philosophy* 24(Supp.): 95-114.

Woodruff, Paul 2014. *Reverence: Renewing a Forgotten Virtue*. New York: Oxford University Press.

Wong, Wai-ying 2010. "The Thesis of Single Rootedness in the Thought of Cheng Hao." In John Makeham (ed.), *Dao Companion to Neo-Confucian Philosophy*. Dordrecht, Heidelberg, London, New York: Springer, 89-104.

──2009. "Morally Bad in the Philosophy of the Cheng Brothers." *Journal of Chinese Philosophy* 36(1): 141-156.

Wright, Robert 1994. *The Moral Animal, Why We Are the Way We Are: The New Science of Evolutionary Psychology*. New York: Vintage Books.

蕭萐父、許蘇民2002。《王夫之評傳》。南京：南京大學出版社。

嚴壽征2000。《思問錄導讀》。上海：上海古籍出版社。

楊立華2008。《氣本與神化：張載哲學述論》。北京：北京大學出版社。

──2005。《氣本與神化：張載本體論建構的再考察》。《哲學門》6（2），HTTP://www.phil.pku.edu.cn/zxm/show.php?id=230。

易德生2003。《中國古代元氣論對近現代物理的影響與啟示》。《新疆社科論壇》，2003(6): 58-61。

曾昭旭1983。《王船山哲學》。臺北：里仁書局。

張岱年1958/2005。《中國哲學大綱》。南京：江蘇教育出版社。

——1996。《張載：十一世紀中國唯物論哲學家》。《張岱年全集》，石家莊：河北人民出版社. 卷3：231-280。

Zhang, Dainian 2002. *Key Concepts in Chinese Philosophy*. Translated by Edmund Ryden. New Haven, CT: Yale University Press.

張立文2001。《正學與開新——王船山哲學思想》。北京：人民出版社。

——1985。《周敦頤無極太極學說辨析》。再版於黃壽祺、張善文編1988。《周易研究論文集》，卷3：220-229。

章啟輝2004。《王夫之哲學的實學精神》。《湖南大學學報（社會科學版)》，2004年18卷6期，14-19。

張載2006。《張載集》。北京：中華書局。

周兵2006。《天人之際的理學新詮釋——王夫之〈讀四書大全說〉思想研究》。成都：巴蜀書社。

周敦頤1975。《周子全書》。臺北：廣學社。

周學武1981。《周蓮溪太極圖說考辨》。臺北：學海出版社。

朱熹1986。《朱子語錄》。8卷。北京：中華書局。

朱熹2002。《朱子全書》。27卷。上海：上海古籍出版社、合肥：安徽教育出版社。

莊子1961。郭慶藩編。《莊子集釋》。北京：中華書局。

宋明理學：形而上學、心靈與道德

2021年5月初版　　　　　　　　　　　　　定價：新臺幣650元
2022年7月初版第二刷
有著作權・翻印必究
Printed in Taiwan.

著　　者	劉	紀	璐	
譯　　者	劉	紀	璐	
	江	求	流	
叢書主編	沙	淑	芬	
校　　對	吳	美	滿	
內文排版	菩	薩	蠻	
封面設計	沈	佳	德	

出　版　者	聯經出版事業股份有限公司
地　　　址	新北市汐止區大同路一段369號1樓
叢書主編電話	(02)86925588轉5310
台北聯經書房	台北市新生南路三段94號
電　　　話	(02)23620308
台中辦事處電話	(04)22312023
台中電子信箱	e-mail:linking2@ms42.hinet.net
郵政劃撥帳戶	第0100559-3號
郵　撥　電　話	(02)23620308
印　刷　者	世和印製企業有限公司
總　經　銷	聯合發行股份有限公司
發　行　所	新北市新店區寶橋路235巷6弄6號2樓
電　　　話	(02)29178022

副總編輯	陳	逸	華
總　編　輯	涂	豐	恩
總　經　理	陳	芝	宇
社　　長	羅	國	俊
發　行　人	林	載	爵

行政院新聞局出版事業登記證局版臺業字第0130號

Neo-Confucianism: Metaphysics, Mind, and Morality
Orthodox Chinese language translation © Linking Publishing Company Ltd 2021
All Rights Reserved. This translation published under license with the original publisher John
Wiley & Sons, Inc.

國家圖書館出版品預行編目資料

宋明理學：形而上學、心靈與道德/劉紀璐著．江求流、
劉紀璐譯．初版．新北市．聯經．2021年5月．436面．
14.8×21公分
ISBN　978-957-08-5787-0（平裝）
[2022年7月初版第二刷]

1.宋明理學　2.中國哲學

125　　　　　　　　　　　　　　　　　　110005822